U0648332

高等职业教育教学改革特色教材·财经通识课

商务应用文写作教程

（第二版）

朱孔阳 吴义专 主编

Shangwu Yingyongwen

Xiezuo Jiaocheng

东北财经大学出版社
Dongbei University of Finance & Economics Press

大连

图书在版编目（CIP）数据

商务应用文写作教程 / 朱孔阳，吴义专主编. —2版. —大连：东北财经大学出版社，2021.9（2023.6重印）

（高等职业教育教学改革特色教材·财经通识课）

ISBN 978-7-5654-4333-6

Ⅰ．商…　Ⅱ．①朱…②吴…　Ⅲ．商务-应用文-写作-高等职业教育-教材　Ⅳ．F7

中国版本图书馆CIP数据核字（2021）第174538号

东北财经大学出版社出版

（大连市黑石礁尖山街217号　邮政编码　116025）

网　　址：http：//www.dufep.cn

读者信箱：dufep@dufe.edu.cn

大连日升彩色印刷有限公司印刷　东北财经大学出版社发行

幅面尺寸：185mm×260mm　　字数：403千字　　印张：18

2021年9月第2版　　　　　　2023年6月第3次印刷

责任编辑：张晓鹏　郭海雷　　　　　　责任校对：齐　心

封面设计：冀贵收　　　　　　　　　　版式设计：钟福建

定价：42.00元

第二版前言

　　商务文书既是商务信息的载体，又是商务组织进行内外部组织管理、沟通协调的重要工具和手段。因此，在现代商务活动中，是否具备基本的商务文书撰写制作能力，已经成为衡量商务人员工作能力的重要标准。全面贯彻落实党的二十大精神，必须坚持以人民为中心，注重推出更多增强人民精神力量的优秀作品，把目光更多聚焦到应用写作实践中遇到的新问题、新任务上，继往开来，推陈出新，不断提出真正解决问题的新理念新思路新办法。

　　"商务应用文写作"作为一门实用性很强的写作类课程，旨在培养大学生商务文书的写作能力，这种能力将成为其走上工作岗位后具备的核心竞争力之一。另外，当前各种媒体平台犹如百花齐放，与人们的日常生活关联日益密切，而顺利运营新媒体的前提条件之一就是要具备商务文书的撰写能力。

　　为克服目前市场上大多数商务应用文写作教材选材陈旧、文种过时、编排方式单一所导致的"教"和"学"脱节的弊端，本次教材修订特别突出"应用、实用、创新"的特点，充分考虑职业院校学生的认知水平，突出培养学生未来职业生涯发展能力的需要，精心遴选文种和案例，强化"做"的环节，构建教、学、做一体化的商务应用文写作能力训练和素质培养体系。

　　本教材的特点如下：

　　1.精心编排。在参考众多同类写作教材的基础上，考虑到大多数学校的课时安排及教学组织特点，我们以"项目—单元"的形式将主要文种分门别类地加以介绍，方便教师根据实际教学情况灵活选择需要重点讲授的项目和单元。除商务应用文写作概述外，本教材还设计了商务行政文书、商务礼仪文书、商务告启文书、商务谈判文书、商务策划文书、商务决策文书和商务法律文书七个项目。

　　2.精选文种。根据多年的教学探索和目前商务活动中文书使用的现状，我们从本课程的教学特点出发，甄选了工作中最为实用的32个文种，既包括通知、通报、请示、报告、函、欢迎（送）词、开（闭）幕词、讲话稿、公关函柬、声明、新闻稿、商业广告、商品说明书、招（投）标书、会谈纪要、意向书、合同、营销策划书、公关活动策划书、市场调查报告、市场预测报告、可行性研究报告、授权委托书、起诉状、答辩状、仲裁申请书等常见文种，也包括体现时代特色的电子邮件、微信公众号、商务微博等文种。

3.精心设计。我们力求给每个文种都配备公开渠道发布的最新例文，并对部分例文增加了简析，在每个项目后设计了项目测试环节，促使学生通过观摩和写作训练更好地提高写作能力。另外，为了强化教学效果，活跃课堂气氛，调动学生参与的积极性，我们尝试在本教材中嵌入了诸如"小提示""延伸阅读""练一练""课堂讨论""他山之石"等栏目，并通过二维码的形式提供了部分参考提示。

4.课程思政元素的融入。从课程与教材一体化设计到课堂教学与课后训练一体化设计，课程思政应是全方位、立体化的。为此，本次修订在每个项目后增设了"思政园地"栏目，以期通过与"商务应用文写作"课程相关的思政元素的提炼，如红色党史（张太雷：第一个登上共产国际舞台的中国共产党人）、中国古代法制文明（金石纪法：法制传承的重要方式）、中国古代契约精神（简谈中国古代订立契约的方式）、营销策划人的职业素养（八个字教你做成功营销策划人）等，实现铸魂育人的目标。

为方便教学参考和拓展需要，本教材配有PPT教学课件和习题参考答案，教师可登录东北财经大学出版社网站（www.dufep.cn）免费下载使用。

本教材由朱孔阳、吴义专担任主编，由朱孔阳完成整体设计和统稿工作。具体编写分工如下：项目一至项目五由朱孔阳编写；项目六至项目八由吴义专编写。由于时间仓促，加之编者水平有限，书中难免有不妥与疏漏之处，敬请读者批评、指正。

编　者

2021年6月（2023年6月修订）

目 录

项目一

商务应用文写作概述

学习目标

1. 了解商务应用文的概念及商务应用文写作的特点；
2. 熟悉商务应用文的种类和作用；
3. 掌握商务应用文的写作规范和商务应用文写作的基本要素。

商务应用文是指企事业单位在经营运作、贸易往来、业务拓展等商务活动中用来记录情况、处理事务、研究问题所使用的一系列具有实用价值和一定的惯用体例格式的应用文体总称。沟通是人与人之间一种借助语言文字等方式进行联系、交换信息的行为，在具体的商务活动中，有效的沟通是相互理解、信任与合作的前提。写作从根本上说是一种沟通，所有的商务写作行为，目的都是达到企业内外部的有效沟通。商务应用文既是商务信息的载体，又是企事业单位进行内外部组织管理、沟通协调的重要工具和手段。因此，要想成为一名优秀的企业管理人员，除了要博览群书、高瞻远瞩，具备强烈的事业心、责任心外，还必须认清商务应用文写作在商务活动开展过程中所承担的工具或载体的作用。

【引例】

在国家博物馆里保存着一块我国宋代的广告印刷铜版，上面刻有"济南刘家功夫针铺"的字样（如图1-1所示），被业内一致认为是我国最早的商标。

图1-1 "济南刘家功夫针铺"印刷广告

这块铜版长 12.4 厘米、宽 13.2 厘米，铜版的上方标明"济南刘家功夫针铺"，中间是白兔捣药的图案，图案左右标注"认门前白兔儿为记"，下方则刻有说明商品质地和销售办法的广告文字："收买上等钢条，造功夫细针，不误宅院使用，转卖兴贩，别有加饶，请记白。"文字皆为反刻，专家由此推测这块铜版的用途是印刷广告。

铜版图文并茂，文字简练。从整体看来，白兔捣药的图案相当于店铺的标志，广告化的文字宣传突出了产品的原材料、质量、销售方式和营销手段等。这样的商标设计能起到广告宣传的作用，可以说是我国古代相对完整的平面广告作品。

在版面中，最引人注目的便是铜版上那只拿着铁杵捣药的白兔，其原形引自嫦娥奔月故事里的玉兔，因玉兔的形象家喻户晓，采用这一形象可以达到较好的传播效果。

根据当时的社会背景，针的使用者以不识字的女性居多，图案比文字更方便传达给推广对象。此外，白兔捣药用的杵还会让人联想到当年李白受"只要功夫深，铁杵磨成针"启发而发奋成为诗仙的典故，"济南刘家功夫针铺"向世人传达的正是这种秉承匠心的精神。

资料来源　王欣. 涨知识！一文了解我国最古老的商标——济南刘家功夫针铺［N］. 中国知识产权报，2018-05-09.

"只要功夫深，铁杵磨成针。"这是大家耳熟能详的一句谚语。铁棒成针，功夫极深，形容只要有决心肯下功夫，难做的事也能干成功。于是宋代一家专门卖针的商铺在推广商品时，便打出了"功夫针"名头，而且一不小心，竟成了世界上最早的商标广告，这就是"济南刘家功夫针铺"。

从现代广告学对目标客户进行精准定位的角度看，这块铜版的制作可谓用心。首先，由于针的消费群体是女性，且在当时社会女性的文化水平不太高，特别是认字方面，店老板为让广大消费者记住刘家的商品，采用了图画的方式——一只拿着铁杵的大白兔。可以说，这只白兔就是刘家功夫针铺的吉祥物，看见门前的白兔就到了刘家针铺了。这只兔子吉祥物用现在的网络语言来说，还挺"萌"，站在那里，拿着一根铁棒，跟个人似的，要是没有锈蚀，这白兔一定是"网红"级的。其次在广告文案上，重点突出：生产源头上，用的是上等钢条；生产过程中，下功夫制作好针，不耽误家庭日常使用；如果多买，还有优惠哟！这绝对是"良心产品"啊。

一、商务应用文写作的特点

作为应用文体的一个分支，商务应用文写作具有应用文写作的一般特点，即重在"应用"，具备一定的程式。但商务应用文必须准确体现商务活动领域中的特点和规范，文字是载体，商务是内涵。它的独特性就在于无时无刻不紧密联系市场，为经营服务，从而达到商务沟通和管理协调的目的。大致来说，商务应用文写作具有如下特点：

1.写作目的的实用性

商务活动是一种有目的的活动，活动的过程就是为了实现预定的目标，如与对方谈判、签订合同，处理相互之间的纠纷，对市场作出预测、分析，与合作伙伴加强合作等。另外，商务应用文的撰写本身就是商务工作的实效在文字上的一种反映，每一篇应用文都应该产生不同的效用。

2.写作内容的专业性

商务活动的内容决定了商务应用文的写作内容。商务活动涉及社会的方方面面，也涵盖诸多学科，如市场营销学、管理学、统计学、心理学等。因此，许多商务应用文的写作都是非常专业化的写作，它要求撰写者必须具备相关的专业知识，同时还得懂得其他一些专业知识。例如，商务谈判、市场调查报告、商品说明书等的撰写都要求撰写者具有相当扎实的业务知识，这样才能客观地反映市场动向，准确地传递商务信息，不至于在沟通中产生认识上的偏差。

3.体例格式的规范性

大部分商务应用文的文体都具有相对固定的结构，这是长期以来在实际应用中逐步总结并约定俗成的，如合同、函、行政文书的格式等。这种格式上的规范性和稳定性使得人们在使用中可以仿照标准样式去进行写作。当然，随着国际商务活动的日益频繁和新的媒体及沟通工具的出现，会使一些文体格式出现某些改变，我们要适应这种改变并总结这种新形势带来的变化。

4.语言表述的简洁性

商务应用文在语言表达上非常重视信息的准确性。那种在写作上啰啰唆唆、语言繁复的文书不仅会极大地影响沟通的效果，而且极易产生矛盾和差错，不利于商务活动的开展。

二、商务应用文的种类和作用

1.商务应用文的种类

根据不同的分类方法，商务应用文可以分为不同的类别。

（1）根据商务应用文的行文方向，可以分为上行文、下行文和平行文。上行文是指下级企业单位或业务部门向上级企业单位或业务主管部门提交的文书，如商务经营过程中的质量分析报告、财务分析报告、市场预测报告、可行性研究报告等都属于上行文。下行文是指上级企业单位或业务主管部门对下级企业、单位或部门发送的带有部署工作性质的文书，如商务事务文书中的备忘录、商务信函等。平行文是不同行业、企业单位和部门之间的一种行文，如商务事务文书中的合同、招标文件等。

（2）根据商务应用文的内容，可以分为商务经营文书、商务事务文书、商务策划文书、商务法律文书等。

（3）根据商务应用文的写作形式，可以分为文字式文书、合约类文书、表格文书、信函类文书等。

（4）根据商务应用文的表现形式，可以分为普通商务文书和电子商务文书。

2.商务应用文的作用

在科学技术迅猛发展、企业竞争日趋激烈的今天，商务应用文在企事业单位实施领导、处理公务、沟通信息、传达企业决策过程中发挥着越来越重要的作用。公务文书写作的好坏直接影响企业对外的品牌形象以及对内的信息传达；商务文书是记录企业运营的信息载体，是企业沟通力、执行力的重要保障因素，高效规范严谨的商务文书已经成为衡量现代企业管理水平的标志，同时也是评价员工任职能力的重要尺度之一。

（1）联系沟通的纽带。众所周知，企业的生产经营乃至生存和发展，不仅要受到企业内部条件的限制，也要受到外部环境的各种条件制约。企业实现再生产的先决条件就是必须面对市场，开展横向和纵向的经济联系，以便与外界建立起一种稳定的、不断发展的合作关系，而建立这种联系和开展这些活动，一定离不开沟通所使用的各种商务文书。

（2）商务活动的原始记录。商务应用文以企业的商务活动为表现主题，记载了企业商务活动过程和结果，是商务活动的原始记录。

（3）商务管理的手段。现代经济管理主要包括计划、控制、经济分析和信息反馈四个方面，商务活动也不例外。通过使用规范的商务应用文，准确及时地传达落实商务管理信息，对于提高工作效率和经济效益将起到重要作用。

（4）企业形象展示的窗口。商务应用文是现代企业形象识别系统的重要载体。企业的经营理念、价值观念、企业标识等都会通过企业形象识别系统进行有效传播推广，从而在企业内部和社会公众面前树立良好的企业形象。

（5）职业能力的要求。具备基本的商务应用文写作能力，是衡量现代商务人员工作能力的重要标准之一。商务应用文写作能力已经成为商务人员的一项基本业务能力。商务应用文写作教学通过培养学生的写作能力，进而提高学生的创新思维能力、分析问题和解决问题的综合能力。

三、商务应用文的写作规范

商务应用文的写作既是一个在实践基础上逐步探索的过程，也是一个需要在理论与实践相结合上逐步加深认识、逐步提高的过程。说到底，商务应用文的根底在工作。如果不真正投入工作，不在工作中有所思有所想，没有足够的实际工作内容、成绩与经验支撑，就难免无话可说，或者大话、空话连篇了。

1.掌握商务应用文写作的基本原则

商务应用文的写作应掌握以下几个基本原则：

（1）目的性原则。任何一种商务应用文都是为了实现一定的目的而产生的，也就是针对具体商务活动的需要而产生的。在实践中，商务活动本身就是一种有目的、有计划、有步骤的活动，是一种动态的过程。商务活动各个方面、各个环节都是从不同的角度，以不同的形式、不同的内容和不同的方法来保证商务活动的正确方向。因此，商务应用文要及时、准确地反映商务活动的发展规律，通过自身为决策者作出正确的决策提供依据和参考，以达到为商务活动服务的目的。

（2）层次性原则。商务应用文的层次性原则是由现代商务活动组织本身的层次结构决定的。商务活动组织的层次结构是由纵向的企业等级结构和横向的部门结构组成的。以商务应用文等形式出现的商务活动信息，正是通过商务组织的这种层次结构得以在经济社会内部有效而迅速地传播，使得商务活动呈现出快节奏、全方位、多层次等特点，这有利于作为商务活动主体的企事业单位积极处理好商务应用文和商务活动主体的关系，为企业的发展和经济社会提供高水平的服务。

（3）系统性原则。商务应用文的系统性原则是由商务活动过程的有序性决定的。商务活动过程自始至终是按照自身的发展变化规律进行的，其各个环节都是按照一定的顺序紧密衔接的。同时，商务活动的每个环节的衔接也都是有序的，即前一环节是后一环节活动的前提。商务应用文的写作必须充分考虑整体活动与各个环节的关系。例如，经济活动分析报告的写作，如果没有企事业单位的经济活动、没有对企事业单位经济活动的调查、没有对已经获取的大量信息的分析研究，就不可能在此基础上提出符合实际的、有针对性和可操作性的意见和建议。

（4）灵活性原则。商务应用文的灵活性原则既与其内容有关，也与其格式有关。从商务应用文的内容来看，商务文书的内容应该随着社会的进步和时代的发展而不断发展变化。同时，不同行业、不同企业有其自身特点，商务应用文的内容也应与其相适应。从商务应用文的格式来看，很多商务应用文还处于不断探索与完善之中，有时很难做到格式的统一。

2. 明确商务应用文写作的要求

（1）要有理论深度。商务应用文写作要围绕党和国家的方针政策，围绕社会发展的中心工作和当前社会经济运行情况，结合企事业单位的实际情况从不同角度、不同层次去挖掘材料，选准题目，确定内容，进而达到商务应用文内容与形式的统一。

（2）要有创新意识。商务应用文所反映的内容要有新意，要及时准确地反映新情况、新问题，提出新办法、新举措。

（3）要讲究时效。在市场经济条件下，企事业单位要讲究效益，时间就是效益，这已经成为社会的共识。商务应用文的时效性特点很明显，如商标注册、专利申请、合同的履行等。

四、商务应用文写作的基本要素

商务应用文写作具有一般应用写作的共同特征，必须遵循应用写作的基本规律。主旨、材料是构成商务应用文内容的基本要素，结构、语言是商务应用文形式的基本要素。

1. 主旨

主旨是一篇文案的主体和核心，是作者写作意图、主张在商务应用文中的体现。主旨的准确与否是衡量一篇文案价值的重要尺度。正如清代刘熙载在《艺概·经义概》中所概括的："凡作一篇文，其用意俱要可以一言蔽之。扩之则为千万言，约之则为一言，所谓主脑者是也。"确定商务应用文主旨的基本要求如下：

（1）正确。主旨要符合经济发展规律和商务活动实际，要在现有事实材料的基础上得出正确的结论。

（2）深刻。深刻是指主旨要有思想深度，分析精当，挖掘到位，讲出别人讲不明或见不到的新内容。

（3）明确。主旨力求明确，不含糊其辞。

（4）集中。主旨集中是指针对主题不散，中心唯一。

2.材料

材料是商务应用文写作的前提和基础，是构成商务应用文内容，形成、表达主旨的各种事实与依据。我们通常可以把材料分为直接材料和间接材料，前者是靠自身观察、体验、搜集得到的材料，后者是在现有资料基础上选取或加工而成的材料。搜集材料必须遵循以下三个原则：全面详尽；方向明确；分类整理。

3.结构

结构是为了表现主旨把材料组织起来构成文案的组织形式。结构的基本内容包括层次和段落，过渡和照应，开头和结尾。

（1）层次和段落。层次是指文案内容的划分和表现次序。它直接关系到结构的优劣。安排层次可分为时间顺序、空间变换、事物类别等。段落是文案形成的基本构成单位，是内容表达时的文字停顿，也称"自然段"。

（2）过渡和照应。过渡是相邻层次、段落间的衔接，使两层或两段意思连接到一起。常用的过渡形式有过渡段、过渡句和关联词。照应就是前后文彼此配合与呼应。照应的方法有首尾呼应、前后照应、题文呼应等。

（3）开头和结尾。文案开头起着引起定调作用。好的开头，文案容易展开，又可以吸引读者；好的结尾，可以使结构更加完整，深化主旨，给读者留下深刻的印象。

商务应用文的写作一般涉及程式化的问题。程式化是指商务应用文的写作一般要遵循固定的文种模式进行写作。例如，商务信函的写法包括：一是标题，由发文机关+事项+文种组成。二是正文，包括前言、主体和结尾三部分。三是落款，写明行文单位全称、成文时间。

4.语言

语言是思想的载体，是人类信息交流的工具。学好书面语言是写好商务应用文必备的基本功。合乎语法，注意修辞和采用适当文种，是商务应用文写作必须遵守的准则。此外，商务应用文的写作在语言运用上还有一些特殊要求：

（1）准确恰当。商务应用文的实践性强，不仅不能用错词语，还要避免用词模棱两可，含混不清，尤其是不能产生歧义。对于数字的使用要注意核查，精确地通过图表、计算描述数量关系的变化。

（2）简练明快。为提高阅文办事效率，商务应用文的语言应简练明快，避免不必要的重复，做到言简意赅，语言明快平实。宋代严羽在《沧浪诗话·诗法》提到的"意贵透彻，不可隔靴搔痒；语贵脱洒，不可拖泥带水"就是对语言运用的深刻解读。

五、如何才能写好商务应用文

商务应用文作为企事业单位、各种社会团体，乃至个人用于记录、总结、沟通、规范、管理商务活动、商务行为的重要工具，是保证企业管理和商务活动正常进行、提高企业经济效益的有力手段。大学生作为未来经济社会管理的中坚力量，加强自身商务应用文写作学习与训练，提高写作能力显得尤为必要。

1.了解经济政策法规，提高理论修养

大学生尚未步入社会，对外界信息包括国家的经济政策法规及相关的理论往往关注不够、接触不多、钻研不深，这既不利于大学生开阔视野，也制约着针对大学生的商务文书写作实践能力的提高。任何经济活动都必须在国家经济政策、经济法规允许的范围内进行，不能违反国家的经济法规和经济政策，不能损害国家和人民群众的利益，违反公序良俗，违背职业道德。因此，要保证商务文书的内容合法有效，不偏离正确的方向，写作者必须对国家的经济政策和法规有所了解。同时，还要不断学习有关的经济理论，提高自身对商务活动的理性认识，掌握科学的分析方法，并能将科学的分析方法运用到商务文书的写作过程中去，如此才可能写出质量高、有价值的商务文书。因此，大学生要切实提高商务文书的写作能力，就不能有等靠思想，需要在学校阶段就养成用经济学原理去分析思考生活中问题的良好习惯，打下扎实的经济理论基础。

2.掌握深厚的财经专业知识

商务文书写作的一个重要特征就是专业性强，它要求写作者除了具备一般的知识文化修养、写作素养之外，还要具有比较深厚的财经专业知识修养。比如要为公司写一份市场预测报告，如果不具备一定的财经专业知识，不明白"市场占有率""成本领先战略""差异化战略""利税总额""净利润""资金利润率""资金周转率""盈亏平衡分析法"等专业术语的内涵，又怎能写出令人信服的市场预测报告呢？

总之，要写好商务文书，大学生除了要掌握经济学、会计学、管理学等专业课程的基本原理、常识外，还要对自己未来的发展方向、职业能力有一个较为明晰的认识，并以此为目标，进一步通过选修相关课程、自主学习建构符合职业理想的知识结构，使自己真正地成为知识结构合理、专业知识深厚的商务精英。

3.加强写作的目的性、针对性

任何商务文书的写作都不是毫无来由、没有目的的。相反，商务文书写作的目的性极强，都是针对工作中正面临的、急需解决的实际问题而进行的。如企业、工厂要调整产品结构、开发新产品，就要先做好市场调查和市场预测，写出市场调查和市场预测报告；企业要提高经济效益，就需不断地进行经济活动分析，定期、不定期地提交经济活动分析报告；与其他组织发生了经济纠纷，就要撰写仲裁申请书、经济纠纷起诉状等法律文书。因此，商务文书都是针对所面临的实际问题应时、应需而作的。

4.注重材料的准确性，多用数字、图表说话

首先，商务文书的写作是事关经济利益、经济决策的大事，在材料的使用上比其他文书格外讲求真实、准确。材料的搜集要全面，以免得出以点代面、以偏概全的错误结

论。其次，在材料的选择上要真实、典型。在写作调研性的商务文书时，要深入实际调查研究，掌握丰富的第一手材料，并运用科学的归纳推理及推论方法得出规律性的认识，而不能采用主观的演绎推理，以确保结论从实际中来，不是主观臆断。再次，要善于运用数字来概括，用图表来使数据一目了然。大量地运用数字、图表和比较分析方法来说明问题，是商务文书写作的一个显著特点。比如可行性分析报告、市场调查报告等经营文书，都大量运用数字、图表来概括、说明问题。因此，凡是可以量化的地方一定要量化，充分运用数字、图表使表达简洁清晰，一目了然。

课堂讨论1-1

充分运用数据，可以为企业决策提供重要参考，帮助企业和品牌在降低成本、提升效率、提高产品和服务质量、创造新产品时做出更有针对性的决策。图表是语言表达的一种重要形式，也是将信息作为艺术品展现的重要方式。向大家介绍一下，在日常生活中，你是如何使用数据和图表表达自己的观点的。

5.熟悉各种商务文书写作的内容要素构成与格式规范

商务文书的种类繁多，应根据不同的写作目的恰当地选择文种，要熟悉各种商务文书写作的内容要素构成与格式要求，写作起来才能得心应手，驾轻就熟。各种商务文书都有自己特定的内容与写作模式，有的是法定的。比如，《中华人民共和国民法典》"合同编"中规定了合同的基本条款，《中华人民共和国广告法》中规定了广告禁用词，《药品说明书和标签管理规定》规定了药品说明书和标签的格式内容及撰写要求。有些商务文书虽然没有法定内容、格式，但却有约定俗成的模式，这些模式是在长期实践中形成的适用模式，对此也须熟练掌握，如此才能写出既符合规范又简洁清晰的商务文书。

6.语言讲求精准无误

商务文书涉及经济利益、经济决策，又往往具有法定效力或行政效力，其语言表述必须做到精准无误，否则很可能给自己或组织造成重大的经济损失。曾有过多起这样的案例，在定金合同写作中，误把"定金"写成了"订金"，结果当合同无法履行时，守约方要么不得不返还违约方作为担保用的定金（因误写成了"订金"），要么无法得到违约方双倍返还的定金（因误写成了"订金"），从而使自己蒙受经济损失。可见，和"订金"虽只一字之差，但其在法律上的意义却迥然有别。"定金"是一个规范的法律概念，是当事人双方为确保合同的履行而自愿达成的担保形式。而"订金"则不是一个法定概念，其一般含义是"预付款"的意思。因而，当"定金"被误写为"订金"后，一旦合同无法履行，即需返还。因此，像经济合同这类一经签订就对当事人双方或多方具有了法定约束力的文书，写作时，语言务必要精准严密，不可出现任何差误。倘若出现任何一个数字或重要文字的差误，所造成的经济损失就可能是几倍，甚至几十倍，正所谓"一字千金"。另外，如果药品说明书写得不准确，很可能会危及患者的生命安全，造成更可怕的灾难。

他山之石1-1

谈谈怎样提高公文质量

提高文稿质量，是党政机关工作人员特别是秘书工作者必须解决好的重要问题。从某种意义上说，文稿质量反映机关的工作水平，决定个人的成长进步。提高文稿质量，需要长时间和多方面努力。

文成于思

这里的"思"，包括提高思想高度与把握思考角度。思想高度，是指我们平常所说的思想性，它是文稿的灵魂，是文稿写作成败的关键。对一篇好的文稿，人们往往会有"高屋建瓴、思想深刻、立意高远"等评价，这是因为它有思想高度。一篇没有思想性的文章，往往显得平平淡淡、苍白无力。把握思想高度，要注意这几点：

一要准确把握主题。一般来说，一篇文稿最好突出一个主题，通篇围绕一个中心来展开，防止"四面出击"。主题不应太过宏观、太过久远，而要"以我们正在做的事情为中心"，具有较强的针对性。

二要认真提炼观点。主题确定以后，要有观点来支撑。观点要紧紧围绕主题，从不同侧面来论述。观点应是理论与实践相结合的产物，有新意、有见解，不是泛泛而谈。

三要深入进行论述。观点就如同一个骨架，需要补充有血有肉的东西，所以还要加以深入论述。论述是否精辟，不在于文字多少，而在于是否到位，古语所说"隔靴搔痒赞何益，入木三分骂亦精"，就是这个道理。深入进行论述，具体来说，就是要有权威性，善于运用马克思主义中国化的理论成果；有辩证性，运用哲学思维，具有思辨色彩；有对比性，前后左右、横向纵向进行对比，学会用数字说话；有例证性，列举典型事例，用事实说话。

提高思想高度，离不开学习，厚积才能薄发。"台上一分钟，台下十年功"就是这个道理。同时还要求有悟性。悟性从何而来？这里既有理论积淀问题，更有实践锻炼问题。关键是要笔耕不止，不停地写、不停地想，通过实践锻炼，总有一天会茅塞顿开，捅开遮挡智慧的"窗户纸"，提高自己的水平和能力。

把握思考角度，应当注意以下几点：

一要增强角色意识。不能局限于自身的角色限制，而要"关起门来当领导""站在高山顶上想问题"，站得高才能看得远，这是许多从事文稿写作同志的共同体会。从事文稿写作的同志不一定都是领导，但是代领导立言，就要从领导的角度而不是从起草人的角度进行思考和设计。

二要增强全局意识。为党委和党委领导服务，必须想全局、谋全局，注意"高、大、全"的问题。思考的角度要站得高，想问题要想得大，写作过程中要想得全。在起草文稿过程中，相关题目涉及的所有东西都得在脑子里过一遍，不能遗漏任何重要的内容，同时认真进行取舍，不能想起什么就写什么。

三要增强时代意识。要在把握基本世情、国情以及本地区情况的基础上，认真分析事物的阶段性特征。任何事物都是发展变化的，考虑任何问题都要注意时间、地点和条件的变化。

在提高思想高度和把握思考角度的同时，还要努力在以下两个方面下功夫：

一是深入研究工作。我们从事的工作是代党委立言、代领导立言，写作的目的不是为写而写，而是在于运用，在于指导工作。实际上研究稿子的过程就是研究工作的过程，如果你对工作不了解，给你一篇稿子天天在那儿研究也研究不出什么东西，因为你不懂稿子里面装的东西。所以，必须实现从简单地"抠文字"向深入地研究工作转变。

二是努力开拓创新。我们研究工作，不仅要知道有哪些内容、哪些重点，还要明确从哪里突破、怎样去突破。创新对我们来说非常重要，我们所说的文稿平淡、没有高度、缺乏层次，其实质是创新性不够的问题，不能与时俱进，缺乏体现时代性、把握规律性、富于创造性的东西。我们经常说的"思路决定出路"，实际上说的就是这个意思。

文成于细

欧洲流传着一个故事，讲的是国王所骑战马的马掌出现了问题，战争中战马跌翻在地，国王从马上摔了下来，结果士兵纷纷撤退，最后吃了败仗，致使国家覆亡。这个故事把一个马掌与一个国家的覆亡联系在一起，充分说明了细节的重要性。

还有一个故事讲的是美国首都华盛顿郊区有个叫"小华盛顿"的酒店，规模不大，但人均效益却是全美第一。它服务细致到什么程度呢？比如客人一进门，就有专门的心理师来测试心情指数，看客人今天高兴还是不高兴。对心情指数偏低的顾客，总经理就会出面，向客人赠送红酒，然后领客人参观厨房，客人心情好转了，消费自然会增加。正因为这个酒店无与伦比的细致服务，所以创造了全美第一的人均效益。

同样，要提高文稿质量，就要提高文稿的精细化水平。最重要的是增强责任意识，特别是要树立"最后一道关口"的意识。不要因为忙或累，或者自己不是最后的"关口"，就轻易把错误放过去，不能因为身后还有运转环节就粗心大意，要始终做到高度负责。

文成于改

好文章是改出来的。一稿就通过、一稿就成为精品的文章不是没有，但为数极少，多数文章要经过反复修改、不同环节修改才能成功。

我们在工作中有个传统，即副处长改完的稿子送给处长改，要连同底稿一并附过来，处长改完后送厅领导也要连同修改稿一起拿过来，两稿对比，原稿是怎么说的，你是怎么改的，看问题出在哪一环节。运转清样也要连同底稿一并运转，实际上就是强化责任。文章不要怕别人改，"三人行，必有我师"，怕人修改、反对修改、怕丢面子，实质上就是拒绝进步。如何修改，大体应当把握这几个关口：

一要把好内容关。要注意主题是否鲜明，观点是否正确，能不能立得住，文题是否相符，有没有无病呻吟、节外生枝等现象。

二要把好文字关。主要看表述是否准确，语言是否流畅，文字是否清楚、简洁。要留意括号、引号里的东西，因为这些较容易被忽视。引用东西一定要引对，不要让改稿的人亲自去核对，这样会增加其工作量，同时别人对你的责任意识也会产生怀疑。运用的数据、事例、标点符号准不准，字、词、句有没有毛病，这些都要注意。有人把犯这些文字上的"小"错误称为"小儿科"错误，就是说很不应该犯的错。试想，如果一个公文的字词、标点、所引数据有误，会产生什么效果？

三要把好格式关。这个问题要注意正反两个方面：一方面，文无定法，形式要服从内容；另一方面，文有规矩，格式也是必须强调的。比如调查报告，做了哪些调查、到了哪些地方、有什么收获等，这些该交代的都要交代；比如序号如何规范，汉字、阿拉伯数字怎么用；比如字号要求，黑体、楷体、宋体的用法和顺序等，都要按规范使用。此外，文稿运转前要仔细检查装订、清点页码等，防止出错。

要努力形成虚心请教、民主讨论、认真修改的工作环境，起草者要反复修改，直到自己满意再出手；把关者要认真推敲，在文稿水平提升后再签字。如果自己对文稿哪一部分觉得有点担心，最终问题往往就出在那一块。文成于改，不是个口号。修改，始终是成功文稿的必经之路。

资料来源　王焕承. 谈谈怎样提高公文质量［J］. 秘书工作，2010（5）.

🔗 思政园地

作为党内著名的笔杆子，胡乔木一生起草、整理了一系列载入史册的重要文件和历史文献。毛泽东曾夸奖他说：靠乔木，有饭吃。邓小平称他是"党内第一支笔"。胡乔木的文章为什么能够引起这样的反响？重读他对写好文章的论述，对于当前领导干部自己动手写文章仍有借鉴意义。《如何写好文章——胡乔木谈写文章》一文归纳了以下几点：写文章要树立科学的态度；应当打破一切固定的模式；文章的内容要充实；写好文章需要长期锻炼培养。

推荐阅读：汤春松. 如何写好文章——胡乔木谈写文章［N］. 学习时报，2014-03-03（A6）。

📑 项目概要

商务应用文写作的特点包括：写作目的的实用性；写作内容的专业性；体例格式的规范性；语言表述的简洁性。

根据不同的分类方法，商务应用文可以分为不同的类别。（1）根据商务应用文的行文方向，可以分为上行文、下行文和平行文。（2）根据商务应用文的内容，可以分为商务经营文书、商务事务文书、商务策划文书、商务法律文书等。（3）根据商务应用文的写作形式，可以分为文字式文书、合约类文书、表格文书、信函类文书等。（4）根据商务应用文的表现形式，可以分为普通商务文书和电子商务文书。

商务应用文写作具有一般应用写作的共同特征，必须遵循应用写作的基本规律。主旨、材料是构成商务应用文内容的基本要素，结构、语言是商务应用文形式的基本要素。

项目测试

一、简答题

1. 简述商务应用文写作应遵循的基本原则。

2. 简述构成商务应用文写作的基本要素。

二、写作训练

如何才能写好一份商务文书？请将你的想法归纳为一份发言提纲。

项目二

商务行政文书

学习目标

1. 了解商务行政文书的特点、作用、分类、结构形式；
2. 认识行政文书在商务活动中的重要意义；
3. 领会撰写商务行政文书的要求和行文规则，掌握商务行政文书的写作要领；
4. 增强商务行政文书的处理能力，培养严谨务实的工作作风。

　　商务行政文书，简单来说就是指企事业单位处理公务时所使用的、有一定规范的各种正式文书，它是反映公务活动内容并在公务活动中发挥作用的书面材料。

　　在本项目中，我们参照 2012 年 4 月 16 日中共中央办公厅、国务院办公厅颁布的《党政机关公文处理工作条例》（详见附录一）（以下简称《条例》）中关于公文的写作规范和《党政机关公文格式》（GB/T 9704—2012）（详见附录二）着重介绍在企事业单位处理公务时常用的 5 个文种，即通知、通报、请示、报告、函。正如《条例》第 40 条所指出的："其他机关和单位的公文处理工作，可以参照本条例执行。"

　　本项目结构导图如下：

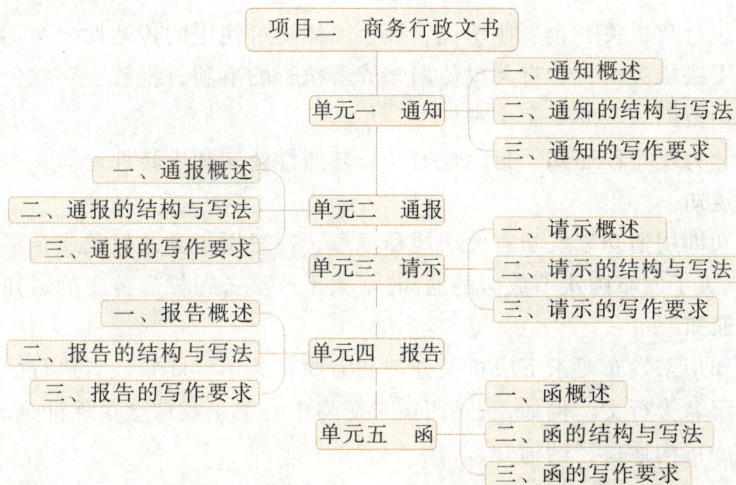

项目二　商务行政文书

单元一　通知
- 一、通知概述
- 二、通知的结构与写法
- 三、通知的写作要求

单元二　通报
- 一、通报概述
- 二、通报的结构与写法
- 三、通报的写作要求

单元三　请示
- 一、请示概述
- 二、请示的结构与写法
- 三、请示的写作要求

单元四　报告
- 一、报告概述
- 二、报告的结构与写法
- 三、报告的写作要求

单元五　函
- 一、函概述
- 二、函的结构与写法
- 三、函的写作要求

单元一 通知

【引例】 关于发布企业宣传片（2016年修订版）的通知

集团公司各单位：

根据年度重点工作安排，集团公司完成了企业宣传片（中文、英文、西班牙文、俄文共四个版本）的修订工作，现予以正式发布，并提供高清版本直接下载地址。请在集团公司网站"专题专栏"板块查阅。

详细链接：http://www.cpecc.net/col/col896/index.html。

望各单位在工作中，大力推介本版本企业宣传片，不断扩大集团公司知名度和品牌影响力。

中国电力工程顾问集团有限公司

2016年7月12日

资料来源 中国电力工程顾问集团有限公司. 关于发布企业宣传片（2016年修订版）的通知 ［EB/OL］.［2018-05-12］. http://www.cpecc.net/art/2016/7/12/art_5_16413.html.

以上是一则中国电力工程顾问集团有限公司向下属单位下发的关于发布企业宣传片的通知。在该通知中，首先阐明了企业宣传片（中文、英文、西班牙文、俄文共四个版本）的修订是年度重点工作，突出了通知的重要性，以便引起下属单位的重视；然后通过网址链接的形式给出了企业宣传片高清版本的下载地址；最后提出集团公司对下属单位的要求和希望，即"大力推介本版本企业宣传片，不断扩大集团公司知名度和品牌影响力"。从整体上看，该通知结构完整，内容明确精练，行文流畅。

本项目将介绍通知的特点及规范写作要求。

一、通知概述

通知是各级行政机关、企事业单位、社会团体均可使用的传达性公文。它适用于发布、传达要求下级机关执行和有关单位周知或者执行的事项，批转、转发公文，是使用频率最高、适用范围最广的一个文种。

通知主要分为发布性通知、指示性通知、知照性通知和中转性通知。

1.发布性通知

发布性通知即用通知来发布有关法规和规章，一般用于党政机关或企事业单位内部行文。例如，《关于发布国庆节放假的通知》《关于调整公司领导分工的通知》。

2.指示性通知

指示性通知用来发布要求下级机关办理和需要有关单位周知或者执行的事项，通常以机关办公部门名义行文。例如，《陕西煤炭交易中心关于收取会员保证金的通知》《关于规范HarmonyOS沟通口径的通知》。

3.知照性通知

这类通知用于一些不需要直接执行或办理的事项，如节假日安排、人事任免、机构设置或调整、印章启用或更换以及召开会议等，主要起到交流情况、传递信息的作用，发送对象较广泛，对下级、平级机关均可发送。例如，《关于刘晓冠等同志任免的通知》《珠海横琴新区稀贵商品交易中心关于乙二醇精装产品集中交割的通知》。这类通知内容单一，篇幅简短，一般不需对事项加以评论，文中一般也不涉及直接的执行要求。

4.中转性通知

中转性通知用于颁转另一个文件，包括转发上级机关的文件，发布本机关的文件，转批下级机关的文件，印发不相隶属机关的文件，如《国务院关于发布〈国家行政机关公文处理办法的通知〉》《国务院批转财政部〈关于开展企业财务检查情况和今后意见的报告〉的通知》。

通知的特点如下：

第一，广泛性。各级行政机关、企事业单位和社会团体都可使用通知对下级单位依法行政和进行公务活动。

第二，传达性。通知的主要功能是向下级单位传达有关事项。

第三，时效性。通知往往需要受文者立即办理、执行或者知晓某件事情，有些通知只在指定时间内有效。

二、通知的结构与写法

通知由标题、主送机关、正文和落款四部分构成。

1.标题

发布性通知和指示性通知的标题一般都采用规范写法，即由发文机关、事由加文种组成，如《国务院关于印发〈上海系统推进全面创新改革试验加快建设具有全球影响力科技创新中心方案〉的通知》《国务院办公厅关于2021年部分节假日安排的通知》；也有省略发文机关，如《关于选派第三十三期顶岗实习驻县教师的通知》等。

中转性通知的标题由四部分组成，即由发文机关加"转"（或"转发"）字样加被批转（或转发）文件的标题再加文种组成，如《国务院办公厅转发商务部等部门关于实施支持跨境电子商务零售出口有关政策意见的通知》《大连市人民政府转发〈辽宁省人民政府关于取消调整一批行政职权事项决定〉的通知》。若在撰写标题时，遇到几个"通知"重复出现的问题，如《××县人民政府转发××市人民政府转发××省人民政府关于××××的通知的通知的通知》，可按照惯例，省略中间层次，只保留文件发源处和文种，即《××县人民政府转发××省人民政府关于××××的通知》，被删掉的中间层次需写进公文开头，如"近接市人民政府于××年××月××日发来省人民政府关于××××的通知，现转发给你们……"。

练一练 2-1

根据以下材料，拟写公文标题：

（1）南华集团总公司对上虞分公司干部职务任免事项制发公文。

（2）上海市教育委员会招生办公室拟召开一次2018年高等院校招生会议，向有关单位下发一份文件。

2. 主送机关

在标题下顶格书写接受通知的机关名称。

3. 正文

一些内容上比较简单的发布性通知，在写作上通常只写明发布了什么法规、规章及其时效两个方面的内容。如"经国务院同意，现将修订后的《国家自然灾害救助应急预案》印发给你们，请认真组织实施。2011年10月16日经国务院批准、由国务院办公厅印发的《国家自然灾害救助应急预案》同时废止"。告知某些事项的通知，如干部任免通知、机构设立或调整通知等，正文内容要写清所告知事项的依据或原因、任免干部名单或机构设置、调整情况等。

指示性通知的正文由缘由、事项和要求（或希望）三部分组成。缘由部分主要写发文的原因、背景、根据、目的等。发文缘由要写得充分，但行文要简明，文字不宜过多。缘由部分写完后，常用"为此，特作如下通知""现通知如下"等承启用语引出下文。事项部分主要写明对有关事项的安排、决定，一般采取分条或分项写法。这部分内容要写得明确具体，使受文机关清楚地了解"做什么"和"怎么做"。要求（或希望）部分一般都比较简单，有的写"以上通知，望认真执行""本通知自下发之日起执行"，有的通知也可以省略这部分。针对内容复杂的指示性通知，通常采用"总-分-总"的结构，即开头使用独立且简短的"撮要"，结尾总括全文并写明要求下级及时反馈执行情况，中间部分则由若干并列的内容组成。

中转性通知的正文由两部分组成：一是发布、批转、转发文件的缘由，也有的不写；二是意义和要求，即写对所批转、转发文件的态度或指出文件所涉及问题的重要意义，提出如何执行文件的要求等。

4. 落款

在正文后右下方标明发文机关和发文时间。

三、通知的写作要求

（1）要拟定一个明晰贴切的标题，使读者一看标题便知通知什么或要求做什么事情，并可在文种前冠以"紧急""特急""补充""联合"等字样用以表明通知的类型。

（2）对于非周知性的通知，应一律写明主送机关名称，不论被通知的机关为几个，都应写明。

（3）通知的文字应当简练准确，应知应办事项需要交代清楚，并切实可行。

例文 2-1　　　　　　　　　　关于调整公司领导分工的通知

中国农批人字〔2015〕9号

各部门、各出资企业：

为进一步提高公司治理水平，促进公司健康持续发展，经公司研究决定，对公司领导分工进行调整。现将调整后的领导分工通知如下：

一、公司领导层级划分

公司领导分为领导班子和经营班子两个层次。领导班子包括董事长、总经理、副总经理，董事长为负责人。领导班子会议主要研究公司重大决策事项、人事调整及董事长认为需要召开会议的事项，根据议题需要其他人员可列席会议。

经营班子包括总经理、副总经理、总经理助理，总经理为负责人。经营班子会议参加人员为总经理、副总经理、总经理助理，主要研究公司日常工作，各部门负责人根据议题需要列席会议。

二、公司领导分工

（一）董事长王文春同志

领导公司全面工作。

（二）总经理张生同志

主持公司日常工作。分管项目开发与管理、品牌管理、法务、财务、行政和安全生产工作，主管开发公司。

（三）副总经理杨志华同志

负责所有项目工程建设全过程管控，分管工程部（中合（北京）农产品市场建设开发有限公司）、成本控制部和审计部。

（四）副总经理詹天骏同志

分管营运拓展板块，包括中农批（北京）企业运营管理有限公司、中农批（北京）电子商务有限公司、冷链物流公司（筹）、公共关系管理部。

（五）总经理助理舒志良同志

分管项目管理部和安全生产办公室，重点负责东北、华北、西北区域项目拓展、调度和风险控制，兼任中农批（北京）企业运营管理有限公司总经理。

（六）总经理助理陈志强同志

分管中农批建设开发有限公司，重点负责华东、华南、西南、中南等区域项目拓展、调度和风险控制，兼任中农批建设开发有限公司总经理。

特此通知。

中国供销农产品批发市场控股有限公司

2015年2月10日

资料来源　中国供销农产品批发市场控股有限公司. 关于调整公司领导分工的通知［EB/OL］.［2018-02-10］. http://www.chinaapm.com/.

简析：本则通知是中国供销农产品批发市场控股有限公司下发的关于调整公司领导

分工的通知，其受文对象是各部门、各出资企业。通知正文划分为公司领导层级划分和公司领导分工两部分，既明确了公司领导分为领导班子和经营班子两个层次，也明确了公司各个领导所分管的范围，结构清晰，行文流畅，能够很好地起到将公司领导分工调整的信息通知到相关部门和企业的作用。

例文 2-2　　**民航局关于国际定期客运航班熔断措施调整试行的通知**

各运输航空公司：

为更好适应疫情防控常态化需要，在输入风险防控措施等效基础上方便航空公司组织运力和旅客安排出行，根据国务院联防联控机制要求，现将《民航局关于调整国际客运航班的通知》（民航发〔2020〕27号）第七条第三款国际客运航班"熔断措施"调整为"航班熔断或控制客座率运行措施"。具体如下：

1.航空公司单一入境航班确诊旅客人数达到5例的，可从以下两种限制运行的方式中自主选择：

（1）航班熔断措施：自航班入境的第四周起，暂停该航班运行2周，并取消奖励航班。

（2）控制客座率运行措施：自航班入境的第四周起，限制该航班以不高于40%的客座率运行4周，并取消奖励航班。

2.航空公司单一入境航班确诊旅客人数达到10例的，自航班入境的第四周起暂停该航班运行4周，并取消奖励航班。如连续两班确诊旅客人数分别达到10例的，当周立即熔断，累计暂停运行8周。

3.航空公司单一入境航班确诊旅客人数达到30例的，当周立即熔断，暂停该航班运行4周。

4.相关要求和说明。

（1）航空公司选择控制客座率运行措施后，同一入境航班再次触发熔断条件的，实施快速熔断：确诊旅客人数达到5例的，隔周暂停该航班运行2周；达到10例的，当周立即暂停该航班运行4周。

（2）航空公司选择控制客座率运行措施后，同一入境航班再次触发熔断条件的，自该航班入境之日起3个月内，不再享有选择控制客座率运行措施的权利。

（3）航空公司执行控制客座率运行措施前，同一入境航班再次触发熔断条件的，暂停期与原触发熔断航班累加计算。已按控制客座率运行措施执行的航班不计入暂停期。

（4）航空公司单一入境航班确诊旅客人数达到5例但不足10例的，民航局通知航空公司于24小时内按本通知第1条规定作出选择，且不得更改。逾期未反馈意见的，按照航班熔断措施执行。

（5）民航局将对实施控制客座率运行措施的航班加强监控，如有超客座率限制运行的，一经查实，立即暂停该航班运行2周并取消该航空公司选择控制客座率运行措施的权利。

（6）航班熔断或控制客座率运行结束后，按照不高于75%的客座率运行，除按

《运输航空公司疫情防控技术指南》判定为高风险的航班外，连续3周确诊旅客人数为0的，取消75%客座率限制，并可依程序申请奖励航班。

（7）确诊旅客人数指国家卫健部门公布的航班落地之日及随后连续7日内，该航班载运入境旅客的确诊新冠肺炎的病例数及无症状感染者病例数之和。

（8）航班入境当周计为第一周。

2021年5月1日0时后落地的国际客运航班按此试行，《民航局关于调整国际客运航班熔断措施的通知》（民航发〔2020〕60号）同时废止。

中国民用航空局
2021年4月28日

资料来源　中国民用航空局. 民航局关于国际定期客运航班熔断措施调整试行的通知［EB/OL］.〔2021-06-15〕. http://www.caac.gov.cn/XXGK/XXGK/TZTG/202104/t20210429_207386.html.

简析：境外输入病例的增加凸显全球疫情防控形势依旧严峻，这也给国内防疫带来了新的压力。为适应疫情防控常态化需要，在输入风险防控措施等效基础上方便航空公司组织运力和旅客安排出行，根据国务院联防联控机制要求，中国民用航空局发出了此项通知。该通知给出了航班熔断或控制客座率运行的具体措施，主旨明确，行文流畅，并突出了可操作性。

延伸阅读2-1　　　　　公文写作中常见的十大类专业术语

公文专业术语是人们在长期的公文写作实践中形成并使用的特殊语言，它对公文内容的准确表达具有十分重要的作用。可以这样说，专业术语的运用是公文门类在林林总总的社会科学领域得以立足的必要条件之一，也是充分发挥公文的社会效用的重要因素。没有这些专业术语，就显现不出公文学科的特色。因此，必须充分重视公文中各类专业术语的使用。

从总体上来看，公文中运用的专业术语主要有如下几类：

1.称谓语。它是公文中对不同的行文对象的特定称谓用语。常见的有"贵""该""各""本""我""你""他"等。写作时，应当根据不同的行文方向和隶属关系，恰当选用，不可随意为之。

2.起首语。作为公文的开篇语，它在文中的位置，关系重大。公文写作不可不重视起首语的运用，因为它是行文先锋（开头）的"尖兵"，直接关系到全篇公文的命运。公文中常用的起首语大体上可分为四类：其一，表目的的，如"为""为了"等；其二，表根据的，如"根据""遵照""按照""依照"等；其三，表原因的，如"鉴于""由于""随着"等；其四，表态度、方式的，如"兹定于""兹有""兹派""兹将""兹介绍""欣闻""欣悉"等。

3.经办语。常用的有"拟""拟定""拟于""草拟""布置""部署""计划""决定""安排""审定""审核""审批""审签""批阅""批复""出示""出具""赋予""付诸""实施""施行""公布""颁发""颁行""报请""报告""报批""呈阅""递交""申报""送审""传阅""准予""签发""签署""签字""业已""业经""报经"等。这类专业术语数量颇多，不胜枚举。

4.时间语。常用的有"最近""目前""不久前""迅即""时限""时效""时宜""顷刻""过去""现在"等。这些时间语，多是表量模糊而表意准确的模糊语言。

5.期请语。常用的有"请""务请""恳请""即请""请予""请示""希""希望""务希""尚希""尚祈""尚盼""尚望""接洽""商洽""商定""商议""商酌""须即""须经""应予""应当""悉力""悉心"等。

6.询问语。常用的有"当否""妥否""可否""是否可行""是否同意""是否妥当""意见如何"等。

7.表意语。常用的有"应""拟""责成""批准""同意""欠妥""不妥""照办""禁止""取消""力戒""力避""切勿""切记""严惩""严厉""查询""查勘""查证""酌定""酌办"等。

8.谦敬语。常用的有"承""承蒙""不胜""大力""通力"等。

9.过渡语。它是公文层次或段落以及语句前后之间的连缀语。常用的有"为此""现将""特作""基于""对此""据此""总之""由此观之"等。

10.结尾语。它是位于公文结尾部分的固定性语句，具有使行文显得简洁凝练、典雅庄重的功用。常用的有"此令""此复""特此通知""特此报告""希照此办理""请即遵照执行""现予公布""请予函复""为荷"等。

资料来源　公文写作之家.公文写作中常见的十大类专业术语［EB/OL］.［2018-05-06］.http://www.aiweibang.com/yuedu/24906861.html.

他山之石2-1　　　　　　　　通知写作的几个问题

在党政机关、企事业单位所使用的公文中，通知是发文数量最多、使用频率最高的一个文种，呈现出作者的广泛性、内容的晓谕性、用途的多样性以及使用的频繁性等特征。从实际情况来看，无论是在公文写作研究领域还是在公文写作实践中，对这一文种的写作与使用还存在一些问题，直接影响了通知的行文目的及效用，也不利于通知文种的规范化，因此，很有必要予以澄清。

一、关于通知文种的行文方向问题

根据《党政机关公文处理工作条例》的规定表述，通知"适用于发布、传达要求下级机关执行和有关单位周知或者执行的事项，批转、转发公文"。由此可见，通知具有承接上下、联系内外等多方面的作用，在绝大多数情况下，通知适用于"发布、传达要求下级机关执行"的事项，显然是作为下行文来使用的；但有时又会发布、传达要求"有关单位周知或者执行的事项"，向不具有隶属关系的单位告知某一事项，诸如启用新的印章、成立或撤销某一机构等，也可用通知来行文。这样，在公文写作理论界中多数人将通知界定为下行文的观点是不够全面的，没有完整准确地理解和把握公文法规的规定精神。因此可见，通知既可以用于发布、传达要求下级机关执行的事项，也可以向有关机关（主要是不相隶属机关）告知相关事项，具有发布、传达和告知的作用；既可以用于批转下级机关的公文，也可以用于转发上级机关和不相隶属机关的公文，因而又具

有"桥梁"和"纽带"的作用。

二、关于几个相近易混术语的区分问题

在通知的写作中，经常会涉及"印发""发布""批转""转发"几个相近易混的术语，在实际使用过程中往往容易被人们弄混。值得注意的是，"印发"仅适用于机关或单位内部行文，例如《中共中央办公厅 国务院办公厅关于印发〈党政机关公文处理工作条例〉的通知》；而"发布"则适用于对社会公开的公文，例如《国务院关于发布〈医疗事故处理办法〉的通知》；这种印发、发布性通知也可合称公布性通知，与"公布令"类似，只是在内容的重要程度上有所区别。使用"公布令"行文，其所涉及的内容事项往往更为重要，诸如公布某一法律等，但仅从功能上看，二者之间差异甚微。"批转"适用于"上对下"，例如《国务院批转民政部关于进一步加强生产救灾工作的报告的通知》。被批转的下级机关的来文通常是"请示""报告""意见""方案"等文种，而以"报告"和"意见"为最多；而转发则适用于"下对上"或者"平对平"，例如《国务院办公厅转发公安部交通运输部关于推进机动车驾驶人培训考试制度改革意见的通知》等即属于此种情形。下转上的来文文种一般是"通知"，这种转发文件的特点表现为"以通知转通知"，例如《××市人民政府转发××省人民政府关于加强社会治安综合治理工作的通知》。"平转平"即不相隶属机关之间相互转发来文，这种情况相对比较复杂，既有"通知"，也有"函"，特别是"平转平"的来文至今又出现"请示"、"报告"及"意见"等，这是由于有些下级部门呈送给上级机关的"请示"、"报告"及"意见"，按理说上级机关应当加以批转，但事实上并未以整个机关的名义加以批转，而是授权给机关的综合办事机构即以办公厅或办公室的名义转发下去，由于办公厅（室）与相关职能部门之间属于平级机关，故只能使用"转发"而不使用"批转"，这是转发性通知中的一种特别现象，《国务院办公厅转发建设部关于进一步清理整顿房地产开发公司意见的通知》即属于此种情形。

三、关于能否使用通知来公布法规、规章以及人事任免事项的问题

在1993年11月国务院办公厅印发的《国家行政机关公文处理办法》中曾经明确规定，通知能够具有"公布法规和规章""任免和聘用干部"的职能，2000年8月国务院发布《国家行政机关公文处理办法》时将此种表述取消；2012年中办和国办联合印发的《党政机关公文处理工作条例》中仍然没有将其列入。因此，实践中，有人认为，《党政机关公文处理工作条例》中没有赋予通知"发布法规、规章"以及"任免、聘用干部"的功能，因此不能使用。这属于对公文法规的机械、片面的理解，法规中没有规定的并不等于实践中绝不可用，况且《条例》本身即以通知文种来印发，就是很好的例证。诸如公布有关人事任免的事项等，显然也要用通知来行文。由此观之，全面、准确地理解和把握公文法规的规定精神，避免片面化和机械化，是公文写作研究领域和实际操作中一个不容忽视的重要问题。

四、如何简化通知的标题

此类通知包括批转性通知和转发性通知。其中前者是用于批转下级机关的公文，后者是用于转发不相隶属机关的公文。与前述印发、发布类通知相同，此类通知均作为

"文件头"来使用，采用复体行文的方式，将被批转、转发的对象运载出来。值得注意的是，此类通知的正文部分的写法通常较为简单，往往采取"篇段合一"的方式，即一篇通知的正文部分就是一个自然段，甚至往往仅是一句话。但其标题的写作却有一定的难度，因为在拟写时常常要涉及对被批转或者被转发的原文标题的引用，因此往往容易导致标题字数过多，排列起来较为冗长杂乱、烦琐累赘，令人生厌。实践中经常见到类似"一字长蛇阵"式的公文标题，主要就见之于此类标题的拟制，这种现象不利于公文写作的规范化。例如《××区财政局关于转发〈××市财政局关于转发××市人民政府〈关于在全市财政系统中开展文明服务创先争优活动的通知〉的通知〉的通知》，内容拖沓冗长，令人生厌。

如何简化此类通知的标题，实践中不少公文写作人员感到十分困惑，同时在公文写作理论界也有不少专家学者对此进行探讨，提出这样或者那样的解决办法和措施，但往往都不尽如人意，甚至也不能做到自圆其说。那么，究竟怎样加以简化呢？我们认为，解决的办法通常是：

其一，压缩介词"关于"，亦即在整个标题中只使用一个介词"关于"。这个介词"关于"既可能出现在"批转""转发"字样的前面，也可以出现在"批转""转发"字样的后面，具体位置应视被批转、转发的对象而定，也就是说，如果被批转、转发的原文标题中已经带有介词"关于"，则前面就要省略；如果原文标题中不带介词"关于"，则前面就要添加。就一般而论，被批转、转发的对象标题不带介词"关于"的，通常是法规、规章、工作要点、实施方案等文种。《××市人民政府办公厅关于转发〈党政机关公文处理工作条例〉的通知》，"条例"属于法规，其标题本身不带介词"关于"，则在前面就要添加；而像《×××关于批转〈关于×××的通知〉的通知》，被批转的原文标题中已经带有介词"关于"，则前面就应省略，即应改为《××批转关于×××的通知》，既省减了文字，又加强了批转语气。

其二，省略中间环节。不要层层转发或批转，直转即可。而且中间环节无论有几个，均应省略，以归简易。值得注意的是，省略掉的中间环节，一定要在转文通知的正文部分作出交代，以免给人以突兀之感。

其三，去掉书名号，但法规、规章名称除外。这就是说，被批转、转发的对象如果是法规和规章，则要保留书名号，如果不是法规或者规章，则要坚决删掉书名号，其目的也是使公文标题趋于简化。

其四，压缩文种。例如《××××关于转发〈×××关于×××的通知〉的通知的通知》，此种形式的标题，其文种重叠，实属赘疣，应将原发文机关的文种名称删除，即写为"《××××转发关于×××的通知》"。这是指被批转、转发的对象均为"通知"的情况处理办法；但如果被批转、转发的对象不是通知，而是报告、请示、意见、方案等文种，则应保留，《国务院批转民政部关于进一步加强生产救灾工作的报告的通知》即如此。

五、不同类型的通知结尾语怎么写

通知的写作，常常要在文尾处提出具体的贯彻执行的意见或要求。要特别注意所提出的执行要求必须有针对性，即要结合本地区、本系统、本单位的实际情况，对所发布的通知事项以及被批转、转发文件的内容要求加以具体化，做到"有的放矢"。此类通知的"执行要求"部分通常使用的习惯用语如"请遵照执行""请认真贯彻执行""请参照执行""请认真贯彻落实"等。具体如何使用，应视所发通知的内容而定。

例如，通知中的意见属于探索性的，且法律程序不够完备，需要下级机关边执行边修改的，则习惯用语一般写为"请研究试行"；如果通知中的要求只是根据一定地区的特点，或者批转下级机关的报告、有参考价值的意见或建议，或是应引起注意的问题，则习惯用语一般写为"请参照执行"等。

六、要特别注意分清通知发布的载体形式

印发、发布性通知以及转文性通知，在外在表现形式上均需采用复体行文的方式，即以通知文种作为"文件头"来载运相应的文种，诸如领导讲话、工作总结、实施方案等行文，但这种被载运的对象不是通知的附件，而只是一种公文的发布形式。因此，以往那种认为以"通知"作为主件，以其后的"总结""讲话""方案""意见"等作为附件构成"主件—附件"的结构模式的观点是错误的，是对公文格式国家标准的误解。采用复体行文方式，用来作为"文件头"的文种，上行文通常是"报告"，下行文则往往使用"命令（令）"或者"通知"。例如《×××关于印发2015年工作总结的通知》，由于被载运的对象（即《2015年工作总结》）不属于通知的附件，因此，在通知正文结尾处不能标注"附件：《×××2015年工作总结》"，应当直接将总结附在"文件头"（通知）之后，并与通知一起装订，构成一个整体。（作者系中国公文写作研究会副会长兼秘书长，中国公文学研究所副所长、研究员）

资料来源　岳海翔. 通知写作的几个问题［J］. 新闻与写作，2016（4）.

单元二　通报

【引例】
小米集团反舞弊通报

小米集团致力于建立正直诚信，遵纪守法的工作环境。作为世界500强企业，小米集团一直严格遵守香港联交所《环境、社会及管治报告指引》（ESG）监管要求，制定健全的反腐败政策、定期开展对集团高管和管理干部的反腐败宣传、进行全员培训和考试等。打造与世界500强企业相匹配的反腐败管理能力是小米廉洁品牌的核心目标。

小米集团一直秉承对腐败行为"零容忍，全覆盖，无禁区"的原则。2020年，共查处舞弊案件52起，其中移送司法机关处理25人，辞退员工36人，劝退员工25人，给予警告处分16人。上述违规问题主要集中在非国家工作人员受贿、职务侵占、人事违规、利益冲突、泄露商业秘密等方面。相关违规信息已通报企业反舞弊联盟。

企业长期稳定的发展，离不开严格规范的管理制度。自小米集团创立以来，始终贯彻执行高标准的商业行为准则，并持续致力于建设阳光诚信、廉洁自律的商业生态。针对内部员工出台《小米集团员工行为准则》《小米集团诚信廉洁守则》《小米集团利益冲突管理制度》《小米集团礼品、款待及差旅资助管理制度》《小米集团商业秘密保护制度》《小米集团违规处理办法》《小米集团举报管理制度》等。明确了小米集团反腐高压线，为企业合规经营、可持续发展提供有力保障，也为小米员工营造了风清气正的工作环境。

小米集团秉持奖罚分明的态度和原则，根据《小米集团举报人奖励制度》，对于实名举报行为，一经涉案查处，最高奖励人民币100万元。小米官方举报入口包括三种方式：小米廉洁举报平台（https://integrity.mi.com）、举报邮箱（tousu@xiaomi.com）和举报电话（400-120-3505）。举报平台覆盖中国及海外国家地区，60+种语言，7×24小时提供服务，向全球员工、客户、投资人、合作伙伴开放。

小米集团持续践行"真诚、热爱"的核心价值观，贯彻落实公司规章制度，与社会各界协力共筑反腐长城，打造反腐生态圈，共同建设阳光、透明的商业环境，也欢迎社会各界对我们的监督。

小米集团内控内审监察部

2021年3月15日

资料来源 小米集团内控内审监察部. 小米集团反舞弊通报［EB/OL］.［2021-05-25］. https://weibo.com/u/7121507419?is_all=1.

以上是一则小米集团内控内审监察部发布的反舞弊通报。在该通报中，首先提出了小米集团的经营宗旨和对腐败行为"零容忍，全覆盖，无禁区"的态度。然后通过数据列示了小米集团2020年查处舞弊案件的基本情况，总结了违规问题的多发区域。最后表明了小米集团为企业合规经营、可持续发展建立起来的各项管理制度和核心价值观，给出了具体举报方式。在本单元中，我们将学习通报的特点及写作要求。

一、通报概述

通报是告知性的下行文种，适用于表彰先进、批评错误、传达重要精神和告知重要情况，是上级机关用以沟通信息、交流经验、传达情况、批评错误、教育干部和群众的重要工具。通报旨在通过对社会实践中发生的正反两个方面事实的陈述，对人们起到示范、指导、教育和警示作用。

通报按其内容与性质，可以划分为表彰性通报、批评性通报和情况通报三种类型。

1.表彰性通报

表彰性通报用于表彰典型的先进单位和人物的先进事迹，号召有关单位和人员学习先进，推广经验。

2.批评性通报

批评性通报用于批评违反党和国家的方针、政策，违反党纪、政纪和劳动纪律，造成不良政治影响或者较大经济损失的人和事。

3.情况通报

情况通报用于传达上级精神，反映前段工作活动情况，报告工作中出现的新情况、新问题。

通报的特点如下：

第一，典型性。并非随便什么材料都能拿来写通报；相反，通报的事件必须具有某种普遍性，所通报的内容必须是个性和共性高度统一的典型，它足以对人有所启迪、有所借鉴、有所教益、有所警示。

第二，及时性。凡过时的材料，无论如何重大或典型，都不能用来写通报。只有迅速及时地将正面的、反面的、重大的、典型的事例和情况写成通报，才能起到通报特有的作用。

第三，周知性。通报的内容要让一定范围内的单位或个人都知晓，这种特定范围内的通报，"周知率"越高，通报的影响就越大。

第四，单一性。通报或表扬或批评，或传达某一重要情况，内容一般都比较集中、单一，具有一文一事的特点。

二、通报的结构与写法

通报通常由标题、主送机关、正文和落款四部分组成。

1.标题

一般由制文机关、事由与文种组成，若是转发其他单位的通报，则应省略自身使用的"通报"文种，避免重叠。

2.主送机关

如果行文对象属于单一性，需写明主送机关名称；如果属于普发性通报，则可以写明统称。

3.正文

通报正文内容应包括三方面：一是叙述事实，写明事件的起因、发展和结果，包括事件发生的时间、地点、单位或人员，主要情节、后果或影响。二是分析事件的教育意义。表彰性通报需分析主要经验和提出学习的具体要求；批评性通报则应分析产生问题或错误的客观原因和主要教训，提出今后防止和杜绝发生类似事件的主要措施。三是制发通报机关的态度、意见和要求。

4.落款

落款包含发布通报的机关名称以及日期两项要素。

三、通报的写作要求

（1）表彰性通报正文由"情况""决定""希望"三部分内容组成。"情况"即表彰的缘由，也就是"为什么要表彰"，在这个部分中要采用概括的手法，介绍被表彰单位或个人的先进模范事迹，以此作为制发本通报的依据；所谓"决定"，即表彰的具体内容，如立功受奖、授予的荣誉称号等，这是正文的第二层内容；最后是提出希望与要求，既包括对被表彰者的有关戒骄戒躁、再接再厉的要求，也包括对别人、别单位向被表彰者学习的要求。

（2）批评性通报开头要先概述事情的基本情况，即"问题"；然后对"问题"进行分析，探因求源，找出产生这一问题的具体原因；第三层内容是针对"问题"的解决办法，即处理意见或情况；最后，提出希望或要求。

（3）情况通报首先要提出问题，然后对所提出问题进行多方面的分析，最后是解决问题的几点要求，应较多地使用祈使句，如"必须""不得""严禁"等。

课堂讨论 2-1

通知与通报有何不同？

例文 2-3

关于对圆满完成运输在泰滞留中国公民回国紧急任务的国航等四家航空公司予以表彰的通报

中国国际航空股份有限公司、中国东方航空股份有限公司、中国南方航空股份有限公司、上海航空股份有限公司：

近日，泰国因国内局势被迫关闭曼谷素旺那普国际机场，所有航班一律取消，造成大批旅客滞留泰国。为保护中国公民的人身安全和利益，按照民航局和外交部的统一部署，中国国际航空股份有限公司、中国东方航空股份有限公司、中国南方航空股份有限公司和上海航空股份有限公司于2008年11月29日至12月2日先后紧急派出12架飞机，前往泰国乌塔堡军用机场，安全、及时地接回我滞泰公民3 370余人（含港台旅客）。北京、上海和广州机场也较好地提供了保障服务。

此次接返规模大、时间紧、任务重，旅客成分不一，联络和保障工作难度较大。在当前经营压力大、经济效益大幅下滑的严峻形势下，国航等四家航空公司顾全大局，以国家和人民利益为重，迅即组织和调配运力，制订飞行计划，并积极与我驻泰国使馆保持密切联系，听从使馆统一安排，圆满完成此次紧急运输任务，得到了中央领导和社会各界的充分肯定和广泛赞誉，树立了中国良好的对外形象，发挥了中国民航在处理涉外突发事件中的关键作用，为中国民航争得了荣誉。

国航等四家航空公司的领导和广大员工，以大局为重，将国家和公众利益放在首位，表现了高度的政治和社会责任感。民航局号召全行业广大干部职工向国航、东航、南航和上航学习，认真贯彻落实科学发展观，牢固树立以人为本的理念，为国家经济社会发展及和谐社会建设作出新的更大的贡献！

民航局

2008 年 12 月 5 日

资料来源　中国民用航空局. 关于对圆满完成运输在泰滞留中国公民回国紧急任务的国航等四家航空公司予以表彰的通报［EB/OL］. ［2017-12-08］. http://www.caac.gov.cn/XXGK/XXGK/TZTG/201510/t20151022_2535.html.

简析："国航等四家航空公司顾全大局，以国家和人民利益为重，迅即组织和调配运力，制订飞行计划，并积极与我驻泰国使馆保持密切联系，听从使馆统一安排，圆满完成此次紧急运输任务，得到了中央领导和社会各界的充分肯定和广泛赞誉，树立了中国良好的对外形象"，这正是本通报的着眼点和重心所在。纵观全文，整个事件经过陈述清楚，数字翔实准确，结构完整，感情充沛。

例文 2-4　2015年公司第一季度安全大检查情况通报

为顺利完成集团公司 2015 年安全生产目标，进一步落实安全生产责任，夯实安全基础，营造良好的安全生产环境，3 月 23 日至 4 月 3 日，公司对台州市内在建项目开展了 2015 年度第一季度安全大检查。此次检查聘请了专业人员对起重机械进行专项检查，主要以"公司施工现场安全生产重点 18 条"为基础，重点检查了节后复工前项目部自查自纠工作、施工现场安全生产状况、一线作业人员的教育培训、特种工持证上岗情况等。现将有关检查情况通报如下：

一、基本情况

此次安全大检查共检查台州市内 25 个在建房屋建筑工程项目，共检查施工升降机 49 台、塔吊 59 台、物料提升机 1 台。检查中下发工程整改通知单 25 份，停工通知单 2 份，设备停用通知单 12 份，停用施工升降机 7 台、塔吊 10 台。

1. 各项目部对安全生产工作都较为重视，能严格落实安全生产责任，节后复工前各项目部都开展了自查自纠工作，现场的安全隐患得到了有效整改，各项目部的安全生产状况总体较好。

2. 各项目部节后复工前对起重机械进行了检查和维修保养工作，此次检查的起重机械的完好率较上一次提高了 3.2%，重大隐患率较上一次下降 2.9%，其他隐患率较上一次下降 0.3%。

3. 各项目部基本都能按要求配备专职安全员，特种作业人员基本都能持证上岗。

4. 各项目部节后复工期间对一线作业人员开展了安全教育，对新进场工人进行岗前培训教育工作。

二、存在的问题

虽然节后复工前各项目部都开展了安全自查自纠工作，安全生产状况较好，但是部分项目部安全自查工作不仔细，隐患整改不彻底，不同程度地存在以下几方面的问题：

1.起重机械方面

（1）部分塔吊标准节、基础压板螺丝松动，加强节螺丝锈蚀严重，力矩限制器、重量限制器、回转限位等安全限位装置损坏或线路短接，力矩限制器人为调大，附墙装置螺丝松动，钢丝绳起毛或卷筒钢丝绳凌乱需要重排。

（2）部分施工升降机标准节螺丝松动，附墙装置螺丝松动，防冲顶限位、上下限位、门联动限位等损坏或线路短接，防坠器检测过期，电动机螺丝松动等。

2.模板支架方面

（1）部分洞口部位支模架立杆通过水平杆传力，局部立杆间距偏大，超过1.2m。

（2）个别项目超重梁下支模架未严格按方案搭设，高度超4m以上的支模架剪刀撑设置数量不足。

（3）个别支模架水平杆未双向设置，边梁斜立杆未设置扫地杆与主体支模架连接。

（4）个别项目支模架扣件扭紧力矩抽查合格率达不到要求。

（5）布料机部位支模架未加固。

3.脚手架方面

（1）部分项目外墙脚手架内封闭未设置，悬挑架底部封闭不严密，外架内侧临空高度超过2m的未设置大横杆防护，落地式脚手架安全网未密封到底。

（2）个别项目建筑物剪力墙转角处部位外架连墙杆未设置，顶部连墙杆未设置，装饰阶段脚手架连墙杆拆除较多，连墙杆扣件扭紧力矩普遍达不到要求。

（3）部分项目脚手片破损较多，脚手片上杂物堆积较多，未及时清理。

（4）个别项目外架未超出作业层一步。

（5）外架局部开口端未封闭。

4.高处作业方面

（1）部分项目局部楼层临边、洞口防护不到位，洞口防护不严密，后续施工拆除的防护未及时恢复。

（2）部分施工电梯楼层平台门未随手关闭。

（3）高层建筑物周边、高处作业吊篮作业下方隔离防护措施、警示标志设置不到位。

5.施工用电方面

（1）施工现场三级箱配置数量不足，一漏多路，个别机具直接接在二级箱上。

（2）部分机械设备线路PE线未接，机械设备末端未接地，照明、小型电动工具普遍使用二芯线。

（3）个别项目配电箱漏保参数不匹配，配电箱无线路图、检查记录。

（4）个别项目总配电房设施不规范，无应急灯、消防沙等设施。

6.消防方面

部分项目部宿舍内使用大功率电器及煤气灶，宿舍及施工现场灭火器数量不足，部分灭火器失效。

7.作业人员方面

个别项目施工电梯司机仍存在未持证上岗现象，个别塔吊司机持外省证书。

通报批评项目：温岭市城西街道莞田村村民公寓式住宅工程、玉环半岛世贸大厦工程，这两个项目部对公司安全大检查中发现的安全隐患问题未及时落实整改，在公司复查中处于停工整改阶段。

三、下一阶段的工作要求

1.安全生产无小事，各项目负责人必须牢固树立安全责任意识，落实安全生产责任制，做到责任落实到人，措施落实到位，严防安全事故发生。

2.各项目部要始终以"公司施工现场安全生产重点18条"作为安全生产底线，重点抓好"起重机械、高大支模架、脚手架、深基坑"等重大危险源的控制，加大检查力度，落实整改，消除隐患。

3.集团公司及项目部要"上下一心，齐抓共管"，严抓工程安全生产工作不放，层层落实安全生产责任，在预控上下功夫，严管理、查隐患、抓落实，实现2015年公司安全生产目标。

资料来源　邬永珍.2015年公司第一季度安全大检查情况通报［EB/OL］.［2018-04-21］.http://www.zjtsjs.com/news_show.asp? id=811.

简析：这是一篇安全生产检查情况通报。在通报的开头，说明了此次检查的目的、依据和重点检查事项，接着阐述了检查的基本情况、存在的问题和下一阶段的工作要求，全文结构紧凑、内容充实、论证严谨，能够起到很好的警示作用。

练一练2-2

请根据以下给定材料拟写一则公文标题：

上华物业管理总公司明东物业分公司物业管理员王凤梅恪尽职守、智擒盗贼，保护了业户的人身财产安全，总公司发文表彰她的事迹。

他山之石2-2　　对公文评改和再评改改稿的评析与思考

多年来，公文评改文章不时见于秘书写作类期刊，有的杂志甚至期期开设"文章评改"栏目，为促进公文的规范化和公文写作学的学科建设发挥了重要作用。笔者注意到，以往对评改后的公文进行再评改的文章在相关期刊很少见，近日拜读《秘书之友》2014年第7期刊载的詹燕同志《对〈从语言到功能——评改一篇批评性通报〉一文中修改后通报的评析》（以下简称"詹文"），甚感欣喜。《从语言到功能——评改一篇批评性通报》是匡昕同志发表于《应用写作》2014年第3期的文章（以下简称"匡文"）。笔者饶有兴致地仔细比对、品读两文，感慨颇多，特撰此文对匡文中的改稿和詹文中的再改稿（以下分别称作"改稿"和"再改稿"）作简要评析，并围绕公文评改学的科学构建问题作些深入思考。

一、改稿对原文的评改

先看原文：

育才中学教务处关于惩治王×同学考试做弊的通报

育才教发〔2013〕12号

各位同学：

王×在第三次模拟考试中做弊被监考老师发现。损害了我校的良好声誉，而且王×的行为严重影响了考试纪律。所以，领导决定对王×记过处分。望各位同学以此为界。

教务处

2013.12.12

再看改稿：

育才中学教务处关于处罚王×同学考试作弊的通报

育才教发〔2013〕12号

育才中学全体学生：

我校高中部二年级3班学生王×在2013年11月22日下午14时的《语文》课程考试中作弊，其态度恶劣、情节严重。王×同学的行为不仅严重违反了考试纪律，而且损害了班级的良好声誉，更破坏了育才中学"公平、公正"的考试风气。因此，教务处决定根据《育才中学考试处罚条例》对王×予以全校通报批评并记大过一次的处分。

望各年级学生引以为戒，端正考试态度，严格遵守考试纪律，为营造我校优良的考试氛围作出贡献。

育才中学教务处

2013年12月12日

简要评析：原文短短几句话，仅几十个字，却错讹多多。不仅标题、主送机关、发文机关署名、成文日期等的书写不规范，而且正文句句有毛病。匡文从文面层即语言形式层面（行款格式，字词、病句及标点错误，用词不当，表述混乱等）和文质层即内容功能层面（内容详略安排、文章功能的展现等），剖析了其主要错讹，并具体指出了9个问题。笔者对此表示赞同。匡文最后提出的评改文章应做到由表及里——"既要从语言形式上保证行款规范、语言通顺，更要从文种的功能出发，恰当地安排内容的增删与详略"的观点更值得称道。匡文的不足之处主要表现在两个方面：一是评析尚不到位，二是改稿不尽规范。仅从第一个方面来看，匡文对病误作具体分析却未能指出原文中的主要语病所在。原文仅中间一句就存在主语残缺、语序不当和搭配不当等多种语病，甚至承接前句产生了"作弊被监考老师发现而损害学校良好声誉"的错误语意。

二、再改稿对改稿的评改

再改稿：

育才中学教务处关于王×同学考试作弊的批评通报

我校高中部二年级3班学生王×在2013年11月22日下午2时的语文课程考试中无视考试纪律，夹带课本并抄写作答，被监考老师当场抓获。事后该同学拒不认错、顶撞老师并扬言要报复老师。王×同学的行为不仅严重违反了考试纪律，而且破坏了我校的良好考风，造成了恶劣的影响。鉴于该同学作弊情节严重及态度恶劣，为严格考试纪律，端正考风学风，根据《育才中学学生违纪处罚制度》第×条规定，对王×同学予以全校通报批评并记大过一次的处分。

望王×同学能认清错误、积极改过、吸取教训；同时望其他同学引以为戒，端正学习态度，严格遵守考试纪律，为营造我校优良的考试氛围作出贡献。

育才中学教务处（印章）
2013 年 12 月 12 日

简要评析：再改稿对改稿的修改主要是：纠正了改稿标题中述宾搭配不当语病，矫正了"11 月 22 日下午 14 时"的不规范表述和"《语文》课程"中书名号的错用，指出了基层单位滥用条例之弊，弥补了内容上的欠缺等等。笔者以为，再改稿比改稿又有很大进步，但还存在不足之处：一是通报王×同学考试作弊，明显属于批评性通报，无须在文种前赘加"批评"二字；二是"予以全校通报批评并记大过一次的处分"表述不当，"全校通报批评"应视为决定内容，而不宜视作处分（笔者以为即使该校将"批评通报"作为处分的一种形式也是不妥的），而且记大过处分不分几次；三是个别地方标点符号残缺，多处的逗号错成了顿号；四是个别文字还可进一步斟酌修改，如"抄写作答"宜去掉"作答"，"认清错误"宜改成"认识错误"，"王×同学的行为"可承接前句精练为"其行为"，接下来的句子最好不用表示递进关系的连词，上下句中最好避免"恶劣"一词的重复使用，"为严格考试纪律"最好改成"为严肃考试纪律"，"处罚制度"最好改成"处罚规定"，单音节词"望"最好改成双音节词"希望"，等等。另外，詹文在评析中主张"去掉'育才教发〔2013〕12 号'中的'发'字"，其观点值得商榷。

下面是笔者在詹文再改稿的基础上形成的新改稿：

育才中学教务处关于王×同学考试作弊的通报

我校高中部二年级 3 班学生王×在 2013 年 11 月 22 日下午 2 时的语文课程考试中，无视考试纪律，夹带课本并抄写，被监考老师当场抓获。事后，该同学拒不认错，顶撞老师并扬言要报复老师。其行为严重违反了考试纪律，损害了班级声誉，破坏了学校良好风气，造成了恶劣的影响。鉴于该同学作弊情节严重且态度不好，为严肃考试纪律，端正考风学风，根据《育才中学学生违纪处罚规定》第×条规定，决定给予王×同学记大过处分，并在全校通报批评。

希望王×同学能认识错误，积极改过，吸取教训；同时希望其他同学引以为戒，端正学习态度，严格遵守考试纪律，为营造我校优良的考试氛围作出贡献。

育才中学教务处（印章）
2013 年 12 月 12 日

资料来源　栾照钧.对公文评改和再评改改稿的评析与思考［J］.秘书之友，2014（9）.有删减。

单元三 请示

【引例】

关于建立工会组织的请示

常德市武陵区总工会：

为了建立职工之家，维护职工的合法权益，团结和动员职工共谋企业发展，根据《中华人民共和国工会法》和《中国工会章程》有关规定，我常湘汽车用品批发有限公司申请建立基层工会组织。

单位拟成立工会筹备组，由赵晓智同志任组长，冯婷、李靠山同志为成员。

请审批。

附件：1.常湘汽车用品批发有限公司的有关情况
2.筹备组成员基本情况

常湘汽车用品批发有限公司工会筹备组
2016 年 9 月 21 日

资料来源　编者根据常德市武陵区总工会网站资料整理。

以上案例是一则企业向当地总工会递交的申请建立工会组织的请示。在该请示中，既列明了建立工会组织的出发点和依据，同时也提交了工会筹备组的人选，行文简洁明了，用语得体，态度鲜明。

在本单元中，我们将探讨请示的特点、用途及写法。

一、请示概述

请示适用于向上级机关请求指示、批准。凡是下级机关无权解决、无力解决以及按规定应经上级决断的问题，必须正式行文向上级机关请示。

根据请示目的不同，请示可分为如下三种：

1.请求指示的请示

需要上级机关对原有政策规定作出明确解释，对变通处理的问题作出审查认定的，对如何处理新情况作出明确的指示等请示即属此类。这类请示多涉及政策上、认识上的问题。例如，《财政部、国家税务总局关于商业企业增值税有关问题的请示》《×××化工厂关于贯彻按劳分配政策两个具体问题的请示》《关于暂缓调高旅游专项资金在交通建设附加费中分配比例的请示》等。

2.请求批准的请示

这是请求上级解决某些实际困难和问题，或要求对本单位处理某个问题的意见作出批示的请示。例如，《××省经济研究中心关于嘉奖刘××的请示》《关于××同志前往××（国家）的请示》等。

3.请求批转的请示

职能部门针对涉及面广的某些工作提出了处理意见和办法，需要有关方面协同办理，但按规定又不能要求平级机关和不相隶属的机关照办，而需要请求上级领导机关或综合部门审定后批转有关方面执行。例如，《宜宾县审计局请求批转2021年审计项目计划的请示》就属于此种类别。

请示的特点如下：

第一，求复性。请示的目的是求得批复，获得上级机关的表态。

第二，程序性。请示不可越级请示，需按照隶属关系逐级请示，不得越级行文。如遇紧急情况，必须越级行文时，必须同时抄送被越过的上级机关。

第三，单一性。请示必须一文一事，便于领导批复。

二、请示的结构与写法

1.标题

标题由发文机关、事由和文种构成，如《××市××区人民政府关于解决优质西瓜生产基地建设资金的请示》。需要注意的是，请示的标题不能写成"请示报告"或"申请"。标题中的事由要明确，语言要简明。

练一练2-3

宛州分公司拟将市场开发部与营销部合并为市场经营部，就此事向总公司行文。请拟写公文标题。

2.主送机关

请示一般只写一个主送机关，如需同时送其他机关，应当用抄送形式；受双重领导的机关向上级机关请示，应当写明主送机关和抄送机关，由主送机关负责答复。

3.正文

请示正文一般由请示原因、请示事项和请示结语三部分组成。请示原因，应简明扼要而又充分地陈述请示的原因、依据；请示事项，是请求上级机关给予指示、批复、答复的具体事项；请示结语，常用"妥否，请批复""特此请示，请予批示""请批准""请指示"等惯用语。

4.落款

在正文后右下方标明请示时间。用阿拉伯数字将年、月、日标全，年份应标全称，月、日不编虚位（如1不编为01）。

三、请示的写作要求

（1）请示必须事先进行，绝不可先斩后奏。"事先"是指：①在事情发生之前；②虽不在事情发生之前，但在采取措施和进行工作之前。

（2）正文应当简明扼要地陈述请示的起因、事项和请示语。

（3）要一事一请示。

（4）不要搞多头主送。主送机关只能有一个。受双重领导的机关，另一领导机关可用抄送；若多头主送，收文机关可能互相等待、推诿，或意见不一，使问题复杂化。

（5）不要越级请示。

（6）联合请示要做好会签。

（7）不要同时上报下发。

例文 2-5　　关于设立外资企业惠州斐利曜贸易有限公司的请示

惠城商务资字〔2015〕139号

惠州市商务局：

台湾商人杨礼宇先生拟在惠州市惠城区河南岸环湖一路29号御水豪庭第2栋1层06号设立外资企业"惠州斐利曜贸易有限公司"。公司投资总额5万美元，注册资本5万美元，全部以现汇投入。经营范围：从事预包装食品、建筑材料（不含钢材）、涂料、日用品、化妆品、美容器材、皮具、五金制品、塑胶制品、办公用品、商务礼赠品、宠物食品的批发及进出口业务（不涉及国营贸易管理商品，涉及配额、许可证管理商品的，按照国家有关规定办理）。公司不设董事会，设执行董事一人，经营期限为二十年。

现将有关材料随文上报，请审批。

2015年12月23日

资料来源. 惠城区商务局. 关于设立外资企业惠州斐利曜贸易有限公司的请示［EB/OL］.［2018-02-19］. http://rsj.huizhou.gov.cn/publicfiles/business/htmlfiles/1227/4.1/201602/517045.html.

简析：这是一则请求批准的请示。在本请示中，"惠城区商务局"为发文机关，"惠州市商务局"为主送机关，"设立外资企业惠州斐利曜贸易有限公司"为请示事由。因为标注了发文批号"惠城商务资字〔2015〕139号"，故标题中虽有发文机关缺失的瑕疵，但也不影响请示的完整性。

例文 2-6

山东水利工程总公司关于与山东水务发展有限公司
合作组建山东水总集团有限公司的请示

山东省国有资产投资控股有限公司：

为进一步落实省国资委"公司改革战略"的要求，加快公司重组改造步伐，规范公司治理结构，引进战略投资者，经与山东水务发展有限公司多次协商，山东水务发展有限公司同意向权属企业山东水利工程总公司注资，与山东省国有资产投资控股有限公司共同组建山东水总集团有限公司（暂命名）。

当否，请批复。

附件1：山东水利工程总公司关于引进战略投资者、组建山东水总集团公司的可行性分析报告

附件2：山东水务发展有限公司基本情况介绍

附件3：山东水利工程总公司总经理办公会议纪要

附件4：山东水利工程总公司2009年度财务审计报告

附件5：山东水利工程总公司2010年三季度财务报表

山东水利工程总公司

2010年11月18日

资料来源　佚名. 组建山东水总集团有限公司请示及附件［EB/OL］.［2012-12-21］. http://wenku.baidu.com/view/e4d55fdcb14e852458fb570a.html.

简析：这也是一则请求批准的请示。"山东水利工程总公司"为发文机关，"山东省国有资产投资控股有限公司"为主送机关，"与山东水务发展有限公司合作组建山东水总集团有限公司"为请示事由。从整体上看，该请示行文简洁流畅，内容明确。附件部分的写作可以进一步规范，有多个附件时，一般在"附件："下按"1.""2."……顺序排列。

课堂讨论 2-2

请指出以下请示在写作上存在的问题并予以改正。

××煤矿安全技术培训中心关于要求解决教室拥挤等问题的请示

市政府、市安监局：

我中心今年由于培训学员急剧增加，造成教室严重不足，现在教室基本上是一个桌位两个人使用，严重影响学员的学习。为解决这一困难，我中心准备再建一栋教学楼。另外，我中心学员宿舍很拥挤，望上级部门给予适当支持。

专此请示，请速回复。

培训中心

2018年6月10日

单元四　报告

【引例】　　　　关于新建新居工程进展情况的报告

区新居办：

按贵办下发的温新居办发〔2012〕8号通知要求，我公司将计划启动的新居工程项目推进工作进行了梳理，即将启动的新居工程共有4个，现将情况汇报如下：

一、报恩家园北地块

1.基本情况

本项目建筑面积约15.1万平方米，由6层多层建筑和11层小高层组成。

2.项目进展

目前，本项目已先后完成了立项、图纸设计等工作，取得了预审控制价，正在准备启动施工、监理单位招标工作。

二、百花小区二期

1.基本情况

本项目拟安置人数2977人，建筑面积约16.47万平方米。由6层多层建筑和11层小高层组成。

2.项目进展

目前，本项目已完成了立项工作，取得了《建设工程用地规划许可证》，设计方案已通过规委会审查，正进行施工图设计。

三、百花小区三期

1.基本情况

本项目拟安置人数为1526人，建筑面积约11.5万平方米。

2.项目进展

目前，本项目因无土地指标暂未立项，经国际乡村度假休闲产业片区指挥部协调，土地手续由寿安镇通过编制土地综合整治项目实施方案覆盖新居工程用地，报区、市国土局批准后出用地意见；我公司已对接区规划局取得了规划工作红线，正在进行前期方案设计工作。

四、和美盛景（二期）

1.基本情况

本项目拟安置人数968人，建筑面积约8万平方米。

2.项目进展

目前，本项目正由和盛镇编制土地综合整治项目实施方案；我公司对接区规划局已取得规划工作红线，正在进行前期方案设计工作。

特此报告。

成都江安城市投资发展有限公司

2012年8月1日

资料来源　成都江安城市投资发展有限公司. 工程建设进展情况报告［EB/OL］.［2018-01-10］. http://www.xiangdang.net/fanwen.aspx？id=102885.

以上是一篇成都江安城市投资发展有限公司向区新居办提交的关于新建新居工程进展情况的报告。该报告将计划启动的新居工程项目推进工作情况进行了梳理，数据翔实、结构清晰、行文简洁，是一篇典型的情况汇报。

一、报告概述

报告是向上级机关汇报工作、反映情况、回复上级机关的询问时使用的公文，是各级行政机关、企事业单位、社会团体都可以使用的报请性公文。具体来说，就是用来汇报例行工作，反映突发情况，答复上级机关或者业务主管机关询问时所使用的文种。

根据报告的内容、性质、使用范围的不同可划分为三类，即工作报告、情况报告、答复报告。

1. 工作报告

工作报告用于向上级汇报工作进程、反映工作问题、总结工作经验教训，如《供给侧改革下的全域旅游——娄烦县旅游发展行动计划专题报告》。

2. 情况报告

情况报告用于反映工作中出现的重大情况或特殊情况，以及接办事项的处理情况，如《××县对住房制度试行改革承受能力的报告》。

3. 答复报告

答复报告主要用于答复上级机关的询问，如《特种设备使用单位安全隐患整改报告》。

报告的特点如下：

第一，陈述性。报告的陈述性是指向上级有关部门汇报正在做什么，或已经做了什么、怎样做的、有什么问题、经验教训是什么。报告侧重于陈述，主要是提供事实、数据，而极少议论。

第二，汇报性。汇报性是报告最显著的特点。凡正在进行的或已经完成的工作，为了让上级机关或业务主管部门及时掌握工作进程和工作结果，下级机关都可撰写报告，以使上级准确地了解下情，有效地进行指导。

二、报告的结构与写法

不同内容、性质的报告，写法不尽相同，但一般都由标题、主送机关、正文、落款四个部分组成。

1. 标题

报告的标题一般由发文机关、事由和文种组成，如《财政部关于地方政府债务管理工作情况的报告》《枝江市发展和改革局关于以工代赈投资计划执行情况的报告》。

2. 主送机关

主送机关一般要求单一。受双重领导的单位，写情况报告时可同时主送两个同级领导机构。

3. 正文

正文一般由报告缘由、报告内容、报告结语三部分组成。

4. 落款

落款处要写明发文机关全称或规范化简称，不能省略，并写明成文日期。

三、报告的写作要求

1. 工作报告的写作要求

工作报告的正文一般包括基本情况、主要成绩、经验体会、存在问题、基本教训、主要意见等几部分。基本情况，可简要交代时间、背景和工作条件；主要成绩，应把工作的过程、措施、结果和成绩叙述清楚；经验体会，是对工作实践的理性认识，要从实际工作中概括出规律性的东西，以便指导工作；存在问题，是写出工作中的缺点与不足；基本教训，是分析工作失误的原因和反思值得吸取的教训；主要意见，是提出改进工作的意见，或者提出今后开展工作的建议。

2.情况报告的写作要求

其写作原则如下：首先，内容集中、单一，突出重点，抓住事物本质，实事求是地反映情况。其次，要把情况和问题讲明白，把事情的经过、原委、结果、性质写清楚。再次，若要提出处理意见和建议，要写得具体、明确、简要，尤其是注意提出意见、建议的写作角度，不能在报告中夹带请示事项。最后，情况报告写作要及时，以便让上级机关和有关领导尽快了解重大、特殊、突发的种种新情况。

3.答复报告的写作要求

其正文包括答复依据和答复事项两部分。答复上级要求回答的问题，要写得十分简要，有时用一两句话说明即可。答复事项是指针对所提问题答复的意见或处理结果，既要写得周全又不要节外生枝、答非所问。

课堂讨论2-3

在工作中，人们有时会遇到这样的情况：为了购买办公用品或添置办公设备，有人会说"给办公室打个报告吧""给经理打个报告吧"之类的话。那么，这里所说的"报告"和本单元中介绍的报告是一回事吗？

练一练2-4

根据以下材料拟写公文标题：

沙姆化学有限发展公司向海洋市环保局报送《2019—2020年度污染治理规划》，请求审批。

例文2-7　　　　盘锦电信分公司自查自纠及整改情况报告

为了贯彻落实市纠风办关于深入开展自查自纠及整改工作精神，盘锦电信分公司将此项工作摆在当前各项工作的重要位置，作为促进盘锦电信分公司进一步改进作风、提升服务质量，推动各项工作迈上新台阶的强大动力，以提高群众的满意率为目的，扎扎实实做好自查自纠及整改工作。

一、盘锦电信分公司基本情况

中国电信盘锦分公司是国有控股大型中央企业，改革开放以来，历经邮电分离、寻呼剥离、移动分营、公司化改制和上市等重大改革。2008年国家启动新一轮电信重组，中国电信获得移动及3G业务牌照，实现全业务经营。目前可向全市居民提供固话、移动、互联网接入、数据通信、卫星通信、视频服务等综合信息服务。在岗员工240余人，除企业本部外，有6个属地分支机构、60多个实体服务网点及60多个便民服务网点，为广大用户提供便捷服务。

作为社会信息化建设骨干力量，我们积极参与社会各领域信息化建设，努力服务地方经济；超前建设全程全网、技术先进、结构安全、覆盖城乡的信息通信网络，积极承接我市"光城计划"建设；发挥综合信息服务优势，一直在努力提升我市信息化水平。

我们将服务作为企业的生命线，聚焦政府关切、社会关注、用户关心的领域，不断加大服务投入，推进服务创新。2008年开展了"服务提升专项工程"；2009年对社会公开承诺，提供"便捷、好用、易懂"服务；2010年推出"一张账单，明白消费；一点查询，订退自如；一键即达，便捷服务；一站服务，首问负责；一声提醒，温馨关怀"等"五个'一'"服务举措。以务实行动推动服务能力和服务水平逐年迈上新台阶。

多年来公司一直将业务发展、服务等工作与行风建设、文明创建紧密结合在一起，通过服务提升促进业务发展，通过文明创建与行风建设促进服务提升，先后获得"省级青年文明号""省级文明单位""盘锦市消费者满意单位""兴隆台区软环境和政风行风建设先进单位"等荣誉称号。

二、行评工作主要做法

（一）加强组织领导，健全工作机制

一是实施行风评议"一把手"工程，成立了领导小组，由主要负责人任组长，分管领导任副组长，部室负责人为成员，形成了主要领导负总责、分管领导具体协调、业务部门分工落实的领导体制。同时抽调专人成立了行风评议工作专班，狠抓营业窗口整治、通信质量保障和服务投诉处理工作，实行各部门齐抓共管的工作机制，全面开展行评工作。

二是建章立制，健全工作机制。制订了开展民主评议行风活动的实施方案，明确了指导思想，确定了评议内容、评议目标及评议的方法步骤，做到了有计划、有措施，目标明确，责任到人。行风建设的每一阶段性工作开展之前都进行了计划安排，在开展过程中我们注意督导检查，分对象部署行评工作，阶段工作结束后及时进行了小结，保证行评工作的有序进行。

三是强化学习，稳步推进。首先自查自纠，加强民主评议行风有关文件、相关内容的学习，分公司先后召开中层干部专题行评会、营业（营销）员服务提升会、维护人员培训会等多次会议，有效组织全员开展行评试卷答题，通过集中与自学相结合的方式，将学习资料通过内部OA网进行宣传教育，使行风建设的内容、行风评议的测评内容、评议工作阶段及评议方式人人皆知。

（二）坚持以建为主，规范行业风气

一是开展营业窗口整治工程，提高硬件服务水平。自全业务运营以来，根据全业务发展及用户的需求，为改善营业厅环境，提升窗口服务质量，我们先后对所辖自有营业厅进行了改造与装修，安装了无间隔矮受理柜台、手机销售柜台，并安装了自助查询机，设置了便民箱，摆放绿色植物并设置了客户休息区，免费供应报刊、茶水，让客户享受星级服务，在中心三级营业厅配备了叫号机；在社会渠道方面，加强了统一对外形象的管理，通过硬件环境的改造进一步提升了盘锦电信分公司的服务品牌形象。

二是加强规范服务管理，提升软件服务水平。统一服务行为标准，开展了营业厅标准服务的专项治理工作，包括服务礼仪、文明用语、着装要求等。对营业员的主动服务、微笑服务、站立服务及"三声服务"的落实情况进行明察暗访，每周不定期对相关情况进行检查，就存在的问题督办整改。开展综合培训，增强服务能力。为了提升窗口人员服务素质，根据市公司统一安排，我公司与营业部泰山营业厅进行结对子，开展长期的互帮互助、共同提升交流活动，先后用一个月左右的时间对服务知识、服务礼仪、沟通技巧、主动营销、业务稽核、营业厅管理等进行全方位的沟通、交流与学习，使公司员工的素质得到整体提升，窗口人员的专业水平明显提高。我们在进行专业理论知识培训的同时，日常培训常抓不懈，近年来，我们针对窗口服务中出现的新问题和客户提出的新的要求，开展了以提升服务能力为目标的竞赛活动，明确了值班经理制度和内训师培训制度，制订培训计划，定期进行培训，通过全业务服务知识竞赛等形式，使得窗口的服务水平和服务质量能够做到与时俱进，长期稳定在较高的服务水平上。加强服务监督检查，健全考核机制。公司建立起服务"三级检查、三级考核"制度，三级检查是指营业厅日查、服务支撑中心周查（营业厅主管单位）、中心分管领导月查；三级考核是指营业厅基层部门的考核、服务支撑中心通报考核、中心绩效考核。通过一系列的检查考核，有效地强化员工服务意识，提高公司服务水平，保证服务质量不断提高。

（三）坚持以评促建，抓好行风评议

一是理顺流程，提升服务感知。在深入了解行评工作的基础上，组织各单位认真排查行业不正之风的具体表现，自找差距，自挑毛病。组织开展窗口服务暗查暗访活动，对存在的问题及时通报，责令限期整改。在自我整改的过程中，加大营业前台用户投诉处理力度，规范投诉处理流程；开展电话实名制落实情况的检查，规范营业前台在业务办理中落实电话实名制办理原则。持续推进营业窗口服务提升工程，年初制定整改提升目标，结合行评工作，近期强化了相关制度的落实与监督，不断改进和提升营业窗口服务水平，提升客户感知。

二是开门纳谏，广泛征求客户意见。分公司通过LED电子显示屏、厅内悬挂横幅等方式对行风评议进行宣传并在各大营业窗口张贴十项服务承诺公告，严格执行国家电信规范，向社会公开服务标准，接受社会监督。利用交费高峰期在各营业窗口收集用户意见、建议和投诉以及反映的热点、难点问题，并及时调查、处理和反馈；在营业窗口设立客户接待和意见簿，随时关注并及时解决用户反映的问题和意见。组织分公司政企客户经理和VIP经理对广大用户进行了走访，广泛征求用户对电信行风方面的意见和建议。

三、存在的主要问题

为了切实查找盘锦电信分公司存在的问题，我们采取上门征求意见、邮寄意见信、营业厅现场收集意见等办法，广泛收集意见及建议，发放意见及建议书800件，回收325件，经梳理和归类涉及两个方面4个问题，共计49条意见和建议，主要问题是：

一是少数区域C网信号较弱，通话质量不高造成用户使用不便。

二是部分偏远农村宽带覆盖不到位，造成宽带速率达不到要求，少数自然村无法安装宽带的问题。

三是少数农村服务人员装、移、修电话不及时，主动服务意识不强，为客户解决问题的能力不足。

四是少数营业厅服务人员办理业务过程中，时间长、效率不高。

四、整改情况及下一步打算

（一）加速基站补点建设，提升网络通话质量

针对客户反映的C网信号较弱，通话质量不高的问题，我们通过网络优化，合理调整基站位置、增加基站信号放大器的方式改善网络信号，通过补点的措施来加强信号，积极争取市公司建设资金。

（二）加快农村信息化网络改造，提升通信保障能力

针对部分偏远农村宽带覆盖不到位，造成宽带速率达不到要求，少数自然村无法安装宽带的问题，我们将投入资金开展农村信息化网络改造试点工作并逐步推广，利用EPON技术加快光进铜退的步伐，推动三网融合进程，2013年年底可实现村村通光纤，彻底解决农村宽带的问题。

（三）加强服务管理、建立服务追究机制

针对少数农村服务人员装、移、修电话不及时的问题，我们建立完善责任追究制度，加大对由于装、移、修引发的投诉的考核力度，并对5名用户反映强烈的维护人员进行待岗处理，组织全部外线人员进行了2次以上的服务要求培训，设立专人管理障碍受理派修、客户投诉及质量回访工作，有效提升服务质量。

（四）狠抓营业窗口，切实提高服务水平

针对少数营业厅服务人员办理业务时间长、效率不高的问题，我们分批组织37名营业员与市公司先进示范窗口进行岗位交流学习，并开展服务劳动竞赛、星级服务评选，组织课题组对营业网络进行升级改造，推广"快速受理"工程，缩短业务处理时限，切实解决好窗口服务问题。

资料来源　张威. 盘锦电信分公司自查自纠及整改情况报告［EB/OL］.［2018-05-31］. http://www.mxwz.com/gdmx/view.aspx？ID=1303869.

简析：这是一份情况报告，首先说明了此篇报告形成的背景——"为了贯彻落实市纠风办关于深入开展自查自纠及整改工作精神……扎扎实实做好自查自纠及整改工作"，然后分别从"中国电信盘锦分公司基本情况""行评工作主要做法""存在的主要问题""整改情况及下一步打算"四个方面做了阐述，条理清楚、分析深入、措施可行。

📖 **例文 2-8**　　　落实"三高四新"　聚焦主责主业　奋力进入世界500强

——在集团公司2021年度工作会上的报告

华菱集团党委书记、董事长　曹志强

同志们：

这次会议的主要议题是贯彻落实省委"三高四新"战略，动员全集团聚焦主责主业，坚决打赢三年高质量发展攻坚战，奋力进入世界500强。

一、2020年工作简要回顾

2020年，面对突如其来的新冠肺炎疫情，集团公司坚决贯彻省委省政府、省国资

委党委决策部署，统筹推进疫情防控和生产经营，落实"六稳""六保"，实施"三大变革"，强化"三个明确"，优化"三大体系"，实现疫情防控和生产经营"双胜利"，产量、营收、效益再创历史新高，全体干部员工在大战大考中经受住了考验，更加坚定了高质量发展的信心。

全年铁、钢、材产量分别为2 109万吨、2 678万吨、2 516万吨，同比分别增长6%、10.26%、10%；实现销售收入1 520亿元，增长14.2%，实现利税154.7亿元。

（一）抗疫保产取得"双胜利"。（略）

（二）主要经营指标逆势增长。（略）

（三）品种结构和工艺结构同步升级。（略）

（四）资本运营与减债降费创效明显。（略）

（五）机制改革持续激发内生动力。（略）

（六）党建引领为打赢关键战提供坚强保障。（略）

同志们，三年高质量发展关键战取得胜利成果，华菱"十三五"圆满收官。回顾这一时期，集团公司经历了"战危机保生存""三年振兴""三年高质量发展"三个阶段。钢产量从2016年的1 808万吨增至2020年的2 678万吨、高效品种钢占比由30%增加到50%、资产负债率由85%降至60.8%，实现上市公司市值增长、权益融资、债券融资、资产盘活变现、年度经营效益"5个突破100亿元"。每个发展阶段的跨越都是华菱人迎难而上、砥砺前行的结晶，每个成绩的取得都是华菱人团结拼搏、接续奋斗的结果。华菱从脱困之路到振兴之路，再到进军世界500强高质量发展之路的实践证明：加强党的全面领导，建设好核心团队，持续解放思想，敢于挑战新目标是我们成功的关键；全集团"一盘棋"，聚焦主责主业，持续优化"三大体系"建设是我们成功的基础；强激励硬约束、持续机制改革和技术创新是我们成功的动力；全心全意依靠职工群众办企业，以奋斗者为本是我们成功的根本。

成绩来之不易，发展任重道远。总结成绩的同时，我们更应看到自身的差距和不足，一是与世界500强、行业一流企业的差距较大。创新能力不够强，经营规模不够大，相比2020年公布的世界500强最后一位，集团公司营业收入还有近200亿元的差距；对标行业先进企业，利润较宝武差250多亿元，销售利润率较方大集团低5.5个百分点，主业吨材利润较行业前五、前十平均分别低182元、84元。二是与落实省委"三高四新"战略有差距。华菱作为湖南国企改革领头羊、实体经济排头兵，在科技创新、产品研发、人才队伍、管理创新、体制机制改革等方面还不能有效支撑"三高四新"战略落地。三是与挑战新目标的精神状态有差距。在企业效益持续向好、外界好评增多、同行来访较多的情况下，少数领导干部和员工自我感觉良好，自我陶醉，甚至存在骄傲自满情绪；少数人员危机意识不强，奋斗精神减退。这些问题，我们必须高度重视，积极解决。

二、面临的形势分析和"十四五"基本目标

2021年，我国开启实施"十四五"规划、全面建设社会主义现代化国家新征程。集团公司面临的形势总的来说机遇与挑战并存，机遇大于挑战。

一是钢铁企业竞争日趋激烈。（略）

二是资源保障和经营创效面临更大困难。（略）

三是实现更高目标的支撑体系面临挑战。（略）

我们在看到危机和挑战的同时，也要看到机遇。一是宏观环境有利好。国内经济稳中向好、长期向好的基本趋势没有变，构建"双循环"新发展格局，省委实施"三高四新"战略将给我们带来新机遇。二是钢铁市场有机会。国家大力推行供给侧结构性改革和需求侧管理，促进经济发展转型升级，对华菱这样持续深耕细分市场调结构、提品质的企业而言，蕴含难得的机会。三是自身发展有基础。华菱多年形成的产品品牌优势、持续创新的机制体制、培育的企业文化都为我们战胜危机、持续高质量发展奠定了坚实的基础。

面对新挑战新机遇，我们必须认清形势，保持战略定力，心无旁骛努力干好自己的事。未来5年，集团公司将在习近平新时代中国特色社会主义思想指引下，坚决贯彻省委"三高四新"战略，聚焦主责，做强做优做大国有企业，当好湖南国企改革领头羊、实体经济排头兵；聚焦主业，对标世界一流，推进钢铁产业链延链补链强链，成为钢铁行业的引领者、优秀的世界500强企业。具体分两步走：第一步，"十四五"前两年，以聚焦钢铁提效率、调结构为核心，以集群产业发展为支撑，2021年实现营收超过1 800亿元，高质量进入世界500强；2022年实现营收超过2 000亿元，站稳世界500强。第二步，"十四五"中后期，进一步对标世界一流，成为行业细分目标市场的引领者，不断增强竞争力、创新力、控制力、影响力和抗风险能力，以年均营收和效益5%~10%的增幅，巩固和提升华菱在行业的竞争优势和世界500强的位势。

三、2021年目标任务和主要工作

2021年，是华菱实施三年（2019—2021年）高质量发展的攻坚之年。我们工作的指导思想是：以习近平新时代中国特色社会主义思想和习近平总书记考察湖南重要讲话精神为指导，落实"三高四新"战略和省委省政府、省国资委党委决策部署，强化党建引领，聚焦主责主业，坚决打赢三年高质量发展攻坚战，奋力进入世界500强，以优异成绩向建党100周年献礼。

主要目标：全年产铁2 150万吨、钢2 800万吨以上、材2 655万吨；实现销售收入1 800亿元以上、利润100亿元以上，资产负债率降至58%以内。确保全年零工亡、零重伤、职业病危害事故为零，不发生较大及以上突发环境事件。

（一）增强危机意识，筑牢高质量发展思想保障（略）

（二）奋力进入世界500强，完成省委省政府交给的目标任务（略）

（三）构建2 800万吨钢精益生产体系，实现系统增产增效（略）

（四）以数字化智能化转型引领组织变革，为华菱可持续发展赋能（略）

（五）持续深化三项制度改革，提升内部管理效率（略）

（六）构建高效集群产业体系，优化延链补链强链（略）

（七）深化党建强基提能，为高质量发展提供坚强组织保障（略）

同志们，华菱奋力进入世界500强，是新时代赋予的历史机遇，也是对华菱的一次

全面检阅。让我们高举习近平新时代中国特色社会主义思想伟大旗帜，增强"四个意识"、坚定"四个自信"、做到"两个维护"，强化党建引领，聚焦主责主业，坚决打赢攻坚战，奋力进入世界500强，实现"十四五"高质量发展良好开局，在落实"三高四新"战略、建设现代化新湖南中谱写华菱新篇章。

资料来源 曹志强. 2021年度工作会报告［EB/OL］.［2021-05-17］. http://lgjsyxgs.com/a/qiyedongtai/2021/0115/95.html.

简析：本报告由2020年工作简要回顾、面临的形势分析和"十四五"基本目标以及2021年目标任务和主要工作三部分组成，其突出的特点是"用事实说话、用数据说话"，有目标、有举措，整篇报告接地气、有很好的阅读性，体现了较高的写作水平和通篇驾驭能力。

练一练2-5

指出下列公文文稿的错误之处，并根据公文写作与处理的要求，改写为一份正确的公文。

关于2018年招生计划的申报

省教育委员会：

教委（×发〔2018〕×号）文件《关于申报2018招生专业计划的通知》已收到，我们对文件的精神进行了认真学习，大家一致表示要落实教委的意见，积极发展高等职业教育，办好社会所需要的各种新型专业。经我校各院系研究，决定2018年申报15个专业，招收本专科学生共2 100名。特申报给你们。

附件：招生计划表

×××大学

二〇一八年四月七日

他山之石2-3

事儿·字儿·样儿

——谈谈请示、报告的写作

请示和报告是党政机关常用的公文文种，应用非常广泛。熟悉这两个文种的特点和写法，对于做好"三服务"工作很有必要。

一、把"事儿"搞透

"事儿"，也就是事情，关键要研究透、协调好。这是请示、报告写作最难的方面，需要较长时间实践经验的积累，很多时候还需要下相当大的功夫。社会上很多公文写作教材往往忽略这个方面，让很多初学者误以为懂点中文知识、学点写作技巧就可以把公文写好，这是一个很大的误区。文稿的本质是"事儿"不是"字儿"，这是写公文必须时刻牢记的一个基本道理。

"事儿"是请示之本。写请示，不管是简单的还是复杂的，最首要、最根本的，还是要把相关的事情弄懂弄通。比如某项会议活动安排方案的请示。仅仅自己坐在办公室苦思冥想，是绝对写不出来的。事先必须透彻研究有关情况，并与有关各方搞好沟通衔接。会议的时间、地点、参加人、议程以及宣传报道五个方面，都需要事先做充分的准备。在时间方面，要看领导同志和主办方方便与否；在地点方面，要看拟选的场所届时有没有其他活动，安全有没有保障；议程方面，涉及人员是否有困难不能参加等。所以，写这种请示，了解研究、沟通协调的工作量都比较大，都要求非常周到、非常细致。这样的请示件，既是之前调查研究与沟通协调工作成果的荟萃和升华，又是领导批准后组织实施的路线图、计划书、时间表。如果前面的工作做得好，请示写得周全、严密，就容易获得领导批准，实施起来也会比较顺畅。

"事儿"是报告之源。报告的写作更需要搞透"事儿"——没有前面的工作，没有前面的努力，写报告就无从谈起，就会变成无中生有、胡编乱造。写报告在本质上是一个梳理、归纳、概括、补充和升华前期相关工作的过程。机关用得最多的报告，一个是总结报告，另一个是调研报告。总结报告每个单位都会用到。从某种意义上说，总结报告是"锦上添花"，具有一定的附属性。写好总结报告，最根本的是要对这项工作的开展情况有详尽的了解，否则就不可能写好，存在弄虚作假嫌疑。写调研报告，把调查搞好则是第一位的，也就是要深入基层、深入一线、深入群众，把事情的本来面目彻底搞清楚。否则，即使你文字水平再高也没有用武之地。这也反映了请示、报告写作必须"以事为先"的道理。

二、把"字儿"搞准

"字儿"，就是文字，关键要提炼好、表述好。在处理"字儿"与"事儿"的关系上，既不能片面强调"字儿"而忽略"事儿"，也不能片面强调"事儿"而忽略"字儿"。其实"事儿"和"字儿"有时候很难完全分开，研究"事儿"的时候，"字儿"有可能会自己"蹦出来"；研究"字儿"的时候，经常会产生对"事儿"的认识的突破。摆弄"字儿"的能力，在很多时候是一种综合能力，整合了研究"事儿"的能力。

第一，"把菜买齐再下厨"——注重搜集材料。写请示、报告，第一步一定要先把材料搜集齐全——相关的文件、讲话、资料等，搜集得越全越好，特别是重点材料绝对不能缺少。就像做饭之前，一定要先把原材料买好，否则一会儿去买葱花，一会儿去买蒜瓣，饭就很难做好。比如写一个总结报告，需要搜集的材料很多——主要包括上级的有关文件、当时制订的方案、中间的承诺书、阶段性报告等。有了这些材料，需要了解的情况可以信手拈来，写作过程就会很轻松。事先把材料搜集齐全，也有利于写作时不遗漏重要的事项。

第二，"拾掇好了再生火"——注重列好提纲。材料搜集齐了，还要对材料进行研究和思考，也就是对文章进行构思。就像炒菜之前，首先要把菜洗好、切好、配好，再打开燃气灶。要不然这边开着火，那边菜还没有拾掇好，就必然手忙脚乱。涉及事项非常简单的请示、报告可以边想边写，稍微复杂一点的请示、报告，最好是先想透了、提纲列好了再动笔。可以先列一级提纲，再列二级提纲，最好把二级提纲之下写几层意思也列出来。列提纲的过程中会发现哪些事情没有想清楚，还缺少哪些素材，这时可以去进行补充。较重要的报告，提纲出来后应该去和领导"碰"一下，根据领导意见对提纲进行修改。这样就很少会出现初稿写好后被领导"枪毙"或作颠覆性修改的情况。

第三，"关上门来好干活"——注重集中精力。在家做饭的时候，我喜欢把厨房的门关上再开始干活，一来防止油烟到处乱窜，二来是防止有人进来"瞎指挥"。门一关，厨房就成了自己的小天地，做起饭来是一种享受。写文章到了冲刺阶段，也就是从提纲到初稿的阶段，集中精力十分重要。特别是比较长的稿子，如果一会儿一个电话、一会儿一个客人，思路屡屡被打断，就很难把请示、报告特别是报告这样的大文章写好。从时间管理的规律来讲，集中整块时间是提高脑力劳动效率的最根本的方法。管理学大师德鲁克的《卓有成效的管理者》一书，核心思想之一就是集中大块儿时间来做最重要的事情。很多办公厅的领导白天办事儿，晚上写字儿，也是同一个道理。

第四，"小火慢炖最出香"——要注重修改。附近一家餐厅里有道菜做得很好，一位同志问厨师：我在家用半天时间来炖这个肉还是炖不好，你们是怎么炖的呢？厨师笑着回答说，我们的诀窍很简单，就是"炖两天"。这个故事，给了我很大启发。请示、报告要写好的话，也需要一个反复雕琢和修改的过程。我接触的一些文章大家和写作高手，他们谈到文章之道时都不约而同说到"文章不厌百回改""好文章是改出来的"这样的理念。即便是毛泽东这样的伟人，大多数文章也都是经过千锤百炼的，何况我们这些普通人呢？我们更要以高度负责、精益求精、一丝不苟的精神去反复修改。

请示、报告的修改标准有三个：一是风格恰当，请示就是请示的味儿，报告就是报告的味儿，不能是别的味儿，也不能串味儿；二是表述精确，语义的范围、轻重、缓急要十分准确，十分适度；三是文字干净，多一个字就会嫌多，少一个字就会嫌少，文章看着十分透亮。领导修改请示、报告的花脸稿，是我们学习的最好教材，因为里面不仅有应该怎么写的信息，更有不该怎么写的信息，真正用心的话，可以从中学到很多东西。

三、把"样儿"搞对

"样儿"，也就是格式，关键要求规范。从难度上来说这是最小的，只要把以前类似的请示或报告调出来，基本上就可以解决问题，最多再对照有关的标准来确认一下，但也要十分重视，来不得丝毫马虎。这方面的错误都是低级错误，避免的关键在于细心、细心、再细心，不要有任何侥幸心理。我们的公文是否规范，不但体现着我们个人的工作态度，也体现着单位的工作作风。看似细枝末节、琐碎小事，本质上却是关系作风养成的大问题。就像部队战士练习叠被子、踢正步，其中的技能打仗时是用不上的，我们不可能拿被子当武器，更不可能踢着正步上前线，但从整理内务和队列操练中培养出来的纪律意识、团队意识和一丝不苟的精神，却可以在很大程度上决定战争的胜负。

资料来源　晓理. 事儿·字儿·样儿——谈谈请示、报告的写作［J］. 秘书工作, 2013（1）.

单元五 函

【引例】 关于对中南红文化集团股份有限公司的重组问询函

中小板重组问询函（需行政许可）〔2016〕86号

中南红文化集团股份有限公司董事会：

2016年9月8日，你公司披露了《发行股份及支付现金购买资产并募集配套资金预案》（以下简称"预案"），拟以发行股份及支付现金的方式购买上海极光网络科技有限公司（以下简称"极光网络"）90%股权，交易总对价6.68亿元，其中以现金方式支付2.67亿元，以发行股份的方式支付4.01亿元，同时拟募集配套资金不超过4.01亿元。我部对上述披露文件进行了形式审查，请从如下方面予以完善：

1.预案披露，交易对手方承诺极光网络2016年、2017年、2018年净利润分别不低于5 500万元、6 875万元、8 593.75万元。极光网络2015年、2016年1—6月已实现的净利润为4 018.38万元、1 914.74万元，目前极光网络仅有2014年12月上线的《混沌战域》和2016年4月上线的《武神赵子龙》两款游戏。请结合网络游戏公司盈利模式、业务特点，补充披露上述业绩承诺预计净利润增长的具体依据，并结合同行业公司情况、极光网络业务发展情况、游戏产品未来三年的预计流水等补充说明分析该业绩承诺的合理性和可实现性。

2.预案披露，截至2016年6月30日，极光网络100%股权未经审计账面净资产值为6 410.80万元，以收益法评估的标的资产预估值为7.43亿元，预估值增值率为1 058.29%。请补充披露以下内容：

（1）请结合行业状况、同行业上市公司市盈率和盈利情况补充披露评估定价与账面净值产生重大差异的原因和合理性。

（2）2014年3月29日，上海三七与极光网络、肖春明、裴杨、李经伟、符志斌、代志立签署《投资协议》，本次投资中，极光网络100%股权的估值为3 200万元。2016年1月29日，樟树浩基与中南文化签署《股权转让协议》，本次转让中，极光网络100%股权对应估值为4亿元。请详细说明极光网络上述两次股权转让与本次估值结果存在较大差异的原因及合理性。

3.预案披露，利润承诺期内，若极光网络不触发减值补偿的情况下，利润承诺期累计实际净利润超过承诺净利润总和的，则你公司承诺将部分超额利润奖励给极光网络管理层，奖励数额以极光网络实际净利润超出承诺净利润总和部分的50%和交易对价的20%中的较低者为准。请根据中国证监会上市部发布的《关于并购重组业绩奖励有关问题与解答》的规定，补充披露设置业绩奖励的原因、依据及合规性，并详细说明相关会计处理以及对公司可能造成的影响。

4.请补充披露并分析极光网络以下业务数据，包括但不限于每款游戏的总玩家数量、付费玩家数量、活跃用户数、付费玩家报告期内每月人均消费值、充值消费比、玩家的年龄和地域分布、开发人员教程等。

5.请补充披露本次交易完成后预计产生的商誉，并说明是否存在大额商誉减值的风险以及你公司拟采取的应对措施。

6.请补充披露极光网络不同运营模式下的收入确认及成本结转方式、极光网络主要资产和游戏的权属状况。请你公司就上述问题作出书面说明，并在9月23日前将有关说明材料对外披露并报送我部。

特此函告。

深圳证券交易所

中小板公司管理部

2016年9月14日

资料来源　深交所. 关于对中南红文化集团股份有限公司的重组问询函［EB/OL］.［2018-05-19］. http://stock.stockstar.com/notice/JC2016091800001784.shtml.

以上案例是深圳证券交易所中小板公司管理部发给中南红文化集团股份有限公司的一封问询函，前者对后者所披露的《发行股份及支付现金购买资产并募集配套资金预案》中不甚明了的一些事项进行了形式审查和问询。交易所下发问询函是加强信息披露的一个体现，它可以让投资者获得更多信息，也能给上市公司施加压力，促使其披露的信息更加真实。

在本单元中，我们将着重介绍函的特点、结构及如何写作。

一、函概述

函是不相隶属机关之间相互商洽工作、询问和答复问题，或者向有关主管部门请求批准和答复事项时所使用的公文。

函是公文中的平行文种，其既可以在平行机关之间行文，也可以在不相隶属的机关之间行文，其中包括上级机关或者下级机关行文。

函主要可分为以下几种：

1.按性质分，可以分为公函和便函两种

公函用于机关单位正式的公务活动往来；便函则用于日常事务性工作的处理。便函不属于正式公文，没有公文格式要求，甚至可以不要标题，不用发文字号，只需要在尾部署上机关单位名称、成文时间并加盖公章即可。

2.按发文方向分，可以分为发函和复函两种

发函即主动提出公事事项所发出的函；复函则是为回复对方所发出的函。复函有批答函和答复函两种，用于答复审批事项的函叫批答函，用于回答询问或商洽事宜的函叫答复函。

另外，按内容和用途分，函可以分为商洽事宜函、通知事宜函、催办事宜函、邀请函、请示答复事宜函、转办函、催办函、报送材料函等。

函的特点如下：

第一，沟通性。对于不相隶属机关之间相互商洽工作、询问和答复问题，函起着沟通作用，充分显示了平行文种的功能，这是其他公文所不具备的特点。

第二，灵活性。这表现在两个方面：一是行文关系灵活。函是平行公文，但是它除了平行行文外，还可以向上行文或向下行文，没有其他文种那样严格的特殊行文关系的限制。二是格式灵活，除了国家高级机关的主要函必须按照公文的格式、行文要求行文外，其他一般函，比较灵活自由，也可以按照公文的格式及行文要求办。可以有文头版，也可以没有文头版，可以不编发文字号，甚至可以不拟标题。

第三，单一性。函的主体内容应该具备单一性的特点，一份函只宜写一件事项。

二、函的结构与写法

规范性公函由首部、正文和尾部三部分组成。

1.首部

其主要包括标题、主送机关两个部分。公函的标题一般有两种形式，一种是由发文机关名称、事由和文种构成，另一种是由事由和文种构成。主送机关即受文并办理来函事项的机关单位，于文首顶格写明全称或者规范化简称，其后用冒号。

2.正文

其结构一般由开头、主体、结尾、结语等部分组成。

开头主要说明发函的缘由。一般要求概括交代发函的目的、根据、原因等内容，然后用"现将有关问题说明如下"或"现将有关事项函复如下"等过渡语转入下文。复函的缘由部分，一般首先引叙来文的标题、发文字号，然后再交代根据，以说明发文的缘由。

主体是函的核心内容部分，主要说明致函事项。函的事项部分内容单一，一函一事，行文要直陈其事。无论是商洽工作、询问和答复问题，还是向有关主管部门请求批准事项等，都要用简洁得体的语言把需要告诉对方的问题、意见写清楚。如果属于复函，还要注意答复事项的针对性和明确性。

结尾一般用礼貌性语言向对方提出希望，或请对方协助解决某一问题，或请对方及时复函，或请对方提出意见或请主管部门批准等。

通常应根据函询、函告、函商或函复的事项，选择运用不同的结束语，如"特此函询（商）""请即复函""特此函告""特此函复"等。有的函也可以不用结束语，如便函，它可以像普通信件一样，使用"此致""敬礼"。

3.尾部

一般包括署名和成文时间两项内容。署名机关单位名称，写明成文时间年、月、日并加盖公章。

三、函的写作要求

函的写作，要注意行文简洁明确，用语把握分寸。复函则要注意行文的针对性，答复的明确性。同时，函也需有时效性，特别是复函更应该迅速、及时。函的写作要注意以下几点：

（1）严格按照公文的格式书写。

（2）函的内容必须专一、集中。一般来说，一个函件以讲清一个问题或一件事情为宜。

（3）函的内容必须真实、准确。

（4）函的写法以陈述为主，只要把商洽的工作、询问和答复的问题、向有关主管部门请求批准的事宜写清楚就行。

（5）发函都是有求于对方的，或商洽工作，或询问题，或请求批准。因此，要求函的语言要朴实，语气要恳切，态度要谦逊。

（6）函的结尾，一般常用"即请函复""特此函达""此复"等惯用语，有时也不用。

练一练2-6

1.根据以下材料拟写公文标题：

山东商业职业技术学院就业办公室发文给恒客隆商场经理办公室，协商该校市场营销专业学生去实习的有关事项。

2.随着科技的进步，针对移动互联网的手机幻灯片、H5场景应用制作工具纷纷出现，将原来通过纸质和PC端制作和展示的各类复杂推广方案转移到更为便捷的手机上。请尝试通过"易企秀"制作一封邀请函，内容自拟。

例文2-9　　　　　××农场关于解决欠货问题的复函

××县食品公司：

11月4日来函收悉。以往关系，令人满意，值得双方珍惜。

按合同我场向贵公司提供的食品，有的已过半，有的达七八成，只有部分"不足一半"。造成欠货的主要原因是我场下半年遭到台风的袭击和鸡瘟的危害，种养业产量大为下降。至于你们两次来信，我们并未收到，不是置之不理。

老实相告：要在12月底如数交足欠货，我们困难极大。如果你们一定要"按合同罚款"，我们只好上经济法庭。请注意，原合同上有一句："如无天灾瘟疫等意外情况，甲方（××农场）必须在今年12月底交足所订货额，否则按合同罚款。"我们的种养业既遭天灾又遇瘟疫，……还是珍惜以往的关系，双方代表坐在一起协商解决为好。

特此函复。

××农场（公章）

××××年12月10日

资料来源　李小冰.拒绝也要讲究艺术——评改一份拒绝性复函［J］.应用写作，2014（8）.

简析：本文虽然能有针对性地对来函作出回应，但是在语言表达、拒绝理由、处置办法上欠得体、充分、实在，给人以敷衍、对抗之感，不利于今后双方合作关系的延续。

第一，语言表达欠礼貌、得体。例如，"有的已过半，有的达七八成，只有部分'不足一半'。"该句有针锋相对地反驳对方不尊重事实之嫌，有点儿得理不饶人之感。再如，"老实相告：要在12月底如数交足欠货，我们困难极大。如果你们一定要'按合同罚款'，我们只好上经济法庭。"该句语气生硬，显示出较强硬的对抗情绪。

第二，缺乏解决问题的具体方案，难以显示解决问题的诚意。原文对赔偿的要求只是简单地拒绝，且拒绝的理由阐述也不充分，全篇给人不近情理之感，完全看不出解决问题的诚意。

根据上述分析，可对原文修改如下：

××农场关于解决拖欠货物问题的复函

××县食品公司：

贵公司《关于××××××问题的复函》（××文号）收悉，现函复如下：

今年下半年以来，我场连续遭到台风的袭击和鸡瘟的影响，种养业遭到严重损失，产量大为下降，减产率达×%。因此，导致我场无法如数按合同履约，对此我们深感抱歉。至于贵公司两次来函商讨解决对策，我方并未收到函件，并非故意置之不理。

贵公司来函要求我方于12月底前如数补足货物，我方实难做到。因为是不可抗力造成的货物减产，并非主观故意违约。而贵公司来函中提到的"按合同罚款"实难成立。原合同虽有："如无天灾瘟疫等意外情况，甲方（××农场）必须在今年12月底交足所订货额，否则按合同罚款。"但是罚款的前提是排除了不可抗力造成的违约情况的。根据有关规定，不可抗力造成的违约，可以免除全部或部分责任，另一方当事人不得要求赔偿。

鉴于我们双方存在着长期友好合作关系，为了表示我们的诚意，我方愿意双方协商解决此事，并在价格上作出一定的让步，恳请贵公司考虑我方建议。

特此函达，并希见复。

××农场（公章）

××××年12月10日

小提示2-1

写作复函要注意三点：

第一，答复要有针对性，问什么答什么，忌东拉西扯。

第二，答复问题要明确、透彻，忌含混不清。

第三，语言要礼貌得体，忌生硬、粗暴。

例文 2-10   **致四川省银行业协会的函**

四川省银行业协会：

　　3月15日，本报3版刊发了《四川省银行业协会启动普及金融知识万里行活动》与《3·15金融消费维权红黑榜》两篇互不关联的稿件，由于本报版面处理欠妥，导致部分读者误读。在此，我们郑重申明：《3·15金融消费维权红黑榜》与四川省银行业协会毫无关系。

　　本报对此事高度重视，为消除误解，已作如下处理：将本报网站相关信息进行屏蔽；给各转载网站发出公函要求撤稿；撤回全市报摊上当天的报纸；3月18日本报已在相同版面刊登澄清公告，申明榜单与协会无关；本报将加强编辑记者业务培训，以杜绝此类事情再次发生。

金融投资报社
2013 年 3 月 19 日

　　资料来源　金融投资报社. 致四川省银行业协会的函［N］. 金融投资报，2013-03-19（03）.

　　简析：从内容上看，此函是金融投资报社致四川省银行业协会的一封说明函。在正文中，开头说明了发函的缘由，接着郑重表明了发文机关的态度，最后说明了发文机关所采取的措施，态度诚恳，行文流畅。

课堂讨论 2-4

　　《秘书之友》杂志在 2015 年第 4 期刊发了一篇署名为李小冰的名为《评改一份复函》的文章，文章就以下案例做了剖析，请你阅读该案例并回答问题。

关于催要"分度头"的函

黄河金属加工厂：

　　你们今年5月20日来函催要铣床所用"分度头"一事已收讫，内情尽知。情况是这样的：上次你厂买我厂生产的铣床配件"分度头"一事，交来10件的钱、我厂开了10件的发票，发了10件的货，你们却说少了1件，只收到9件，我们销售科查了查所有单据，没出错，没我厂责任。

　　别不多谈，就此搁笔。

××机床附件厂（印章）
2013 年 6 月 15 日

　　问题：

　　（1）该案例是哪一种函？这种函的结构通常是什么样的？

　　（2）该案例在写作上存在哪些问题？该如何改正？

思政园地

　　习近平同志在担任福建宁德地委书记时指出，对于办公室工作，我体会最深的有四个字：一是"重"，地位重要。二是"苦"，非常辛苦。三是"杂"，事务繁杂。四是

"难"，难度很大。他要求地方党委的领导，对办公室工作要在理解、信任和尊重的基础上支持使用。这些重要论述全面准确形象地指出了办公厅（室）的核心地位、重要作用和工作难度，说明习近平同志非常关心办公厅（室）这支队伍建设。

推荐阅读：李清泉. 新时代办公厅（室）工作的根本遵循——深刻领会习近平同志关于办公厅（室）工作重要论述［N］.学习时报，2019-08-09（A2）.

项目概要

　　通知是各级行政机关、企事业单位、社会团体均可使用的传达性公文。它适用于发布、传达要求下级机关执行和有关单位周知或者执行的事项，批转、转发公文，是使用频率最高、适用范围最广的一个文种。通知具有广泛性、传达性和时效性的特点；通知可分为发布性通知、指示性通知、知照性通知和中转性通知；通知一般由标题、主送机关、正文和落款四部分构成；通知的写作除了需拟定一个明晰贴切的标题外，非周知性的通知一定要写明主送机关，且通知的文字应简练准确。

　　通报是告知性的下行文种，适用于表彰先进、批评错误、传达重要精神和告知重要情况，是上级机关用以沟通信息、交流经验、传达情况、批评错误、教育干部和群众的重要工具。通报具有典型性、及时性、周知性和单一性的特点；按其内容与性质，可以划分为表彰性通报、批评性通报和情况通报三种类型；通报一般由标题、主送机关、正文和落款四部分组成。在实践中，我们要注意区分通知、通报、通告和公告的不同特点及适用范围，不可混淆。

　　请示适用于向上级机关请求指示、批准。凡是下级机关无权解决、无力解决以及按规定应经上级决断的问题，必须正式行文向上级机关请示。请示具有求复性、程序性和单一性的特点；根据请示目的不同，请示可分为请求指示的请示、请求批准的请示和请求批转的请示三种类型；请示一般由标题、主送机关、正文和落款四部分组成。与报告相反，请示属于事前行文，工作已经开展再向上级请示，就失去了请示的意义，也违反了工作原则。请示写作要求一文一事，不能多头主送，也不能越级主送，如需同时知照其他机关，可以采用抄送形式，但不得抄送下级机关，以免在上级答复前造成工作上的混乱。如遇特殊情况，如重大灾情、险情或检举控告直接上级等，需要越级主送，则需抄送被越过的上级。

　　报告是向上级机关汇报工作、反映情况、回复上级机关的询问时使用的公文，是各级行政机关、企事业单位、社会团体都可以使用的报请性公文。报告具有陈述性和汇报性的特点；不同内容、性质的报告，写法不尽相同，但一般都由标题、主送机关、正文、落款四个部分组成。报告的宗旨是汇报情况，因此写作上就要求报告务必要把情况或问题陈述清楚，把观点表达清晰。此外，报告属于事后行文，通常在工作结束或在工作告一段落时撰写，且要及时、迅速，力求尽快向上级机关反映新情况。

　　函是公文中的平行文种，其既可以在平行机关之间行文，也可以在不相隶属的机关之间行文，其中包括上级机关或者下级机关行文。函具有沟通性、灵活性和单一性特征，规范性公函由首部、正文和尾部三部分组成。由于函适用于"不相隶属机关之间商洽工作、询问和答复问题、请求批准和答复审批事项"，因此在实践中经常遇到用函代行"批复"来答复审批事项，这就是通常所说的"函代批复"。

项目测试

一、简答题

1.简述通知的特点及种类。

2.简述通知的构成要素。

3.什么是通报？通报具有哪些特点？

4.简述通报的写作要求。

5.什么是请示？请示具有哪些特点？

6.简述请示的写作要求。

7.什么是报告？报告有哪些类型？

8.简述不同类型的报告的写作要求。

9.什么是函？函具有哪些特点？

10.简述函的写作要求。

二、写作训练

1.请根据以下信息，拟写一则以长春市自来水公司的名义发布的停水通知，发布时间自定。

（1）计划清洗水箱，经开区名门北站、环球贸易中心泵站停水24个小时；

（2）时间：2018年9月28日8：30至29日8：30；

（3）受影响住户范围：经开区兴隆路以北，自由大路与临河街交汇处名门小区、云友路西北侧环球贸易中心，共计14栋楼2 910户；

（4）影响程度：供水压力明显下降，其中大部分地区停水；

（5）客服热线：0431-89812345。

2.2014年2月28日，《重庆晚报》发布了一则名为《开面包车的平头哥，我要找到你》的消息，报道了重庆永渝建设工程质量检测有限公司白冷总经理、何鹏、罗勃、晏长勇四人对发生车祸的伤者陈晋和他父亲进行了救助的事迹。上述四人2月23日下午在返回公司途中，及时停车将伤者抬上公司车辆，晏长勇将伤者及时的送到医院，第一时间进行了抢救，为抢救伤者赢得了最佳时间。重庆永渝建设工程质量检测有限公司董事会经开会研究决定，给予白冷、何鹏、罗勃、晏长勇等四位同志通报表扬，并奖励晏长勇同志人民币5 000元整，同时号召全体员工向他们学习。

请以重庆永渝建设工程质量检测有限公司的名义写一份表彰通报。

3.常州市化纤研究所筹建化纤改性工程实验室，但资金尚缺100万元，拟向江苏省科技厅请示拨款，请代该研究所拟写这份请示（部分内容可以虚拟）。

4.受连日降雨影响，开发区工业园在6月22日早上5点发生土方沉塌，青云供水公司的一条原水管道受损，青年水厂停水，导致××市开发区较大面积停水。故障发生后，青云供水公司与工业园立刻组织力量赶往现场勘察故障位置、全力抢修受损管道。同时，青云供水公司在故障发生当天立刻通过××电视台新闻频道及手机短信平台向市民发布停水通知，并在当晚的《××新闻》栏目发布了抢修进展情况，让用户及时了解供水信息。经过全力抢修，6月23日上午10时正式恢复供水。

请你以青云供水公司的名义就此事件向××市水业公司写一份报告。

5.根据下列材料，代通河县农科所向黑龙江省农科所写一份函。

通河县根据该县气候条件和特点，决定推广大豆种植项目。为解决大豆种植过程中的技术问题，县农科所决定请黑龙江省农科所派技术专家来县里进行专业培训。计划共举办三期培训班，每期50人参加，学员为具有高中或同等学力文化程度的农业技术骨干。

项目三

商务礼仪文书

学习目标

1. 了解各类商务礼仪文书的特点和作用；
2. 熟悉各类商务礼仪文书的写作格式与写作要求；
3. 能够结合给定材料规范地撰写符合工作需要的商务礼仪文书；
4. 培养知礼、守礼，得体、礼貌的商务沟通习惯。

所谓知礼仪，就是要知轻重、知大小、知进退、知缓急。在商务活动中，礼仪非常重要，虽然按照商务礼仪做不一定能够达成商业合作，但是如果不按照商务礼仪做，商业合作也很难达成。作为文明礼仪之邦，我们要知礼、守礼，采取得体、礼貌的方式与商业伙伴打交道。

在本项目中，我们将介绍欢迎词、欢送词、开幕词、闭幕词、讲话稿、公关函柬等礼仪文书的写作方法。本项目结构导图如下：

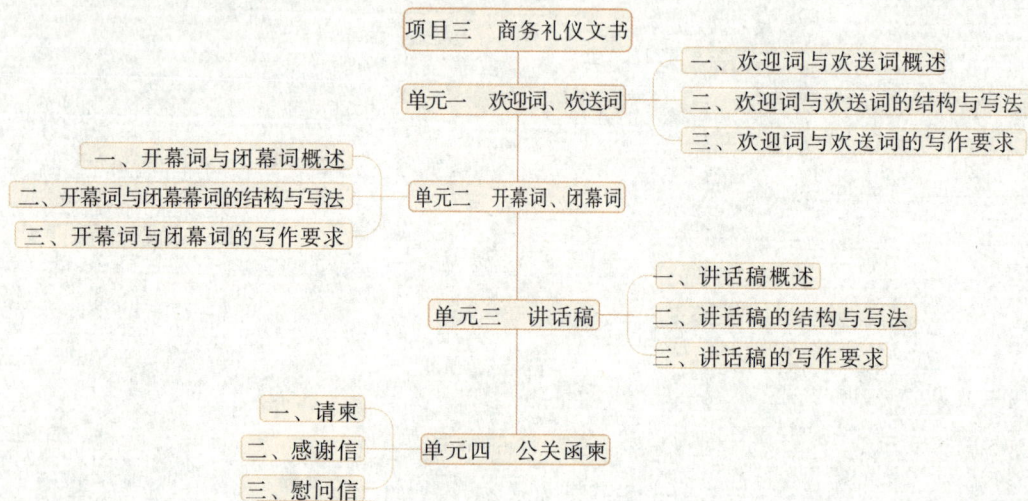

```
                                        项目三  商务礼仪文书
                                                              ┌── 一、欢迎词与欢送词概述
                                        单元一  欢迎词、欢送词 ┤   二、欢迎词与欢送词的结构与写法
                                                              └── 三、欢迎词与欢送词的写作要求

            ┌── 一、开幕词与闭幕词概述
            │   二、开幕词与闭幕幕词的结构与写法   单元二  开幕词、闭幕词
            └── 三、开幕词与闭幕词的写作要求

                                                              ┌── 一、讲话稿概述
                                        单元三  讲话稿        ┤   二、讲话稿的结构与写法
                                                              └── 三、讲话稿的写作要求

            ┌── 一、请柬
            │   二、感谢信   单元四  公关函柬
            └── 三、慰问信
```

单元一 欢迎词、欢送词

【引例】

2018年1月18日，2018北京观光休闲农业行业协会年会在北京召开。北京观光休闲农业行业协会会长蒋洪昉代表主办方致欢迎词。以下为全文：

尊敬的张辉主任、宝新主任，各位会员、各位来宾，同志们、朋友们：

大家上午好！

首先，感谢大家对我们协会一如既往的支持。特别感谢天津市、河北省休闲农业协会各位同仁的到来！让我们用掌声，热烈欢迎各位老朋友、新朋友参加2018北京休闲农业行业协会年会！

年会是一次全行业的大聚会，也是一次跨行业的大交流，是党的十九大之后，凝聚行业共识、传递行业信息、服务行业发展的重要活动。

2017年是极不平凡的一年。这一年，习近平总书记在十九大报告中指出，"我国社会主要矛盾已经转化为人民日益增长的美好生活需要和不平衡不充分的发展之间的矛盾"。休闲农业，以自然生态为基础，以农民增收、市民增乐为导向，就是消除不平衡、不充分，创造美好生活的重要产业。十九大报告提出的"乡村振兴战略"，是新时代"三农"工作的总抓手、新旗帜、大战略。乡村振兴，就是要集聚全社会的力量和资源，开发、拓展、实现乡村的新价值。休闲农业，一头连着"三农"资源，一头连接城市需求，也可以说是一头连着绿水青山，一头连着金山银山。我们这次年会的主题——"休闲农业助力乡村振兴"，就是响亮地、充满自信地、责无旁贷地提出："乡村振兴，休闲农业要大有作为！"

这一年，北京市提出了"疏解整治促提升"的转型战略。实事求是地讲，我们很多园区由于疏解整治，由于土地的问题、建设的问题，遇到了一定程度的挫折，遭受了一定的损失。但是，在这里我想跟大家讲的是，一方面，我们的政策和产业的迅猛发展，有一个相互适应的过程，协会作为企业和政府之间的桥梁，我们有责任反映行业发展的诉求；另一方面，这些问题也警醒了我们，在快速发展的同时，千万不要踩政策的红线。更加重要的是，大家要看到疏解整治给休闲农业大发展带来的机遇。在疏解了低端制造业，革除"瓦片经济"之后，必将为休闲农业与乡村旅游腾出大量的发展空间。

2017年年底，中央经济工作会议明确提出，要"健全城乡融合发展体制机制，清除阻碍要素下乡各种障碍"，北京市新版城市总体规划用专门篇幅，为乡村观光休闲旅游描绘了新蓝图。这些都是鼓舞我们在2018年奋勇前进的强大动力！我相信，北京休闲农业一定会迎来更美好的明天！

最后，借此机会，祝大家在新的一年里身体健康，万事如意！

资料来源 蒋洪昉. 在2018北京观光休闲农业行业年会上的欢迎词 [EB/OL]. [2018-05-08]. http://www.bjnyzx.gov.cn/picnew/201801/t20180124_395298.html.

以上案例是一则典型的欢迎词。在此欢迎词中，主办方首先对出席会议的各方代表表示了欢迎，并在简单介绍了发展休闲农业的重大意义之后描绘了疏解整治给休闲农业大发展带来的机遇和蓝图，最后以热情洋溢的期望和祝福结尾。

一、欢迎词与欢送词概述

欢迎词是由东道主出面对宾客的到来表示欢迎的讲话文稿。它多用在对外交往的各种欢迎场合中，如参加某个会议或庆典仪式，上级领导和检查团的莅临，考察团和访问团的到来，以及国际交往中外国领导人、友好团体负责人的来访，在机场上、办公地门口、欢迎仪式讲台上，均需要使用欢迎词，对来访、光临的贵宾朋友表示热烈的欢迎和由衷的谢意。

欢送词是指在欢送集会或欢送仪式上，对某人或某些人的离去表示欢送、惜别或祝愿的致词。欢送词要表达对亲朋好友远行时的感受，所以依依惜别之情要溢于言表。在公共事务交往时更应把握好分别时所用言辞的分寸，注意使用生活化的语言，既富有情感又自然得体。

欢迎词与欢送词共有的特点如下：

1.交流性

东道主、承办人在活动或会议起始与结束时进行致词，可以更好地与来宾进行交流，为合作的开展打下良好基础。

2.抒情性

欢迎词与欢送词注重抒发情感，往往通过抒情、叙述的表达方式，借助各种修辞手法，表达真情实感。

3.简约性

欢迎词与欢送词行文简约，字斟句酌。

二、欢迎词与欢送词的结构与写法

欢迎词和欢送词都是由首部、正文和结束语三部分组成。它们的首部结构基本相同，都包括标题、时间、称呼等要件，这里侧重介绍它们的正文与结束语。

1.欢迎词的正文与结束语

欢迎词的正文部分，其详略应由特定的场合、时间、对象来决定。开头一般用一句亲切得体的话来表示欢迎，然后说明欢迎的理由，可叙述彼此之间的交往、情谊，说明交往的意义。对初次来访者，还可多介绍己方的有关情况，以增进彼此间的了解和感情。

用结束语来表示祝贺。如"预祝本次访问获得圆满成功""祝本次会议圆满成功"等。

2.欢送词的正文与结束语

欢送词的正文主要包括以下内容：简述访问或会议的经历、议程、达成的协议或通过的决议；这项活动的成果、收获和意义，将起到的历史作用；对在接待中的不周之处表示歉意；期待以后多交流、相互理解与帮助。

结束语一般是向被欢送者表示美好祝愿。

三、欢迎词与欢送词的写作要求

1.场合要有针对性

由于来访者身份多样，导致欢迎（送）场合和欢迎（送）仪式也多种多样：有隆重的欢迎仪式、酒会、宴会、记者招待会，有一般的座谈会、展销会、订货会，还有剪彩仪式、落成典礼、毕业典礼，以及其他各种会议和聚会场合。欢迎（送）词要看场合，要有针对性。

2.内容要有针对性

作为东道主，首先必须了解欢迎（送）词需要讲哪些内容，然后才去考虑如何讲，讲多少。当然，欢迎（送）词应出于真心真意，热情、谦逊、有礼。语言的运用要亲切，要饱含真情，同时要注意分寸，做到不卑不亢。

例文 3-1　　　　　　在 2014 中国企业领袖与媒体领袖年会上的致词

中国广告主协会秘书长　刘伯安

尊敬的李蒙主席，各位嘉宾，女士们，先生们，早上好！

2014 中国企业领袖与媒体领袖年会召开了，向各位嘉宾和各位来宾表示热烈的欢迎！向大会所有的合作单位、支持机构表示衷心的感谢！

本次年会围绕"大变革、大融合、大传播"这个主题，就中国企业营销传播的趋势，品牌营销的创新，媒体经营创新以及跨界融合、艺术分享等重要话题，进行深入的研讨，希望通过这个平台，加强企业界、传媒界、广告界、学术界、艺术界的交流和合作，寻求新的发展机遇，这对激发企业和媒体经营创新有着十分重要的意义。中国广告主协会是中国优秀品牌的企业集群，是中国本土企业和跨国公司在华企业以及中国主流媒体、杰出广告公司的顶级研究机构、广告主之家。

近年来，中国广告主协会充分履行广告主维权、自律服务的职责，引导和促进营销传播创新，加强诚信自律建设，谋求广告和媒体的广泛合作，不断提升广告主的市场竞争力，在这些方面我们做了大量的工作。今年为了充分反映广告主企业对《广告法》修改的意见，召开了若干次企业座谈会，集中了企业对《广告法》的意见，深受企业的欢迎，也得到了全国人大常委会法工委的认可。今年 5 月我们与江苏传媒集团充分开展了广告主企业、媒体文化企业的重组、兼并、资本运营等专题研究，充分认识到资本对于广告业发展具有极其重要的作用。

今年 8 月初，经亚太经合组织的批准，我们联合澳大利亚在北京饭店举行了 2014 APEC 广告峰会，这次会议作为 2014 年 APEC 多边会议引领了国内广告业与国际广告的接轨，有利于营造规范有序、公平竞争的市场环境，保护消费者利益，促进了 APEC 各经济体之间互相沟通，有力达成了目标。该会议形成的《北京共识》在 APEC 首脑会议上的文件中得到了体现。

谢谢大家！

资料来源　刘伯安．在2014中国企业领袖与媒体领袖年会上的致词［EB/OL］．［2018-01-12］．http://finance.huanqiu.com/roll/2015-11/7965114.html.

简析：这是一则简短的欢迎词，尽管篇幅不长，但语气诚恳、主题突出。首先对来宾的光临表示了热烈欢迎；然后介绍了本次年会的主题"大变革、大融合、大传播"；最后总结了主办方一年中所做的工作，以加深与会来宾对主办方的了解，全篇欢迎词以致谢结尾。

例文 3-2　　在丁少其同志退休欢送会上的讲话

生产副总、党支部书记　俞建国

尊敬的丁少其同志，各位同事，下午好！

今天，是欢送我们的好员工——丁少其同志光荣退休的日子。我代表公司董事会和党支部对丁少其同志光荣退休表示衷心的祝贺，祝愿丁少其同志退休以后生活幸福美满，健康长寿。

退休是人的一生中必须经过的一个过程，它预示着人一生中为集体工作和奉献的使命告一段落，可以幸福地享受人生晚年的美好时光，从这个意义上说，退休可喜可贺。

丁少其同志系我公司的一名老员工，也是一名有着20多年党龄的老党员。来伯特利之前，老丁在重庆老家曾担任过村党支部书记，有着丰富的农村工作经验，后因年龄偏大主动让贤，从书记岗位退下来。2008年年初，他来到我们公司，虽然身处一线，但他工作从不拈轻怕重，车间里的苦脏累的活儿，他抢着干，工作十分负责。平时，他还帮着清理宿舍楼雨棚垃圾、清理一些卫生死角，修剪厂区绿化带，等等。在生活上，他十分简朴。前几年，他每月都会给老家的年近九旬的老母亲寄养老钱，直到母亲过世。对自己很吝啬，但对需要帮助的人，他都乐于帮助，汶川地震和对困难职工捐款，他都是积极分子，体现了一名共产党人讲正气、作表率的高大形象。

因为年龄和身体原因，生产部在2013年给老丁调换了岗位，自接管油品、油棉、花草修剪、草纸发放等工作以来，尽管事情琐碎，但他工作勤勉，恪尽职守。据了解，一年来他接手上述事项以来，油品、油棉等消耗大大降低，油库管得井井有条；油棉、草纸用量和去年相比节约近50%；绿化维护及时，为公司节能减排和清洁生产贡献了自己的力量。

由于年龄原因，公司批准了丁少其同志退休归养的请求。借此机会，我代表公司和党支部郑重表示，公司不会忘记像丁少其等一些老同志为伯特利事业付出的艰苦努力，衷心地希望丁少其同志能一如既往地关心和支持企业的发展，与公司保持联系，有机会常回来看看。在这里，我还代表公司高层向大家表个态，今后，我们一定要把以人为本做实做细，注重人文关怀，尊重员工，关心员工，切实解决员工的安危冷暖。

今天这个欢送会，是公司启动退休员工欢送机制的首次尝试，以后，每逢员工退休，都要组织适当的欢送仪式，以表达公司对各位退休员工辛勤奉献的感激之情。

最后，祝丁少其同志身体健康、生活愉快、万事如意！同时，让我们再次以最热烈的掌声，向丁少其同志多年来为公司的发展所作出的贡献表示衷心的感谢！

　　资料来源　俞建国. 在丁少其同志退休欢送会上的讲话［EB/OL］.［2018-01-13］. http://blog.sina.com.cn/s/blog_621e19c40101owkz.html.

单元二　开幕词、闭幕词

【引例】　　　　　周明伟在第八届亚太翻译论坛开幕式上的致词

尊敬的各位来宾，朋友们：

　　第八届亚太翻译论坛今天在中国历史文化古都西安举行，我谨代表中国外文局和中国翻译协会对关注和积极参加这次论坛的国内外朋友表示热烈的欢迎和诚挚的敬意！也借此机会特别感谢国际翻译家联盟、陕西省人民政府对本次会议的大力支持！

　　西安是古丝绸之路的起点，这里记录了历史上与世界各国人民友好交往的许多精彩故事，为我们留下了宝贵的历史文化遗产和精神财富。今天，我们在这里共同展望亚太地区翻译的未来前景，具有特别的意义。

　　亚太地区是世界文明的重要发祥地，也是目前最具发展活力和潜力的地区，在世界发展进程中具有独特而重要的地位。世界经济重心加速向亚太地区转移，区域合作和一体化进程日益深入，亚太地区在全球发展格局中的战略地位不断上升。在这种背景下，翻译活动作为促进各国各民族经济文化交流的桥梁，在未来将发挥越来越重要的作用。对于各国的翻译工作者来说，这是机遇，也是这个时代赋予我们的责任和使命。

　　本届论坛主题确定为"亚太地区翻译的明天"，也就是希望以论坛为平台，汇聚各国翻译工作者共同探讨，在全球化和以云计算和大数据为代表的新技术环境下，翻译及其他语言服务面临的机遇与挑战，以及未来的发展方向，促进各国翻译文化与翻译行业的繁荣发展。我相信，今天我们举办这个论坛将有利于拓展、深化大家对促进亚太地区翻译文化与行业未来发展的理解和认识，拓展、深化我们相互之间的理解和认识，赢得更多信心和支持。我们遇到的问题和挑战越来越相似，我们的共同语言也越来越多。

　　亚太翻译论坛起源于"亚太翻译家论坛"，1995年在北京首次举办，其后每三年举办一次，第二至第七届论坛分别在韩国首尔、中国香港、中国北京、印度尼西亚茂物、中国澳门、马来西亚槟城举办，是亚洲翻译界交流与合作的重要平台。2015年，在中国翻译协会的倡议下，国际翻译家联盟理事会通过决议，将亚太翻译家论坛的范围扩大至亚太地区，正式将论坛更名为"亚太翻译论坛"，提升了论坛的定位，为亚太地区翻译界的交流搭建了一个更为广阔的舞台。亚太翻译论坛至今已经走过了21年的发展历程。她虽然还比较"年轻"，但在促进亚太地区翻译界的友好往来与交流合作中发挥了积极的作用。我希望能够建立亚太翻译论坛常态化的机制，以保障论坛的成果得以持续，为亚太地区翻译机构和翻译工作者提供定期切磋交流的平台。通过这个平台把各方的潜力挖掘出来，把大家互补性结合起来，把不同国家的利益融汇起来，把不同文明的优秀基因融合起来，实现亚太地区各国文明交流互鉴，兼收并蓄，促进地区经济文化合作，以实现共同发展，共同进步。

作为中国翻译界唯一的全国性社会组织，中国译协一直将推进翻译行业发展与社会进步紧密相连，在提升翻译水平、加强翻译队伍建设、促进翻译学术研究、规范翻译行业管理、推动翻译文化国际交流方面发挥着积极组织引导作用。在新的时代和历史条件下，我们愿积极作为，与亚太及世界各国翻译界共同努力，推动翻译工作迈向新的高峰，为推动中国和亚太地区乃至世界各国文化与文明的交流与融合作出新贡献。

中国古代思想家孔子曾经说过："有朋自远方来，不亦乐乎?"希望各位代表通过两天的会议能够获得满意的信息和学术成果，同时也希望大家置身在具有深厚历史文化底蕴的古都，能够充分感受到中国悠久的历史和多彩的文化。

最后，预祝论坛圆满成功。

谢谢大家。

资料来源　周明伟. 在第八届亚太翻译论坛开幕式上的致词［EB/OL］.［2018-05-09］. http://news.china.com.cn/2016-06/17/content_38686924.htm.

在第八届亚太翻译论坛召开之际，时任中国外文局局长的周明伟致开幕词。他首先对出席活动的国内外朋友与主办方表示了诚挚的欢迎和衷心的感谢，然后就本次论坛的主题"亚太地区翻译的明天"进行了阐述，最后对会议的成果进行了展望。

在本单元中，我们将学习开幕词和闭幕词的写作方法。

一、开幕词与闭幕词概述

1.开幕词

开幕词是会议讲话的一种，是党政机关、社会团体、企事业单位的领导人在会议开幕时发表的讲话，旨在阐明会议的指导思想、宗旨和重要意义，向与会者提出开好会议的中心任务和要求。

开幕词以简洁、明快、热情的语言阐明会议的宗旨、目的、任务、议程、要求等，对会议确定的议题、奠定基调起着重要的指导作用。

2.闭幕词

闭幕词，是指党政机关、企事业单位和社会团体的领导人在重要的会议结束之时所做的带有总结性、评价性的讲话。它的内容一般是概括会议所完成的任务，对会议所解决的问题进行评价，对会议的经验进行总结，对贯彻会议精神提出要求和希望等。

闭幕词要简洁明了、短小精悍，最忌长篇大论、言不及义，多使用祈使句，表示祝愿和希望。它的语言应该通俗、明快、朗朗上口。

二、开幕词与闭幕词的结构与写法

开幕词、闭幕词均由首部、正文和结束语三部分组成，两者首部结构基本相同，都包括标题、时间、署名、称谓等，结束语部分一般都是一句话，如"预祝大会圆满成功""现在，我宣布，×××大会闭幕"。下面重点介绍正文部分的写法。

1.开幕词的正文

（1）开头部分。一般情况下，应开门见山地宣布会议开幕，或对会议的情况（如与会者的身份等）作简要介绍。例如，"参加本次会议的嘉宾有×××人，其中有来自……"，并对会议的召开表示祝贺及对与会人员的到来表示感谢。开头部分即便只有一句话，也要单独列为一个自然段，使其与主体部分分开。

（2）主体部分。这是开幕词的核心部分，行文过程中一定要把握会议的性质，行文要明快、流畅，语言要坚定有力，充满热情和感染力。一般情况下，主体部分可以分为以下三项内容：

一是阐明会议的重要意义，通过对以往工作情况进行回顾总结、对当前形势进行分析，说明会议召开的背景和所要解决的问题。

二是阐明会议的指导思想，提出会议的任务，说明会议主要的议程和安排。

三是为保证会议的顺利进行和成功举办，向与会者提出的要求。

（3）结尾部分。提出会议的任务、要求和希望。

2.闭幕词的正文

（1）开头部分。简述会议议程和有关报告人所讲述的重点，肯定大会的共识或收获。

（2）主体部分。总结会议通过的文件或决议并作出评价，提出今后贯彻执行的要求。

（3）结尾部分。对保证会议顺利进行的有关单位及服务人员表示感谢，并发出号召，提出希望，表示祝愿。

三、开幕词与闭幕词的写作要求

（1）开幕词是会议序曲，重在阐明会议的任务，为会议顺利进行奠定基调，对会议产生指导、定向的作用。

（2）闭幕词是会议的尾声，要着重对会议取得的成果给予准确的评价和总结，其重点应放在总结会议的成绩和经验上。

（3）开幕词要求充满热情，鼓舞人心；闭幕词要求言简意赅，与会议基调保持一致，富有感染力。

例文 3-3　　　　　　　　　　**晋城市陕西商会成立大会闭幕词**

尊敬的各位领导、各位嘉宾、各位会员：

金色十月，秋高气爽，这是一个果实飘香的季节，在各级领导的大力关怀和支持下，今天，我们晋城市陕西商会隆重成立了。刚才各位领导的讲话热情洋溢、语重心长，给我们商会的发展指明了方向，也给了我们极大的鼓舞和鞭策。有关上级单位、兄弟商会和友邻单位送来了贺信和珍贵的礼品，表达了对我们的支持和关心，增强了我们办好商会的信心。为此，我谨代表全体会员再次向到会的各级领导和嘉宾表示衷心的感谢和崇高的敬意！

巍巍太行，秀美晋城。这一方热土是我们共产党八路军成长壮大的福地。这里矿产资源丰富，人文资源优越，晋城人诚信热情、宽容厚道。改革开放以来，我们陕籍有7 000多人来晋经商办企业，借着天时、地利、人和的大好环境不断发展壮大，为晋城市的社会经济发展作出了一定的贡献。今天，商会的成立使我们的会员终于在晋城市有了自己的家，这个家是我们企业家抱团发展、团结合力的纽带，是互相学习、交流经验的平台，也是解决问题、谋势发展的桥梁，我们要把这个家建设好。我们要以科学发展观为引领，加强对会员的思想和政治教育，积极引导会员"爱国、诚信、敬业、守法、贡献"，提高会员综合素质，组织会员参与晋城地区各项经贸活动，推动会员企业做大做强、再创佳绩。我们要以完善组织机构功能、以服务立会为根本，进一步提高服务质量，维护会员合法权益，热情投入当地社会公益事业，扶贫帮困，为构建和谐社会作出贡献。

各位领导，各位来宾，各位会员，今天的成立大会是商会工作的起点，我们坚信商会一定能在理事会带领下，不辜负各级领导和陕籍乡亲的期望，真正成为陕商的贴心人，为促进晋陕两地的经贸交流和社会发展作出我们更大的贡献。

谢谢大家！

资料来源　潘厚德. 晋城市陕西商会成立大会闭幕词［EB/OL］.［2018-05-17］. http://www.jcsxsh.cn/cn/news05/119.htm.

简析：这是一则热情洋溢、催人奋进的闭幕词，既营造了晋城市陕西商会成立的隆重气氛，也展望了商会未来发展的美好前景。从结构上看，全篇由此次会议达成的成果及致谢开头，以回顾和评价作为主体，最后以展望和号召作为结尾，结构清晰，内容完整。

例文3-4　中国自动化学会副理事长于海斌在2016中国自动化产业年会上致闭幕词

尊敬的各位来宾：

在这明媚的春天里，非常高兴与在座各位借"2016中国自动化产业年会"之机，在北京欢聚一堂，总结和回顾过去一年自动化产业的发展历程，思考和探讨产业未来发展之道。

在活动最后，请允许我向在百忙之中抽出时间出席今晚活动的领导、专家、优秀企业代表以及方方面面关心与支持此项活动的人士表示最诚挚的感谢！感谢大家对中国自动化学会和本次活动的关注和支持！正是由于大家的鼎力支持与参与，才使本次活动取得圆满成功！

中国自动化产业年会自2006年起在各位嘉宾和自动化业界人士的大力支持下，已经连续成功举办了十一届，每届峰会紧扣时代脉搏，把握发展趋势，探寻行业风口，奉献了精彩的思想盛宴，彰显了业界的责任担当，成为国内最具影响力的年度盛会，对促进自动化产业的创新发展、转型发展、融合发展发挥了非常积极的作用。

当前我国经济进入新常态，自动化业界面临着新挑战、新机遇、新使命，本次年会以"新常态下协同创新，互联网+助力智能制造"为主题，探讨如何利用自动化技术为中国工业的由大变强添砖加瓦，为工业制造装备智能化、为中国的经济增长贡献力量。

我们期望通过今年的盛会，汇聚更多自动化人的力量，努力携手，脚踏实地，积极进取，开拓创新，承担起中国自动化人的责任。我们坚信，中国自动化产业一定会迎来更大的发展，创造更加骄人的业绩。

与此同时，我们期待"中国自动化产业年会"这个平台，能更有力地发出中国自动化产业的声音！为中国自动化人搭建一个更高、更广、更好的交流平台，为中国自动化产业的健康发展作出更大的贡献。

最后，祝大家一路平安！让我们相约明年春天再相见！

谢谢大家！

资料来源　于海斌. 在2016中国自动化产业年会上致闭幕词［EB/OL］.［2018-04-27］. http://www.kongzhi.net/news/ndetail.php？p=157018.

单元三　讲话稿

【引例】

2018年2月2日，英国首相特雷莎·梅在首次访华期间出席了由英国投资贸易署举办的中英商业论坛并作特别致词。浙江吉利控股集团作为中英两国优秀的企业代表受邀参加论坛，董事长李书福出席论坛并演讲。讲话全文如下：

尊敬的特雷莎·梅首相、各位领导、媒体朋友们，大家上午好！

感谢主办方的邀请，让我们在特雷莎·梅首相访华期间，有机会与中英两国的各位来宾、企业代表一起探讨两国经贸项目合作发展话题。

英国一直是中国珍视的重要经济合作伙伴。2015年，习近平主席对英国进行国事访问，开启了两国关系"黄金时代"，几年来，双方在贸易和相关行业领域的合作不断深化，步入发展的"快车道"。中英两国贸易的深化，带动了两国企业的交流和发展，作为中国制造企业的一员，我感同身受。中英作为两个具有全球影响力的大国，两国发展健康稳定、互利共赢的伙伴关系，不仅符合中英两国人民的根本利益，而且有利于世界的和平与繁荣。

2018年是中国全面贯彻中共十九大精神的开局之年，正值"一带一路"倡议提出5周年之际，中国经济社会进入新时代，中国企业成为经济全球化的重要参与者。受益于两国经济文化交流的良好氛围，吉利控股集团在英国的投资也获得了长足发展。2006年，吉利控股集团入股英国锰铜控股，并在中国建立了合资工厂；2013年，吉利从托管机构手中收购了锰铜控股的业务与核心资产——伦敦电动汽车

（LEVC）。几年间，吉利对伦敦电动汽车投资超过4亿英镑，建设了具有国际领先水平的研发和生产中心，新增直接就业岗位超过800个；在英国考文垂地区新修建的安斯蒂工厂，致力于轻量化电动商用车的研发生产，为英国和全球持续提供清洁、绿色能源的电动车型。这是中国汽车企业在英国第一笔绿地投资，也是十年来英国首个新车生产基地。

新能源汽车已经成为全球各国汽车产业发展的战略方向，市场规模急剧扩张，可喜的是，安斯蒂工厂下线的全新eTX电动版汽车，获得了伦敦的运载付费乘客的认证。采用增程式混合动力技术的eTX，续航里程高达645公里，其中130公里可实现零排放。未来，伦敦电动汽车公司将从单一产品、单一目标市场向多种产品、多个目标市场战略转型，eTX车型一上市就在阿姆斯特丹获得300辆订单，并有望登陆美国市场。2019年，中国也会投产新一代伦敦电动车。

去年6月23日，我们又收购了英国路特斯跑车51%的股权，全面行使路特斯跑车公司的经营管理权，我们计划加大投资，研发生产新一代路特斯多功能新能源汽车。

汽车是工业文明的象征，更是全球化潮流的标志。全球汽车产业的未来，取决于如何应对全球经济格局正在发生的深刻调整，取决于如何把握正在孕育兴起的新一轮世界科技革命和产业变革，取决于在开放合作协同创新中体系能力的提升。吉利控股集团愿意与英国的企业、机构精诚合作，通过创新、协同推动大数据、车联网、智能驾驶等方面的发展，创造更多高效的未来出行方式解决方案。

朋友们，新的时代已经来临，中国的改革开放也步入第40个年头，在"一带一路"倡议下，全球化还将继续，我相信开放合作、协同创新的机遇将多过竞争的挑战。我们期待以特雷莎·梅首相访华为契机，中英两国企业能够在更大范围、更高水平、更深层次上推动双方互利合作，共同打造中英关系"黄金时代"升级版。让我们携手并进，抓住新时代的机遇，完成新时代的使命，让世界更美好。

感谢倾听，谢谢大家。

资料来源 吉利李书福出席中英商业论坛并演讲全文［EB/OL］．［2018-05-26］．http://auto.cnfol.com/qichepinglun/20180202/25990085.shtml.

文章是给人看的，讲话则是给人听的。看起来顺眼的文章，听起来不一定顺耳。因此，讲话稿必须要抓住通俗化和口语化的特点。讲话要通俗，就是要适合人的听觉需要，适合听众的接受水平，容易让别人理解和接受。讲话要口语化，就是别人听起来顺耳，它要求语言朴素、自然，不装腔作势。案例中这个演讲稿之所以能够形象、生动、具体，别人听得懂、记得牢、印象深，就是因为充分把握了讲话稿写作的这些特点。

一、讲话稿概述

讲话稿又称演讲稿，它是演讲者演讲前准备的文字稿，它为演讲的内容和范围提供了依据、规范和提示，是演讲获得成功的重要保证。

有些演讲是不需要演讲稿的，如即兴演讲、列提纲演讲，但需要演讲者具有较高的修养及丰富的演讲经验，特别是即兴演讲，演讲者必须具有敏捷的"打腹稿"的才思，否则绝无成功的可能。那些能作精彩的即兴演讲的演讲家们，往往也都走过从写演讲稿至列提纲演讲再到即兴演讲的历程。并且，他们在作重要的演讲前，只要时间允许，为了做到万无一失，也都要精心撰写演讲稿并反复推敲。

具体来说，讲话稿的积极作用主要有以下四点：

（1）保证演讲内容的完善。演讲稿是演讲内容正确、全面、深刻和富有逻辑性的基本保证。

（2）保证演讲者临场发挥自如。写好演讲稿，演讲者对所讲内容及形式胸有成竹，演讲时便可消除心理上的顾虑和紧张，不必临时组织演讲思路，以免惊慌失措。

（3）能加强语言的规范化和表现力。经过语法、修辞方面的推敲，不仅可以避免用词不当、词不达意、带口头禅等弊病，使演讲口语更加规范化，同时也能使语言更有表现力。

（4）能帮助演讲者恰当地掌握时间。没有演讲稿的演讲者，往往会在演讲中失去对时间的把控。而写好演讲稿，试讲时发现问题就能及时调整，演讲时便不会出现前松后紧的现象。

讲话稿属于应用文体，但它不是一般的应用文，而是一种高级而特殊的应用文：它既具有一般议论性质的应用文的特性，如中心突出、逻辑严密、说理性强等特性，同时又具有文艺作品的艺术手法多样、感情色彩浓厚等特点。

讲话稿的基本特点如下：第一，具有鲜明的对象感和现场感。第二，具有突出的可说性和可听性。第三，具有灵活的临场性。

二、讲话稿的结构与写法

讲话稿一般由标题、称谓、正文、署名、日期五项构成。但撰写技巧主要体现在正文，正文又可分为开头、主体、结尾三个部分。

1.开头

讲话稿开头又叫"开场白"，它虽不是主体，却起着特殊的作用。英国有句谚语"良好的开端是成功的一半"，中国也有句谚语"万事开头难"，前者说的是开头的重要性，后者说的是开头难度大。

开头的作用主要有两点：一是建立演讲者和听众之间感情上的联系；二是打开场面，引入正题。开头的方法固然很多，然而万变不离其宗，即吸引听众，即刻抓住其注意力，打动他们听下去。在此介绍几种常见的演讲稿的开头。

（1）落笔入题，开宗明义。这种方式是开门见山，直截了当地揭示演讲主题。它运用得较为普遍，特别是一些比较庄重、严肃的演讲，常采用这种开头。这种开头的优点是干脆利落，中心突出，使听众一听就明白演讲的主旨是什么。

（2）提出问题，发人深思。这种开场白的优点在于能引起听众的注意力，引导听众积极地思考问题，参与到演讲的议题中去，而不是消极被动地听演讲。而且，由于听众带着问题去听演讲，也就必将增强其对演讲内容认识的深度和广度。

（3）故事开场，引出正题。故事的特点是内容生动精彩，情节扣人心弦，因而吸引力极强。演讲用故事开场，故事本身的生动性、形象性和趣味性，能即刻将听众的注意力和兴趣吸引过来。

（4）哲理名言，统领题旨。哲理名言是实践经验的结晶，它永远具有引人注意的力量，尤其是富有文采的哲理名言，对青年人来说有一种独特的魅力。直接引用哲理名言来开场，可以使演讲纲举目张。

（5）巧设悬念，引人入胜。巧设悬念的开场白，可以立即激发听众的好奇心，引起听众的注意，使听众始终关注演讲者的话题。

（6）结合现场，联络感情。这种开头能沟通演讲者与听众的情感，使听众对演讲者油然而生好感，从而首先在感情上便认可了演讲。

（7）展示实物，引申开去。拿出一些实物，如图画、照片、统计表等物品，展示给听众看，这是引起其注意的一个最直接的方法。

2.主体

这是讲话稿的重点。既要紧承开场白，又要内容充实、主旨鲜明，并合乎逻辑地逐层展开论述，还要设置好演讲高潮，以使听众产生心灵共鸣。

（1）主题鲜明突出。

（2）内容充实有说服力。

（3）层次清晰。演讲稿安排层次时要注意通篇格局，统筹安排，给人以整体感；要主次分明，详略得当，给人以稳定感；要互相照应，过渡自然，给人以匀称感。

（4）精心设置高潮。

3.结尾

俗话说：编筐编篓，贵在收口。演讲也是这样，当听众的激情被点燃后，对结尾的期待相应就更高了。这时只有使结尾比开头、主体更精彩，才能激起听众的兴趣，从而在热烈的掌声中结束演讲。

演讲结尾应完成四个任务：一要再现题旨，使听众加深认识；二要收拢全篇，使之统一完整；三要点燃听众激情，促其为之行动；四要耐人寻味，给予听众美的享受。

三、讲话稿的写作要求

1.了解对象，有的放矢

了解听众对象，了解他们的思想状况、文化程度、职业状况；了解他们所关心和迫切需要解决的问题是什么。不看对象，说得天花乱坠，听众也会无动于衷。

2.观点鲜明，感情真挚

观点鲜明，显示着演讲者对客观事物见解的透辟程度，能给人以可信性和可靠感。观点不鲜明，就缺乏说服力，就失去了演讲的作用。

3.事例要新鲜、典型、具体、感人

最好选择能引发听众同感的、自己亲身经历过的事件，但不能一味取悦听众，使用离题的甚至庸俗的事例。

4.行文变化，富有波澜

构成演讲稿波澜的因素很多。如果能掌握听众的心理特征和认识事物的规律，恰当地选材、安排结构，做到有起伏、有张弛、有强调、有反复、有照应，就能使演讲牢牢地吸引住听众，在听众心里激起波澜，引起共鸣。

5.语言口语化，通俗生动

表达演讲内容的语言始终要清晰通畅，尽量用短句，少用复杂的长句和倒装句，多用易于上口的双音节和多音节词语，多用利于声音传递的开口呼音节，不用或少用书面语；要充分运用多种修辞手法，如比喻、排比、拟人、反复、拟声等，使演讲文情并茂。

6.准备充分，随机应变

事前准备好的演讲稿并不是一成不变的，要根据演讲现场的情况做适当的增删，或是调整顺序。要有几种备用方案和材料，以免临场生变，拙于应付。

例文3-5　　　　　　　**李彦宏：移动互联网的时代已经结束了**

大家下午好！今天是第三届世界互联网大会召开的日子，也是我在这几年当中第三次来到乌镇。这次来后感觉乌镇发生了非常大的变化，最大的变化是感觉今年的乌镇特别温暖，即使是走在外面，也不用穿大衣了。当然这个不是根本性的变化，根本性的是乌镇的互联网环境所发生的变化。现在的乌镇具有覆盖全镇的无处不在的免费 Wi-Fi，有智能停车，有智慧医疗，等等。短短两年多的时间，乌镇已经变成了一个名副其实的互联网小镇。

我们做互联网的人，其实特别喜欢看到这样迅速的变化，我们也习惯了这样的变化。其实在步入互联网时代之前，IT 产业发展的几十年中一直都伴随着快速发展的技术，以及快速变化的市场，这些变化给人们带来了各种各样的惊喜，同时也带来了一些不适应。

有些事件在很多人看来可能是"黑天鹅事件"，但我认为它发生的背后有一些必然因素。前面两位政治家都谈到特朗普当选的事情，可能在美国精英阶层当中都认为这是一个"黑天鹅事件"，是一件没有想到的事情，但是从互联网的角度来看，其实有其必然性。在今天的互联网和社交媒体上，被传播得极其广泛的东西有很多是阴谋论、假新闻，是各种各样比较极端的感情抒发。我觉得特朗普正是抓住了互联网这样的传播特点，充分利用了 Facebook、Twitter 这样的互联网媒体，从而获得了足够多的

支持。

其实这些东西都是互联网所带来的变化，从而导致了某种意义上的必然结果。我认为美国的互联网公司、媒体公司也已经意识到这些问题，甚至很多公司一起成立了合作的组织、网站，教大家如何在网上辨别假新闻。比如有新闻说"观看特朗普竞选演讲的人远远比看希拉里的人要多"，附图为一张人山人海的照片，其实熟悉互联网的人用"以图搜图"的方式把这张照片输入进去，就会发现原图其实是美国一个体育比赛后人们聚集的场面。这些互联网的变化会深刻影响我们的社会，同时也会给我们带来很多过去未曾想到的东西。今天我想讲的主题是，今天的互联网已经处在一个新的阶段。两年前我来乌镇的时候还在讲，我们怎么样去适应移动互联网时代，今天我要讲的是移动互联网的时代已经结束了。

我说这个话不是说以后大家不会用手机来上网了，而是说如果今天一个公司还没有成立或者没有做大的话，靠移动互联网的风口已经没有可能再出现独角兽了。因为市场已经进入了一个相对平稳的发展阶段，互联网人口渗透率已经超过了50%。像百度成立的时候中国网民不到1 000万，今天是7亿多，我们很幸运从极少的网民人数一直跟着中国的互联网市场成长到现在一个比较大的体量，但是未来没有这样的机会了。那么未来的机会在哪里呢？我认为是人工智能。

人工智能其实也是从今年开始变得很火，每个人都非常关注。但是它会给我们每一个人、每一个行业、每一个国家带来什么样的变化？其实我觉得很多人还没有完全想清楚，但是每当我想到这些可能性的时候，都觉得非常兴奋。比如说今天在乌镇景区外面就有百度的无人车，有好多辆无人车可以让大家来试乘。一年前，我们还只能把它摆在展厅里让大家看静止的，而今天大家可以在公共的道路上来体验无人驾驶的乐趣。

再比如说自动翻译。今天的百度翻译已经可以支持20多种语言、700多种方向的相互翻译。未来的若干年，我们很容易想象语言的障碍会完全被打破，现在做同声翻译的人可能将来就没有工作了。

这样的可能性还有很多，比如说物联网。物联网在很多年前就被炒得很热，但是到现在一直没有发展起来，我认为它真正发展起来已经为时不远了。以后不管是你家里的电视、冰箱也好，还是现在坐的椅子、用的桌子也好，都可以用自然语言跟它进行对话，这样的一天我觉得也为时不远了。

这是列举的几个to C的例子，其实to B中有更多的可能性。比如说我们现在可以用人工智能的方法帮助医生去诊断各种各样的病人，有些病是非常罕见的，或者是同样的症状下有十万分之一的概率是某一种病，这种情况下医生的诊断不一定比电脑更准确；再比如说物流系统，目前中国路上跑的卡车有40%是空驶的，这样的话，物流效率怎么能够得到提升？其实人工智能、机器学习的方法可以带来很多的帮助。比如说我们每一个公司可能都有的客服，每天都在重复回答各种各样的问题，我们也可以用人工智能的方式，实时地识别客户问的问题，并且实时地提示这些客服：最优秀的客服人员、最优秀的销售人员是怎么回答这些问题的。

所以每每想起来这些可能性，无论是 to C 的可能性还是 to B 的可能性，我都觉得很兴奋。不仅仅是我个人，我觉得我们在座的每一个人，你们所处的每一个行业、所在的每一个国家，都会因为人工智能时代的到来而发生巨大的改变，我们需要重新想象每一件事情、每一个行业、每一个市场。

谢谢！

资料来源 网易科技. 第三届世界互联网大会 李彦宏：移动互联网的时代已经结束了［EB/OL］.［2018-01-16］. http://www.techweb.com.cn/internet/2016-11-16/2434429.shtml.

简析：在 2016 年 11 月召开的第三届世界互联网大会上，百度董事长兼 CEO 李彦宏在作主题演讲时称：移动互联网的时代已经结束，未来的机会是人工智能。论及时代的快速变化所带来的一些必然结果，他提及了当时美国总统大选热点，甚至还调侃因为人工智能的发展可能导致现场做同声翻译工作的服务人员将来会失去工作。这距他做客经济之声 2014 两会高端访谈《企业家说》栏目所发表的"当下移动互联网的大潮势不可当"的观点仅仅过了两年半的时间。我们在感慨时代发展之快之余，更能感受其在商务活动发言中所表现出来的语言的幽默和独特魅力。

例文 3-6 　　世界是由懒人创造的

今天是我第一次和雅虎的朋友们面对面交流。我希望把我成功的经验和大家分享，尽管我认为你们当中的绝大多数勤劳聪明的人都无法从中获益，但我坚信，一定有个别懒人去判断我讲的是否正确，觉得正确就效仿的人，可以获益匪浅。

世界上有很多非常聪明并且受过高等教育的人，无法成功，就是因为他们从小就受到了错误的教育，他们养成了"勤劳的恶习"。很多人都记得爱迪生说的那句话——"天才就是 99% 的汗水加上 1% 的灵感"，并且被这句话误导了一生。勤勤恳恳地奋斗，最终却碌碌无为。其实爱迪生是因为懒得想他成功的真正原因，所以就编了这句话来误导我们。很多人可能认为我是在胡说八道，好，让我用 100 个例子来证实你们的错误吧！事实胜于雄辩。

世界上最富有的人——比尔·盖茨。他是个程序员，懒得读书，他就退学了。他又懒得记那些复杂的 DOS 命令，于是，他就编了个图形的界面程序，叫什么来着？我忘了，懒得记这些东西。于是，全世界的电脑都长着相同的脸，而他也成了世界首富。

世界上最值钱的品牌，可口可乐。他的老板更懒。尽管中国的茶文化历史悠久，巴西的咖啡香味浓郁，但他实在太懒了，弄点糖精加上凉水，装瓶就卖。于是全世界有人的地方，大家都在喝那种像血一样的液体。

世界上最好的足球运动员罗纳尔多，他在场上连动都懒得动，就在对方的门前站着。等球砸到他的时候才踢一脚，这就是全世界身价最高的运动员了。有人说，他带球的速度惊人，那是废话，别人一场跑 90 分钟，他就跑 15 秒，当然要快一些了。

世界上最厉害的餐饮企业麦当劳，他的老板也是懒得出奇：懒得学习法国大餐的精美，懒得掌握中餐的复杂技巧，弄两片破面包夹块牛肉就卖，结果全世界都能看到那个"M"标志。必胜客的老板，懒得把馅饼的馅装进去，直接撒在发面饼上就卖，结果大家管那叫 PIZZA，比 10 张馅饼还贵。

还有更聪明的懒人：懒得爬楼，于是他们发明了电梯；懒得走路，于是他们制造出汽车、火车和飞机；懒得一个一个地杀人，于是他们发明了原子弹；懒得每次去计算，于是他们发明了数学公式；懒得出去听音乐会，于是他们发明了唱片、磁带和 CD。这样的例子太多了，我都懒得再说了。

还有那句废话也要提一下，"生命在于运动"，你见过哪个运动员长寿了？世界上最长寿的人还不是那连肉都懒得吃的和尚？如果没有这些懒人，我们现在生活在什么样的环境里，我都懒得想！

人是这样，动物也如此。世界上最长寿的动物叫乌龟，它们一辈子几乎不怎么动，就趴在那里，结果能活 1 000 年。它们懒得走，但和勤劳好动的兔子赛跑，谁赢了？牛最勤劳，结果人们给它吃草，却还要挤它的奶。熊猫傻了吧唧的，什么也不干，抱着根竹子能啃一天，人们亲昵地称它为"国宝"。

回到我们的工作中，看看你公司里每天最早来最晚走，一天像发条一样忙个不停的人，他是不是工资最低的？那个每天游手好闲、没事就发呆的家伙，是不是工资最高？据说还有不少公司的股票呢！

我以上所举的例子，只是想说明一个问题：这个世界实际上是靠懒人来支撑的，世界如此的精彩都是拜懒人所赐。现在你应该知道你不成功的主要原因了吧，懒不是傻懒，如果你想少干，就要想出懒的方法。要懒出风格，懒出境界。像我从小就懒，连长肉都懒得长，这就是境界。

资料来源　马云. 世界是由懒人创造的［EB/OL］.［2018-05-29］. http://www.docin.com/p-540560193.html.

简析：演讲是一门语言艺术。此篇演讲，本来可用"世界是由勤于思考的人创造的"为题，但马云却反其道而行之，从"懒人"说开去，因而一下子就吸引了听众，正所谓"语不惊人死不休"。"天道酬勤"是不变的真理。马云这篇幽默演讲，没有老生常谈地说教，而是开场直奔主题并含有悬念。既提出了演讲的关键字"懒"，又用了很多的实例来证实自己的观点。不过演讲题旨却在结尾，即启示员工们不要盲目地懒惰，而要做个思想上勤奋之人，要有所创造。这篇演讲给人以新的感悟：要想懒，就得寻找更佳的解决方案，懒不是傻懒，而是要懒出风格、懒出境界。不仅是懒人创造了世界，而且"方便"也缔造了成功。因为每次革新，其实质都是人们为了解放自己而进行的创新。

所以说，演讲要达到感召听众的目的，就不能空讲大道理去说教，这是最令听众反感的，而要将深奥的哲理浅显化，抽象的道理形象化，并善于通过"摆事实"来"讲道理"，从而使听众心悦诚服。此篇的正话反说，也是创业者创新思维的体现。

👆 **延伸阅读3-1**　　　　　**7类讲话稿的写作思路**

1.部署型讲话

（1）讲清开展什么工作及理论依据；

（2）讲清为什么要开展这项工作（现实意义）；

（3）讲清怎样开展这项工作，即步骤、方法及具体要求。

2.总结型讲话

（1）对前段工作开展情况作出基本评价；

（2）工作中取得的成绩，存在哪些问题（要有具体事例）；

（3）工作中的经验或不足要分析原因；

（4）下一步工作怎样开展，要有指导思想、工作目标、方法步骤、解决措施。

3.传达型讲话

（1）上级作出什么指示，出处（原文引用）；

（2）为什么要贯彻精神，重要意义是什么；

（3）回答如何贯彻，时间及方法要求，并提出具体贯彻意见。

4.表彰型讲话

（1）推广典型的精神是什么；

（2）号召与会者重点学习什么，归纳出普遍意义的思想和工作方法；

（3）指出措施和要求。

5.批评型讲话

（1）分析错误性质及造成的影响；

（2）分析产生的原因及责任；

（3）分析经验教训，指出防止错误产生的措施。

6.探讨型讲话

（1）指出新颖、深刻的问题；

（2）用充分、客观的事实和依据证明观点的正确性；

（3）得出有指导意义的结论。

7.汇报型讲话

（1）要抓住重点，语言要精练；

（2）要汇报做了哪些工作，指出下一段时期工作；

（3）说明存在问题，并提出解决方法。

课堂讨论 3-1

据无界传媒报道，马云随习近平主席访美期间，在中美企业家座谈会上演讲前临时对演讲稿进行了至少26处修改。比如：

1.在文首，他将"尊敬的企业家代表"改成了"各位企业界的同行"。

2.在"我借了2万元人民币开始创业"这句话后面，马云加了5个字——坚持到现在。

3.原稿中写到"43年前，尼克松访问杭州"，马云特意在"杭州"前面加上了"我的家乡"。

4.原稿中说"我们总是在花昨天的钱，花自己存下来的钱"。马云在这句话后面补充了一句——"中国人喜欢存钱"。

5.在谈到创业经历时，马云还特意加了一句——"今天的世界经济，更要呼唤企业家的开拓、创新精神"。

6.在谈到中美企业家交流的话题时，马云在"沟通非常必要而且重要"之前，加上了"真诚坦诚"四个字。

7.马云还在原稿中添加了——"双方企业家达成高度一致，我们中美两国谁也离不开谁，企业家要成为沟通的重要桥梁，建立互信达成市场共识，将会是我们共同的未来"。

8.在原稿最后的感谢环节，马云还特别加上了"谢谢主席，保重身体，预祝访问成功！"

从修改前后用词的对比上，可以窥探出马云的演讲技巧。你能说说上述的几处修改有什么好处吗？

他山之石 3-1　　　　　　　怎样写好领导讲话稿

领导讲话稿是机关文稿中最难写好的文种之一。笔者通过与几位资深"老秘"探讨并结合工作实际，认为写好领导讲话稿需要注意把握以下要点：

符合领导意图

讲话稿是领导的讲话，如何发挥需要严格依据领导意图来进行，而不能自己随意天马行空。当然，贯彻和符合领导意图并非绝对的"奉命行事"，如果在领会领导意图中发现有什么不妥，有什么疏漏，应该大胆地向领导提出来，及时修正。

取好标题

通常情况下，很多人会以为标题写成"××的讲话"就可以了。其实不然，题好文一半，有一个好的题目，又有优秀的小标题，一篇讲话才有了主心骨。一个好标题必须具备这样特点：既要简洁准确、生动鲜明，又要表达核心思想、反映事物本质，还要让听者一闻钟情、引发共鸣。简而言之，就是聚焦准确、站高望远、精辟独到。

提炼观点

所谓观点，在讲话稿中，就是将主题渗透到内容的关键性提法和主张。有时候表现在段落的小标题，有时候出现关键句，即观点无常势。

第一是确定。观点要围绕主题来展开，切莫"离题千万里"。

第二是明确。观点的态度要明确，直截了当，绝不能模棱两可。

第三是准确。观点要符合上级精神，切合本地实际。

结构合理

结构是讲话稿的骨架，它是围绕讲话主题的需要，通过层次与段落进行合理的组织与安排，使各部分紧密衔接、彼此响应，共同为主题服务。

第一，内容决定结构。结构必须谋定而后动，紧密围绕内容，紧紧扣住主题思想谋划结构，在结构中凸显主题思想，谨慎考虑全文如何布局，采取哪个具体的结构。

第二，不能"墨守成规"。讲话稿的结构不应该有某种"模式"，固守模式必然导致结构雷同，那就呆板和僵化了。

第三，要富有逻辑性。结构做到严谨完整，但是也要根据实际情况的需求善于变化，要像写书法一样讲章法，安排结构主次得体、详略得当，分清轻重缓急。

常见的结构有以下几种：

并列结构。这种结构各块都是呈"平等"关系，譬如讲党管人才工作的，第一部分讲通过"万人计划"立足本土培育人才，第二部分讲通过"千人计划"大力引进海外人才，依此类推，各块都是为中心服务。

递进结构。这种结构各块之间存在一定的逻辑关系，还是比如讲党管人才工作的，第一部分讲什么是党管人才，第二部分讲为什么开展党管人才，第三部分则是怎么去开展党管人才，循序渐进式地铺展开来。

总分结构。这种结构是先集中说，再分开说。继续以党管人才工作为例，它需要提出党管人才工作的指导思想、目标任务和基本原则，后边则是党管人才工作具体要求、步骤和方法等层次，这样逻辑上更顺当。

开头与结尾

讲话稿的开头把握一个核心——开门见山，只要做到开宗明义，不必拘泥于某种具体格式。

结尾的处理上主要把握语句的使用，语句使用上要与整篇讲话前后呼应，同时力求一定的气势和节奏感，念起来富有号召力和感染力，能够把整篇讲话推向高潮。

遣词造句

汉语中的词汇一个很鲜明的特点就是同义词、近义词多。但在特定的语言环境中，表达某一个概念通常只有一个词语是最准确的。在行文间必须保证用词得当，把最恰当的字、词、句置于最合适的位置。

此外，写讲话稿的过程中，在开头、结尾、小标题等关键的位置应当巧妙安排运用一些特别形象生动的字、词、句，从而助力全文提升档次。

语言平易近人

讲话稿不能只讲空话而不讲道理，道理不讲清楚听众就不理解，布置的工作就难以贯彻。要把讲道理与谈实际工作相融合，听起来既像在讲道理，又像在谈工作。

同时，领导讲话是直接面对听众说出来的，所以倡导口语化，避免听者有生硬之感。撰写讲话稿时注意用词通俗易懂、语气亲切自然、句子生动鲜活、句式轻松这四点，稿子自然有了平易近人的效果。

资料来源 蒋妥. 怎样写好领导讲话稿 [N]. 中国组织人事报，2015-04-29.

单元四　公关函柬

【引例】

中国建设银行湖南省分行定于2009年6月26日15时在其财富管理中心多功能厅隆重举行"私人银行卡""财富卡"首发仪式，特邀请其大客户和嘉宾光临，为此专门制作了请柬（如图3-1所示）。

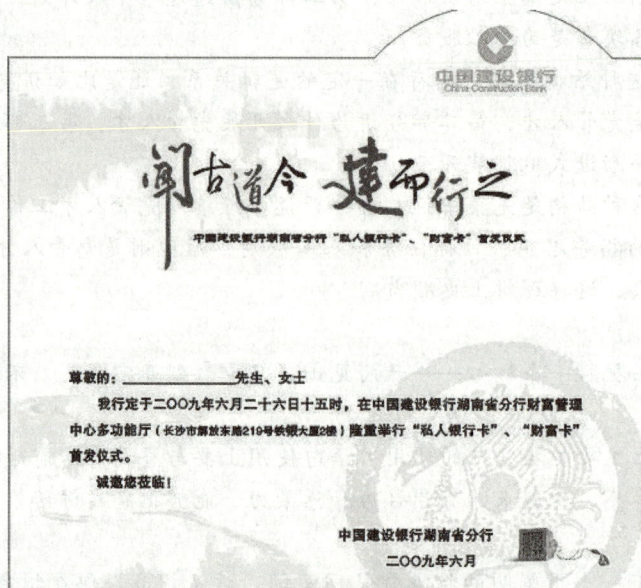

图3-1　中国建设银行湖南省分行请柬

在商务公关活动中，经常会使用一些公关函柬。一般来说，公关函柬包括公关柬帖和公关信函两类，前者是指在公关活动中用于社交往来和礼仪应酬使用的柬帖；后者是指在公关活动中用于社交往来、营造良好人际关系的书信。

本单元中，我们将简要介绍请柬、感谢信和慰问信的写作方法。

一、请柬

请柬是私人和公务场合中广泛使用的一种文书形式，是人们举行庆祝活动或某种聚会时，为表示对客人的尊重和邀请者的郑重态度，专门向邀请对象发出的邀请文书。

1.请柬的结构与写法

请柬通常由标题、正文、结尾、落款和时间组成。

（1）标题写在封面上，如"请柬""请帖"。

（2）正文是请柬的主体，要准确写明受邀请人的姓名，拟举行的活动名称，活动的时间、地点及注意事项等。要尽量做到用词准确、精练、恳切、得体。

（3）结尾处空两格写上"敬请""恭候"等字样和"光临""莅临"等字样。

（4）落款写在下方由发柬者署名，另起一行注明日期。

2.请柬的写作要求

（1）请柬是邀请宾客用的，所以在款式设计上要注意其艺术性，设计精美的请柬会使人感到快乐和亲切。

（2）一般说来，举行重大的活动，对方又是作为宾客参加才发送请柬。寻常聚会或活动性质极其严肃、郑重，对方也不作为客人参加时，不应发请柬。

（3）请柬的篇幅有限，书写时应根据具体场合、内容、对象，认真措辞，行文应达、雅兼备。达，即准确；雅，即讲究文字美。

请柬写好后，最好提前3~5天发出，以便受邀者安排时间。

课堂讨论 3-2

请柬与邀请函是一样的吗？请和大家分享你的观点。

例文 3-7   请 柬

×××先生：

兹定于2018年7月15日（星期日）下午4时30分假座上海市黄浦区九江路595号上海古象大酒店三楼宴会厅举行"HELLO香港！"时装表演及酒会。

敬请

光临！

祈请赐复（附回条）

电话：021-×××××××

如蒙出席，请着正装！

请携柬出席，并在嘉宾席入座

香港贸易发展局

上海市国际贸易促进委员会

上海工商联纺织服装商会

2018年5月30日

简析：这是一份典型的商务请柬。本请柬规范地说了商务活动的时间、地点以及参加要求，措辞准确，礼仪周到。

二、感谢信

感谢信是一种礼仪文书，是向帮助、关心和支持过自己的集体或个人表示感谢的专用书信。根据寄送对象的不同，感谢信可分为三种：直接寄给感谢对象的感谢信；寄送给对方所在单位有关部门或在其单位公开张贴的感谢信；寄送给广播电台、电视台、报社、网站等媒体公开播发的感谢信。

1.感谢信的结构与写法

感谢信一般由标题、称谓、正文、结语、署名五部分构成。

（1）标题。感谢信的标题直接写明书信名称，也可以写上收、发双方的名称。私人间的感谢信一般不必写出标题。感谢信的标题写法有以下几种形式：一是"感谢信"——单独由文种名称组成，如果是写给个人，这三个字可以不写。二是"致××的感谢信"——由感谢对象和文种名称共同组成。三是"××致××的感谢信"——由收、发双方和文种名称组成。

（2）称谓。称谓写受谢者名称及称呼。开头顶格写被感谢的机关、单位、团体或个人的名称或姓名，姓名前可加敬语（如"尊敬的""亲爱的"等），姓名后可加适当的称呼（如"先生""女士"等），称呼后用冒号。

（3）正文。正文写出致谢的内容，包括对方的事迹行为、主要品质，以及自己的感激之情。通常情况下，可分别列出感谢理由、表达谢意和揭示意义三部分。

（4）结语。结语一般表示祝愿或敬意。

（5）署名。署名是留下致谢单位名称或个人姓名及日期。

2.感谢信的写作要求

（1）感谢信要求感谢对象确定，让大家都清楚是在感谢谁。

（2）表述事实要具体，突出细节。

（3）注意感情色彩，写出真情实感，语言亲切、生动。

例文 3-8   **感谢信**

国电南京自动化股份有限公司：

南京市2014年青奥重点工程项目——南京至高淳城际轨道南京南站至禄口机场段工程（简称：南京地铁机场线）已投入正常运行四个多月，由贵公司承担的南京地铁机场线工程综合监控系统总承包项目为机场线的顺利开通提供了强有力的保障，在此，为贵公司在本工程中给予我们的大力支持和配合表示衷心的感谢！

南京地铁机场线工程作为南京市2014年青奥会配套工程，工期紧、任务重、集成度高，且综合监控系统为地铁开通运营前必须完成系统安装调试的主要系统之一。为此，贵公司项目部按工期要求认真编制工程实施计划，从设计确认、生产调试、设备供货、现场施工、系统调试、系统联调、工程验收到现场保障运行，从没因任何客观条件而产生延误，确保综合监控系统在机场线开通运营前完成系统调试验收工作，并为机场线开通运营后提供现场运行保障，用实际行动给予我们支持，为南京地铁机场线正常运营提供了保证。

为此我们特别向贵公司表示感谢，同时向贵公司项目部全体人员（顾建中、朱恩云、姚志强、李田、谢新文、吴迅、丁文俊、袁凌琪、段文红、张海茜、王小涛、侯亚奎、包勤峰、金星等）致谢！

南京元平建设发展有限公司
2014 年 12 月 8 日

资料来源　南京元平建设发展有限公司. 感谢信［EB/OL］.［2018-06-19］. http://www.sac-china.com/show.asp? id=39.

简析：这是一封南京元平建设发展有限公司向国电南京自动化股份有限公司发出的感谢信，信中简要说明了南京地铁机场线项目的建设情况，对合作伙伴——国电南京自动化股份有限公司项目部给予的施工配合表示了衷心感谢。一封情真意切的感谢信，为今后双方的继续合作做好了铺垫。

三、慰问信

慰问信是向对方表示关怀、慰问的信函。它是以组织或个人名义，向有关集体或个人表示慰劳、问候、致意的专用书信。慰问信包括三种：第一种是表示同情安抚；第二种是表示节日问候；第三种是表示表彰慰问。

1.慰问信的结构与写法

慰问信的格式与感谢信大致相同，由标题、称谓、正文、结语和署名等内容组成。

（1）标题。标题通常由文种名称单独组成，即"慰问信"；或由慰问对象和文种名称组成，如"致××班组的慰问信"；还可由慰问双方和文种共同组成，如"××××有限公司致全体离退休老同志的慰问信"。

（2）称谓。顶格写受慰问者的名称或姓名、称呼。

（3）正文。一般由发文原因、慰问事由、提出希望或要求等部分构成。

（4）结语。通常在此处表示祝福、祝愿。

（5）署名。署上发文单位或个人的名称或姓名，并签署日期。

2.慰问信的写作要求

（1）要根据所慰问的不同对象，确定信的内容。

（2）字里行间要充分体现关心和温暖，使受慰问者在精神上得到安慰和鼓励。

（3）慰问信的抒情性较强，语言要亲切、生动。

例文 3-9　　　　　　　　　　**致海外员工的慰问信**

中国石化驻外机构的同事们：

丹凤来仪，金鸡报晓。值此新春佳节之际，我代表集团公司，特向你们和你们的家人，并通过你们向外籍员工和合作伙伴，致以诚挚的慰问和美好的祝福！给你们拜年啦！

回首2016年，面对低油价带来的严峻挑战和复杂多变的经营发展环境，你们认真贯彻落实集团公司决策部署，以强烈的责任感，克服种种困难，扎实工作，主动作为，取得了来之不易的成绩。特别是，海外油气业务改革脱困初见成效，炼化业务"走出去"实现突破，工程技术服务开拓海外市场逆势上扬，原油、成品油等国际贸易实现新发展，投资、科技等国际合资合作扎实推进，为集团公司转方式调结构、提质增效升级作出了重要贡献。在工作中，你们切实履行社会责任，在扩大就业、改善民生、培养人才、保护环境等方面，赢得了驻在国（地区）政府和民众的充分肯定。这些成绩的取得，凝结着你们的辛勤付出，凝结着你们家人的全力支持。衷心感谢你们！

展望2017年，机遇和挑战并存，困难与希望同在。我们要未雨绸缪、积极应对、趋利避害。希望工作在海外的同志们进一步强化责任担当，自觉加强上中下游协调配合，更加注重风险防控，坚定信心、迎难而上，齐心协力、奋力拼搏，力争取得更好的经营业绩。大家在海外工作，肩上的担子很重，面临的困难很多。希望你们增进团结，互相帮助，安排好工作，调节好生活，保护好身体，确保身心健康，确保工作生活愉快。

衷心祝愿大家新春吉祥、阖家幸福、万事如意！

王玉普
2017 年 1 月 23 日

资料来源　王玉普. 致海外员工的慰问信［N］. 中国石化报，2017-01-23.

简析：在新春佳节来临之际，中国石化集团公司董事长、党组书记王玉普向全体海外员工致慰问信。在这封慰问信中，既回顾了过去，也介绍了现在、展望了未来，既有理论高度，也有政策温度，对全体海外员工给予高度的赞扬，表达了崇高的敬意。把话说到人的心坎上，就能打动人、感化人。慰问信只有表达出感同身受的理解和关怀，看到对方的努力和成绩，寄寓着重重的敬意和勉励，才能让被慰问者感受到组织的温暖、同志的关心、亲人般的怜爱，从而进一步树立克服困难、再创佳绩的信心，发挥慰问信强大的情感和精神的感召力。

例文 3-10　　　　　　　　慰问信

全省广大医务工作者：

当前，疫情防控正处在紧要关头。全省广大医务工作者有勇气、有担当，以生命赴使命，用挚爱护苍生，无私奉献、英勇奋战，同时间赛跑、与病魔较量，战斗在疫情防控第一线，以"快、严、实"的硬措施坚决遏制疫情扩散蔓延，用心血和汗水守护人民群众生命安全和身体健康，全力打好打赢这场疫情防控硬仗，你们辛苦了！在此，省卫生健康委党组向你们致以亲切的问候和崇高的敬意！向默默支持你们的家人表示衷心的感谢！

生命重于泰山，疫情就是命令，防控就是责任。全省广大医务工作者牢记习近平总书记殷殷嘱托，挺身而出、冲锋在前，不畏困难和风险，舍小家为大家，夜以继日奋战在检测防控、疫苗接种、医疗救治、科研攻关、病毒消杀、防疫宣传等各个战场；广大基层党组织和共产党员充分发挥战斗堡垒和先锋模范作用，党旗在战疫一线高高飘扬。你们的感人事迹充分彰显了伟大抗疫精神，展现了"珍爱生命、崇尚科学、乐于奉献、团结进取"的广东医生精神。你们是当之无愧的白衣战士，你们是人民生命健康的"最美守护者"，你们是新时代最可爱的人。

危难面前见忠诚，挑战面前显担当。全省广大医务工作者要增强"四个意识"、坚定"四个自信"、做到"两个维护"，坚决贯彻落实习近平总书记、党中央决策部署，坚持人民至上、生命至上，坚定信心、迎难而上，舍小我顾大局，以小家撑大家，继续发扬连续作战的顽强作风、保持一往无前的奋斗姿态，共同守护我们的美好家园。

我们坚信，有以习近平同志为核心的党中央坚强领导，有全省上下的众志成城、团结奋斗，我们一定能够尽快遏制住疫情蔓延，全力打好打赢这场疫情防控硬战，向党和人民交出一份满意答卷。

中共广东省卫生健康委党组

2021年6月8日

资料来源 广东省卫生健康委员会. 慰问信［EB/OL］.［2021-06-16］. http://wsjkw.gd.gov.cn/zwyw_gzdt/content/post_3310674.html.

他山之石3-2   **慰问信的类型及其写作**

慰问信是机关、团体、单位、个人常用的一种专用书信。它除了发送给受信者以外，还适用于公开张贴，在会议上当众宣读，在传媒上公开发表，因此，它在社会上有着较大的影响。

慰问信不仅有较大的影响，而且有较大的作用。它体现和谐社会大家庭中组织的温暖、人们的关爱、亲友的情谊，使受信者得到精神上的安慰，增强继续努力的决心，增添克服困难的勇气，节制失去亲人的悲痛，为共创和谐社会及其美好前景而不断奋斗。因此，写好慰问信，充分发挥慰问信的作用，在当今社会具有一定的现实意义。

写作慰问信，首先遇到的一个问题是，慰问信的受信对象比较广泛，不同的慰问对象，有不同的写作要求。

因此，写好慰问信的第一要义，在于区别不同的慰问对象，这就要求写作者尤其是经常受命写作慰问信的办公室秘书人员，认真研究和仔细区分慰问信的类型。

慰问信依据受信对象不同，可以分为三种类型：第一种是慰勉型慰问信；第二种是慰藉型慰问信；第三种是慰唁型慰问信。

1.慰勉型慰问信的对象和正文写作

慰勉型的慰问信，一般适用于慰问因有卓越功绩、突出贡献、杰出成就而受到社会普遍尊敬的群体、集体、个人。例如：春节前夕，向军烈属和坚守工作岗位的广大群众表示慰问；妇女节前夕，向广大妇女尤其是妇女中的杰出群体和优秀代表表示慰问；劳动节前夕，向劳动模范、先进工作者和广大工农群众表示慰问；建军节前夕，向部队和广大军人表示慰问；教师节前夕，向教育系统的园丁们表示慰问。又如：在战胜长江特大洪水灾害的日子里，向抗洪的英雄们表示慰问；在抗击非典疫情泛滥的日子里，向白衣天使们表示慰问；在北京奥运会结束后，向奥运冠军及其教练们表示慰问；在"神舟"飞船遨游太空后，向航天英雄及为此作出重大贡献的人们表示慰问。

慰勉型慰问信的正文，重点是赞扬和歌颂他们为社会所作出的卓越功绩、突出贡献、杰出成就，反映和宣传他们的光辉事迹和不朽精神，向他们致以敬意，表示向他们学习。

2.慰藉型慰问信的对象和正文写作

慰藉型的慰问信，一般适用于慰问因遭到种种不幸和遇到一时挫折而值得同情和关爱的群体、集体、个人，包括社会上的种种弱势群体。例如，向灾区同胞表示慰问，向残疾朋友表示慰问，向伤病人员表示慰问，向孤儿寡老表示慰问，向特困家庭表示慰问。又如，对落榜者、失恋者、离异者、下岗者、患病者等表示慰问。

慰藉型慰问信的正文，重点是对他们遭到的不幸和遇到的挫折表示同情，对他们的困难表示关爱，对他们为消除不幸、应对挫折和克服困难所作出的努力表示肯定和赞扬，鼓励他们为此而继续努力，还可表示给予某种支援、帮助，或对他们如何走出困境有所指点、提出建议。

3.慰唁型慰问信的对象和正文写作

慰唁型的慰问信，一般适用于慰问因亲人去世而悲痛的家属和亲属。

慰唁型慰问信的正文，重点是慰抚他们的悲痛心情，希望他们节哀顺变，尽快从悲痛的心境中走出来，化悲痛为力量，实现去世者生前的遗愿，告慰去世者的在天之灵。

通过对上述三种类型慰问信的研究，可以给慰问信下这样的定义：慰问信是向受信者表示慰勉、慰藉、慰唁礼节时所使用的一种专用书信。还可以看出慰问信有这样的特点：一是极强的针对性，不同的慰问类型和对象选用不同的写作素材和用语；二是感情色彩浓厚，以情立言和贯文；三是语言亲切感人，使受信者感到温暖。慰问信的文本结构，依次由标题、称呼、启语、正文、结语、署名、日期七部分组成：

（1）标题或以文种"慰问信"为题，或是致慰问对象+文种"慰问信"，或是发信者+"在××节"+致慰问对象+文种"慰问信"，或者不用标题（如私人之间尤其是亲朋好友之间的慰问信）。标题置于首页上方居中位置，字号稍大。

（2）称呼是对受信者的称谓。群体、集体的称呼，使用规范的泛称。个人称呼的使用，与私人信函称呼的用法相同。称呼顶格书写，后加冒号。多个称呼，按有关次序排列，一行排列不完，可提行再排列，提行时仍要顶格，最后加冒号。

（3）启语简短，独立成段。内容是问候语或致敬语，可点明背景和缘由。

（4）正文按不同的类型和对象有不同的侧重点，上文已述。

（5）结语，或是致敬语，或是祝愿语，或是勉励语，可兼而有之。

（6）署名是发信者的签名。单位署名用全称，加盖单位印章。集体署名用泛称。个人署名同于一般书信。署名置于结语下一行右侧。

（7）日期是签署之日，年、月、日齐全，规范书写，置于署名下一行相应位置。

资料来源　刘耀国. 慰问信的类型及其写作［J］. 办公室业务，2009（1）.

🔗 思政园地

1921年7月12日，是共产国际第三次代表大会的最后一天，莫斯科大剧院5 000多个座位无一虚席。列宁、季诺维也夫、布哈林及大会主席团成员出席会议。会议气氛庄重、严肃。会议安排张太雷在大会上代表中国共产党作演讲。这是中国共产党代表第一次向全世界发布宣言，张太雷、俞秀松、杨明斋十分珍惜通过斗争得来的机会。

大会主席团鉴于发言人多和时间关系，每位代表发言不得超过5分钟。只有5分钟的演讲，张太雷打动了所有的代表，大家纷纷起立致敬。在主席台前排就座的列宁等共产国际领导人，微笑着和代表们一起站起来，为中国共产党第一次在共产国际舞台上亮相，频频鼓掌、致意。

推荐阅读：倪良端. 张太雷：第一个登上共产国际舞台的中国共产党人〔J〕. 世纪风采，2019（12）。

项目概要

欢迎词是由东道主出面对宾客的到来表示欢迎的讲话文稿。欢送词是指在欢送集会或欢送仪式上，对某人或某些人的离去表示欢送、惜别或祝愿的致词。欢迎词和欢送词都是由首部、正文和结束语三部分组成，具有交流性、抒情性和简约性的特点。

开幕词是会议讲话的一种，是党政机关、社会团体、企事业单位的领导人在会议开幕时发表的讲话，旨在阐明会议的指导思想、宗旨和重要意义，向与会者提出开好会议的中心任务和要求。闭幕词是指党政机关、企事业单位和社会团体的领导人在重要的会议结束之时所做的带有总结性、评价性的讲话。开幕词、闭幕词均由首部、正文和结束语三部分组成。

讲话稿又称演讲稿，它是演讲者演讲前准备的文字稿，它为演讲的内容和范围提供了依据、规范和提示，是演讲获得成功的重要保证。讲话稿一般由标题、称谓、正文、署名、日期五项构成。其撰写技巧主要体现在正文，正文又可分为开头、主体、结尾三个部分。

一般来说，公关函柬包括公关柬帖和公关信函两类，前者是指在公关活动中用于社交往来和礼仪应酬使用的柬帖；后者是指在公关活动中用于社交往来、营造良好人际关系的书信。请柬通常由标题、正文、结尾、落款和时间组成。感谢信一般由标题、称谓、正文、结语、署名五部分构成。慰问信的格式与感谢信大致相同，由标题、称谓、正文、结语和署名等内容组成。

项目测试

一、简答题

1.简述欢迎词和欢送词的结构。

2.简述欢迎词和欢送词的写作要求。

3.开幕词与闭幕词分别具有哪些特点？

4.开幕词和闭幕词的写作要求有哪些？

5.讲话稿具有哪些特点？一般由哪些部分构成？

6.请柬一般由哪几部分构成？

7.慰问信一般有哪几种类型？

二、写作训练

1.2018年年初，鑫宇煤炭气化有限公司就积极响应国家征兵宣传号召，认真部署安排，发动公司适龄青年职工报名，通过一系列严格筛选，最终3名符合条件的青年职工应征入伍。请为公司经理撰写一份在新兵入伍欢送会上的致词，其他材料自定。

2.校园文化艺术节是师生们共同的节日。本届校园文化艺术节特别邀请了长期以来关心支持本校发展的教育部门领导、企业界人士、兄弟学校领导莅临。请你写一份开幕词，注意要突出"唱响青春、放飞梦想"的主题。

3.假设你是某大学的学生周靖，你校英语俱乐部将选举新一届副主席，负责规划、组织俱乐部的相关活动，你欲参选，请按以下提示（可适当地加入细节，以使内容充实，行文连贯），写一篇竞选演讲稿。

（1）个人的优势介绍（如性格、特长等）；

（2）组织校内的活动的设想（如举办讲座、英语晚会等）；

（3）组织校际交流活动的设想（如举办辩论赛、演讲比赛等）；

（4）表达竞选的愿望。

4.随着时代的发展和科技的进步，传统的请柬在新技术的推动下有了令人耳目一新的呈现形式。请尝试用"易企秀"制作一封电子请柬，并与同学们分享你的创意。

项目四

商务告启文书

学习目标

1.了解商务告启文书的类型和文体特点；
2.熟悉不同种类商务告启文书的写作要求。
3.能够根据企业的需要规范地撰写商务告启文书。

商务告启文书是为了达到告知、宣传、招揽等目的，将有关信息通过公众媒体公之于众的事务文书。告知类文体既具有告知功能，将单位或个人事务告知公众，求得公众支持与帮助，同时它还有人际交往的功能，发挥宣传鼓动参与、招揽生意的社会作用。商务告启文书宣传范围广，影响面大，读者群体多，社会效果比较显著。

在本项目中我们主要介绍声明、新闻稿、商业广告、商品说明书和商务微博、微信公众号的写作方法。本项目结构导图如下：

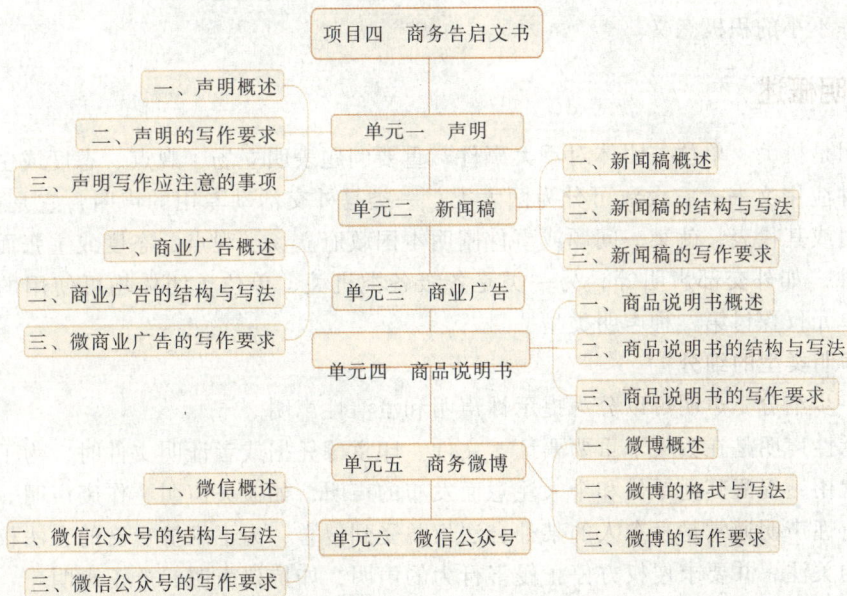

```
                    项目四  商务告启文书

   一、声明概述
   二、声明的写作要求          单元一   声明
   三、声明写作应注意的事项                      一、新闻稿概述
                            单元二   新闻稿   二、新闻稿的结构与写法
                                            三、新闻稿的写作要求
   一、商业广告概述
   二、商业广告的结构与写法      单元三   商业广告
   三、微商业广告的写作要求                       一、商品说明书概述
                            单元四   商品说明书  二、商品说明书的结构与写法
                                            三、商品说明书的写作要求
                            单元五   商务微博    一、微博概述
   一、微信概述                              二、微博的格式与写法
   二、微信公众号的结构与写法    单元六   微信公众号  三、微博的写作要求
   三、微信公众号的写作要求
```

单元一　声明

【引例】

2018年8月11日，爱奇艺、优酷、腾讯视频联合正午阳光、华策影视、柠萌影业、慈文传媒、耀客传媒、新丽传媒六大影视制作公司发表了《关于抑制不合理片酬，抵制行业不正之风的联合声明》。声明指出，将加强对当下影视行业存在的如天价片酬、"阴阳合同"、偷逃税、不遵守合约等诸多乱象问题进行治理，推进依法纳税，促进影视行业健康发展。

该声明着重强调了两点：

一是共同抵制艺人"天价"片酬现象。每部电影、电视剧、网络视听节目全部演员、嘉宾的总片酬不得超过制作总成本的40%，主要演员片酬不得超过总片酬的70%的最高片酬限额制度；单个演员的单集片酬（含税）不得超过100万元人民币，其总片酬（含税）最高不得超过5 000万元人民币。

二是共同抵制偷逃税、"阴阳合同"等违法行为。对有上述不正之风的个人与机构，三家视频网站与六大影视制作公司将协同建立黑名单机制，一经核实将停止一切合作，并依法向相关部门反映情况。

资料来源　卢扬，郑蕊. 九公司联合声明抑制不合理片酬［N］. 北京商报，2018-08-11.

近年来，天价片酬一直是行业的热门话题。一线艺人、流量明星的片酬频繁突破天花板，引来民意声讨。爱奇艺、优酷、腾讯和制作方联手来制定一些倡议，或者做一些表达，实际上就是促使行业进行一些自我协调、自我管理，有一定的积极作用。考虑到三大视频平台的市场占有率外加六大影视制作公司所形成的足够影响力，联合声明肯定能够发挥不小的积极意义。

一、声明概述

声明是机关、单位、团体对重大事件、重要问题表明立场、观点、态度或主张而发表的一种应用文书。它大致可分为两大类：一类是外交活动专用的声明，它是由政府、外交部门或其代表，就某一问题或事件阐明本国政府立场、观点、态度或主张而发表的外交文件，如外交部声明等；另一类是各级各类机关、单位、团体均可使用的通用声明。本单元仅探讨第二种声明类型。

1.声明类型的细分

进一步细分，声明可以分为提示性声明和澄清性声明。

提示性声明是在丢失了重要票证、文件、印章等凭据或者证明文件时，为了防止他人冒领冒用，提醒其他单位和个人注意而发布的声明，如遗失声明、作废声明。

澄清性声明通常是发布人的某种合法权益受到侵害，为了维护自己的合法权益，引起公众的关注，并要求侵权方停止侵害行为的声明，如抗议声明、严正声明。

2.声明的特点

（1）严肃性。声明是向社会大众公开说明、表明立场、观点的文书，表现出维护自身合法权益的坚决态度，因此，声明应当具有一定的严肃性。

（2）针对性。声明内容应简洁有力，就事论事，针对一个或多个侵权行为发表严正声明，说明其产生的恶劣社会影响及造成的直接经济损失，要求对方停止侵权。忌顾左右而言其他，啰唆赘述，借题发挥。

（3）警示性。发布声明的主要目的就是让对方停止侵权行为，因此声明应当具有一定的警示性，声明中明确指出对方侵权行为对自身造成的不便，表明可能采取法律途径进行维权的严正态度，警告对方，收到震慑效果。

（4）说明性。为澄清事实，消除误解，发布的声明以说明事实真相为主要内容，具有说明性的特点。

二、声明的写作要求

声明由标题、正文和尾部三部分组成。

1.标题

声明的标题有三种写法：一是由单位名称、事由、文种名三部分构成；二是由事由和文种名两个部分构成，如"遗失声明"；三是直接用文种名"声明"二字为标题。

2.正文

声明的正文部分一般由发表声明的缘由、声明事项和声明者的态度几个部分构成。

声明的缘由。这一部分简明扼要地交代发表声明的原因。如，"近日，我会多次接到消费者、经营者来电咨询或者核实其遇到的诸如3·15诚信品牌证书、互联网3·15品牌官网证书等涉及3·15的认证是否由我会发起或者参与事宜。此前，我会也曾接到类似咨询、投诉。在此，中国消费者协会严正声明如下"。

声明事项。简明扼要地交代发布声明的缘由和目的之后，紧接着直接陈述声明事项。提示性声明要交代清楚受文对象须知的各种具体事项。如关于遗失重要票据、证件一类的声明，既要写清楚遗失了什么，还要写清支票的号码和银行账号，证件、执照的签发机关和编号等重要信息，然后"声明作废"。澄清性的声明主要陈述清楚事实，使公众明白该事件或行为与声明人无关或并非声明人的真实意愿。

声明者的态度。这一部分是在陈述声明事项的基础上，表明声明发布者的态度。如，遗失类的声明在"声明作废"的同时，提请受众注意有可能发生的他人冒领冒用的行为，并明确表示自本声明发布之日起，因声明作废的证件等发生的一切责任与自己无关。澄清性声明表明自己将针对相关事件做出怎样的反应。

3.尾部

声明的尾部包括署名、时间和附项三项内容。署名是指发布声明的单位名称或个人签署自己的姓名。时间是指发布日期。

有的声明正文内容中写有希望公众检举揭发侵权者的意思，还应在署名项目的右下方附注自己的联系方式，以便于联系。

三、声明写作应注意的问题

第一，声明是一种严肃庄重的文体，写作时一定要注意语言分寸，措辞要严谨，语气要坚定。不能言辞过激，更不能随意指责和谩骂。

第二，声明的写作要在简明扼要地陈述事实的基础上，直截了当地就有关事项和问题发表自己的意见，表明自己的态度，力求层次清晰，言简意赅。

第三，声明的内容要素必须齐全，行文要规范。发表声明的缘由要交代清楚，声明事项要具体、明确、合理合法，态度要坚决。

第四，声明的写作要有明确的针对性，要直接点出事实，明确指出行为后果，但不对事实进行议论和评价。

例文4-1　　　　　　　　　　　　　　　　　一则声明点评

声明可以在报刊登载，也可以通过广播、电台、网络播发，还可以进行张贴。声明具有表明立场、观点、态度，保护自身合法权益不受他人侵害，以及对任何侵权行为发出警告的作用。下面点评一则声明。

声　　明

近日，部分网络用户在网络平台中恶意捏造并公然散布"疑似李×出轨"等不实、诋毁之内容，恶意针对艺人李×，使不明真相的社会公众对李×产生误解，这些行为已经给李×本人带来了严重的极大的名誉危机及严重的声誉损失。

接下来，我们将会查实不明信息，梳理造谣用户，以法律途径解决这些恶意诽谤造谣的内容。

也承望各位网络用户在面对网络信息时秉持理性之态度，切勿轻信、传播谣言。

×××工作室
2020年××月××日

点评：这则声明中声明内容显得很单薄，也谈不上逻辑层次、有理有据，还存在一些语病。因此，针对此则声明内容，可进行如下修改：

声　　明

近日，部分网络用户在网络平台中恶意捏造并公然散布"疑似李×出轨"等不实传闻，恶意诽谤艺人李×，使不明真相的社会公众对李×产生误解，这些行为已经给李×本人带来了严重的名誉损失，故本工作室声明如下：

一、本工作室郑重保证李×先生不存在出轨行为，网络传闻不属实。

二、本工作室将对恶意捏造并散布谣言的网络用户提起法律诉讼，要求造谣者公开道歉并赔偿李×先生的名誉损失费。

三、本工作室坚决打击违法造谣行为，敬请广大网友切勿信谣传谣。

×××工作室
2020年××月××日

资料来源　贺珍. 也谈声明的写作——以娱乐圈声明为例 [J]. 应用写作，2019（4）.

例文4-2　　　　　　　　　　　　声　明

在产业技术要素不可持续获得、消费者业务受到巨大压力的艰难时刻，为让荣耀渠道和供应商能够得以延续，华为投资控股有限公司决定整体出售荣耀业务资产，收购方为深圳市智信新信息技术有限公司。对于交割后的荣耀，华为不占有任何股份，也不参与经营管理与决策。

共有30余家荣耀代理商、经销商联合发起了本次收购，这也是荣耀相关产业链发起的一场自救行为。

荣耀品牌诞生于2013年，始终面向年轻人，坚持中低端价位，七年间发展成为年出货量超七千万部的互联网手机品牌。对荣耀的消费者、渠道、供应商、合作伙伴及员工的付出、爱护与支持，华为深表感谢！

祝福独立后的荣耀与股东、合作伙伴和员工一道，踏上新荣耀之路，持续为消费者创造价值，创造一个属于年轻人的智慧新世界！

华为投资控股有限公司

2020年11月17日

点评：华为被美国持续打压以来，荣耀的供应商、生产工厂、渠道和分销商都面临困难。随着华为出售荣耀事件尘埃落定，以及一场自救行为的声明发布，双方的官宣也终结了业界的各种传闻。华为发表声明，整体出售荣耀业务资产。对于交割后的荣耀，华为不占有任何股份，也不参与经营管理与决策。

单元二　新闻稿

【引例】　　　　中国黄金业用绿色发展理念塑造社会形象

——访中国黄金集团公司总经理兼中金国际董事长宋鑫

在加拿大有一家独树一帜的中资矿业公司，多年来在矿山的开发过程中始终坚持绿色环保开发，用绿色矿山打造黄金的"品位"，用绿色发展理念塑造黄金业的社会形象，受到广泛赞誉。这家公司就是总部位于加拿大温哥华的中国黄金国际资源有限公司（中金国际）。

"中金国际"成立于2010年，在多伦多交易所和香港交易所两地上市，是中国黄金集团公司拓展海外业务的旗舰和战略平台。成立至今，中金国际在坚持业务发展与履行社会责任并重的原则下，积极回馈社会、支持公益事业、推动本地就业、保护环境以及与当地社区建立和谐共赢的营运体系，塑造了正面、积极、敢于承担的海外央企形象，在中资企业"走出来"的浪潮中摸索出了一条值得借鉴的成功之道。

中国黄金集团公司总经理兼中金国际董事长宋鑫日前在接受新华社记者采访时说："中国企业在海外的投资并购中如果延续以往上项目铺摊子的粗放型经营模式，

在激烈的国际市场竞争中将会越来越难以为继，而加强企业内部精细化管理，激发企业核心竞争力，让公司在并购之后能够实现稳健持续增长，是海外并购成功的重要标志。"

宋鑫说，中金国际在发展过程中极其重视国际化人才队伍的建设和培养，延揽了一批国际化专业人才成为管理层的重要力量，公司位于温哥华总部的员工队伍全部本土化。此外，公司坚持融入当地主流文化，强化企业的社会责任。2016年，公司发起"枫华璀璨群英夜"公益慈善活动，联合加拿大留学生团体、中资企业、华资商会以及海外华文媒体等，共同为加拿大公益慈善事业贡献力量，受到当地社会的一致好评。

加拿大防癌协会副总裁奎尔说："一家真正出色的企业不仅表现在良好的业绩上，更重要的是体现在是否有强烈社会责任感并积极回馈社会，你们对防癌协会的连年支持令人感动和感激！"

宋鑫表示，海外中资企业如何得到当地主流社会的认可和支持，一直是关系着未来发展的重要课题。中金国际勇于实践，坚持不懈地做好慈善事业，取得了良好的社会效果。

公司成立至今，荣获了加拿大和中国多个政府、非政府机构颁发的近100个奖项和荣誉。宋鑫说，中金国际在国际业务拓展的征途中不但要"走出去"，更要"走进去"，不但要稳健发展，更要不断超越，为加中黄金业开创更好的未来。

资料来源　江亚平. 中国黄金用绿色发展理念塑造社会形象——访中国黄金集团公司总经理兼中金国际董事长宋鑫〔EB/OL〕.〔2018-06-21〕. http://news.xinhuanet.com/2016-09/21/c_1119600890.htm.

当前，"一流企业写新闻，二流企业投广告"这个观念已经成为众多企业界人士的共识。可以说，新闻传播是企业节约开支、塑造品牌形象、提升知名度的有效工具。但是，很多企业尤其是大企业不是不知道企业新闻的价值，而是不知道该怎么写企业新闻，更谈不上如何从新闻策划走向策划新闻，以及如何把宣传稿、会议稿写成企业新闻稿了。

本单元将就新闻稿的特点、作用以及写作进行探讨。

一、新闻稿概述

新闻有广义和狭义之分，广义的新闻是指消息、通讯和新闻评论；狭义的新闻专指消息。商务新闻是指发生在商务领域中具有新闻价值的事实、现象、动态等，在新闻媒体上公开报道的新闻稿。本单元主要介绍消息。

消息，是指对当前社会及经济活动中出现的具有一定社会价值或具有一定影响的事实所作出的简要报道。消息包括动态消息、综合消息、典型消息等种类。

21世纪是信息爆炸的时代，也是信息高速传播的时代，企业新闻传播和广告宣传相比，有着独特的功能：

第一，企业新闻具有向社会大众提供有价值新闻的功能。一个企业发生了具有对外宣传价值的重大事件，在第一时间把信息传播出去，告知社会大众有价值的新闻。

第二，企业新闻可以把企业要传达的目标信息及时传播得更准确、详尽。

第三，企业新闻可以有效处理企业危机事件，是深刻诠释企业理念及企业战略的重要工具。

第四，新闻传播能为企业节约开支，且具有二次传播特性。

二、新闻稿的结构与写法

新闻（消息）的结构有"倒金字塔结构""正金字塔结构""并列式结构"等，具体采用哪种形式要根据需要和消息的特点而定。其中，最常使用的"倒金字塔结构"就是把消息中最重要的内容放在最前面，次要的内容放在稍后，最次要的放在消息的尾部。

完整的新闻一般由标题、导语、主体、背景和结尾五部分组成。新闻的内容，通常有时间、地点、人物、事件和结果五个要素。

1.标题

标题是新闻的眼睛，一则好的新闻，首先要有一个好的标题。精心制作标题犹如"画龙点睛"，它既要概括新闻的主要内容，又要醒目、新颖、有趣味。这样才能引起读者的注意，激发阅读的兴趣。

新闻的标题有多行标题、双行标题和单行标题三种形式。引例中的新闻就是采用了双行标题的形式。

2.导语

导语是新闻开头的第一句话或第一个自然段，它以凝练简洁的语言告知最重要的新闻事实和观点。

导语的作用非常重要。新闻是否能引起读者的阅读兴趣，在很大程度上取决于导语写作的成功与否，所以写新闻要把最重要、最新鲜的事实放在导语中。好的导语给读者和观众一种期望，一种诱惑。正如中国广告媒介行销培训导师彭小东所指出的："标题就是美女的身材，导语就是美女的脸蛋儿。"

新闻导语的写法，通常有以下几种：

（1）叙述式。这是最常见的方式。它是把新闻中最重要、最新鲜、最有吸引力的事实，高度概括地加以叙述。

（2）描写式。对某一个富有特色的事实和一个有意义的侧面，用简明的语言进行描写，给读者以鲜明的印象。

（3）评论式。对报道的事实进行简洁、精辟的评论，以揭示事物的性质和作用，引起读者重视。

（4）结论式。将新闻事实的结论，在开头部分写出来，开门见山，反映事实的意义。

（5）提问式。用提问的方式引出新闻报道的事实，设置悬念，引起读者的注意和思考。

（6）引语式。引用与新闻有关的诗句、格言等，以增强导语的生动性。

3. 主体

导语之后，就是主体。它是新闻的主干部分，是用充分的、具体的事实材料，对新闻的内容作具体全面的阐述，以体现全文的主题。

新闻主体的结构一般有三种：

（1）时序结构。就是按照事件发生、发展的先后顺序安排层次。这种结构可以使读者对事件的发生、发展的全过程有一个鲜明、完整的印象。

（2）逻辑结构。就是根据事物之间的内在联系或逻辑关系，如因果关系、并列关系、主次关系等来组织安排层次。

（3）时序与逻辑二者兼有的结构。对主体的写作，要求结构严谨、层次分明；内容充实、紧扣主题；注意剪裁、详略得当；简洁明确、生动活泼等。

4. 背景

背景就是新闻事件产生的历史环境、客观条件以及它与周围事物的联系。除简讯以外，一般的新闻都要交代背景。背景的作用是使读者更好、更准确地理解新闻内容，使新闻更充实饱满，生动活泼，主题更加深化。

5. 结尾

结尾又称结语，是新闻的最后一句话或一段话，有的新闻主体言之已尽，没有结尾。结尾的作用体现在三个方面：收束全文，深化主题；说明结果，指明意义；指出发展趋势、展望未来。

结尾的写法有以下几种：

（1）小结式。对所报道的事实或意义作简要概括，以突出重点，加深印象。

（2）启发式。在讲完主要事实后，用启发的语言给读者留下思考的余地。

（3）激励式。用充满激情的语言，激发读者的热情。

（4）意义式。指明新闻的重大意义。

（5）展望式。在报道完主要事实后，进一步指出事情发展的必然趋势或必然结果。

（6）号召式。根据报道的事实提出具有号召性的意见，激励读者为实现某一目标而行动。

三、新闻稿的写作要求

1. 新闻标题写作的要求

（1）准确。标题要恰如其分、恰到好处地概括出新闻的内容、精神和实质。

（2）生动。在准确的基础上，尽量突出内容和表达方式上的生动活泼，以吸引读者。

（3）新颖。"新"是新闻的一个基本要求，不新不足以成为新闻。标题要善于突出新事物、新方向，抓住最具新闻价值的问题。

另外，为了便于企业新闻通过网络的传播和转载，要撰写言之有物又符合SEO规则的标题：一是严格限制新闻标题的长度，最好不超过20字，以适合主流发稿/转载网站的需要；二是除保留必要"锚关键词"外，还应有"SEO敏感词"（包括企业简称、要推出的产品、获得的奖项等核心内容）。

👆 **延伸阅读4-1**　　　　　　　　　　　　　　**什么是SEO**

SEO由英文Search Engine Optimization缩写而来，中文意译为"搜索引擎优化"，它是指从自然搜索结果获得网站流量的技术和过程。SEO原创文章是有利于搜索引擎优化的文章，其特点首先是原创，其次还需符合SEO的基本规则。SEO原创文章的最终落脚点是企业自己的网站，其作用是通过一篇篇质量较高且关键词高度集中的文章，告知搜索引擎这个企业网站是活动的，并且这个网站的内容很明确，就是围绕某些关键词展开的，搜索引擎通过不断地抓取相关信息，就会给企业网站赋予相应的权重，进而提高企业网站的排名，吸引客户点击进入。

2.导语的写作要求

（1）不能与标题重复。

（2）为后文留下余地。导语固然是全文的精华，但也不能把话说尽，留待下文去交代。

（3）坚持读者导向，调动读者的情绪，写出画面感。

（4）要用事实，忌空泛。新闻要言之有物，导语更应有具体的事实。

（5）语言要简洁。新闻本身即要求语言简洁，新闻导语更要逐字逐句推敲，做到字字珠玑，一字不可移易。

3.主体的写作要求

新闻的导语已经点明了新闻的主题，主体部分对新闻主题的表述、发挥，实质上就是对导语内容的展开与补充，以使导语中提到的各个事实更加清晰，使五个"W"和一个"H"更加明确。

4.背景的写作要求

背景不是单独的组成部分，也无固定位置，所以不能把背景看成是新闻结构的一个独立层次。背景材料可以一次性交代，也可以分散穿插在导语、主体、结尾几个部位，一般出现在导语和主体中。背景材料是新闻的从属部分，因此不宜过多，否则就会喧宾夺主。

5.结尾的写作要求

事实该讲到哪里，消息就在哪里结尾，戛然而止，不必画蛇添足。

课堂讨论4-1

1.你认为新闻传播相对于广告宣传有哪些优势？

2.你认为该从何处挖掘企业新闻的新闻点？试着列举一下。

例文4-3 　　　　　　　　军民两用新技术"娃娃鱼"产出神奇宝贝

　　中国经济网北京9月1日讯（记者 佘惠敏 实习生 李永文）中船重工军民融合与国防动员发展研究中心日前组织召开了三峡大鲵应用价值座谈会，介绍了一种军民两用的新材料新技术。记者了解到，大鲵黏液在伤口愈合方面存在巨大的医用价值，未来可应用在手术创口愈合和战场急救等医学领域。

　　中国大鲵俗名"娃娃鱼"，是生活在淡水中的两栖动物，被水产专家称为"水中活人参"，具有很高的医用、食用价值。世界上最早的大鲵化石出土于我国内蒙古，距今约1.65亿年，与恐龙同时代。所以大鲵又被称为"活化石"，是我国的国宝之一。

　　重庆坤正实业有限公司是一家以特色养殖与生物技术为主要方向的大型企业，主营大鲵及其他野生动物的养殖与生物技术研发。该公司董事长周明辉介绍，公司拥有一批包括"娃娃鱼"研究专家清华大学孟安民院士、中国航天员中心航天食品与营养研究室主任陈斌等在内的一流专家团队，曾开发出以大鲵为食材的航天食品，为中国航天员提供蛋白质营养。

　　在产品研发中，专家团队发现，大鲵除了营养价值高，还有更神奇的特性。大鲵在遇到低压电流或针刺等外部刺激时，身体表层会分泌出一种黏液。技术人员将该黏液制成的粉末涂于动物内脏的创口时发现，伤口在2秒左右就自动愈合，瞬间止血，而且发现黏合后的创口表面仅有一条细线，黏合得非常牢固。大鲵黏液具有的这种生物特性，是一种非常好的组织黏合剂，具有优异的医用性能。技术人员在后续的活体试验中发现，黏液的固体粉末没有毒副作用，是目前最具前景的天然医用生物材料。

　　周明辉介绍说，大鲵经历了长期的进化，其黏液材料的微结构和与之对应的力学性能趋于最优化，所表现出的优异强韧性和功能适应性，是传统人工合成材料无法比拟的。大鲵黏液材料经过加工后用于人体组织和器官的修复，具有很好的生物相容性。

　　中国独有、世界首创的大鲵黏液这种生物材料，颠覆传统医学伤口缝合技术，更将是颠覆传统大鲵养殖产业的新机遇。

　　目前国内常用的医用黏合剂主要有血纤维蛋白、氰基丙烯酸酯以及贻贝足丝蛋白等。血纤维蛋白黏合力弱，固化缓慢，机械强度差。氰基丙烯酸酯毒性强，聚合物膜易碎。来源于海洋贻贝足丝的足丝蛋白，相比前两种具有高强度高韧性和防水性，但是一万个贻贝中才能制取1克黏附蛋白，导致贻贝足丝蛋白成本十分高昂。

　　与贻贝足丝相比，大鲵体表黏液产量非常充足，每条一次可采50克，可重复循环大量采集实现规模化生产。

　　大鲵的生活环境较为独特，一般在水流湍急，水质清凉，水草茂盛，石缝和岩洞多的山间溪流、河流和湖泊之中。周明辉说："我们建设了高度模仿大鲵生活环境的养殖基地，可年产60万尾大鲵。这一应用目前在国际上完全是空白，公司正强力推进研发速度，研发制作粉末、喷雾、贴片、液体等系列产品，用于部队战场急救和医疗护理。"

　　资料来源　佘惠敏，李永文. 军民两用新技术"娃娃鱼"产出神奇宝贝 [EB/OL]. [2018-06-01]. http://www.ce.cn/xwzx/kj/201609/01/t20160901_15502323.shtml.

简析：本篇新闻报道紧紧围绕标题"军民两用新技术""'娃娃鱼'产出神奇宝贝"而展开，在导语中"大鲵黏液在伤口愈合方面存在巨大的医用价值，未来可应用在手术创口愈合和战场急救等医学领域"言之有物，能够引发读者继续阅读的兴趣。

例文4-4　　**铁姆肯公司推出轴承新产品，延长风机主轴寿命并提升性能**

在5月24日至26日于美国路易斯安那州新奥尔良市举行的2016美国国际风能展（AWEA）期间，全球领先的轴承制造商铁姆肯公司展示了一项最新技术成果——Timken®双内圈（TDI）圆锥滚子轴承。该产品专为解决大型兆瓦级风力发电机的主轴应用问题而设计，是OE主轴调心滚子轴承的高效替代品。它能为风机运营商带来更长的轴承使用寿命，同时减少元件磨损、提升总体传动性能并避免高昂的维修成本。

市场对大型兆瓦级风机需求的涌现驱动着主轴轴承的尺寸和设计也相应地不断改进。铁姆肯公司预见到传统调心滚子轴承方案的局限性并为行业开发出了更优秀的解决方案。Timken® TDI轴承能够减少轴承打滑和微振磨损的现象，并提高系统刚度，从而将扭矩完美地传递给变速箱而不会对扭力臂造成额外的负荷，系统的整体性能因此得到提升。

Timken® TDI轴承还可为风机运营商带来一系列有助于提升总体性能的其他好处，包括：

更换主轴调心滚子轴承时可将现有的OE轴承座直接用于TDI轴承；

预紧的圆锥轴承可以延长使用寿命；

提升系统刚度并降低齿轮箱载荷中的轴向推力，进而减少齿轮箱磨损。

铁姆肯公司市场副总裁Mike Connors先生表示："我们很高兴能够在不断发展的风能市场满足客户的需求并且扮演重要的角色。来自风能市场的挑战促使我们把自身的设计、产品和工程知识运用到风能技术的最前沿，为客户打造出适合他们的产品。"

关于铁姆肯公司

铁姆肯公司（NYSE: TKR; www.timken.com）研发、制造并营销轴承、传动装置、齿轮箱、皮带、链条和相关产品，同时提供多种动力系统改造和维修服务。作为圆锥滚子轴承的权威，铁姆肯公司将其在冶金、摩擦学和动力传动领域的深厚知识应用于广泛的轴承和相关系统领域，帮助提高世界各地机械设备的运转效率和可靠性。铁姆肯公司不断扩大的产品和服务范围包括了多个著名工业品牌，例如Timken®、Fafnir®、Philadelphia Gear®、Carlisle®、Drives®和Inter Lube等。铁姆肯公司以高质量产品和协作性技术销售模式著称，2015年销售额达29亿美元。凭借在全球30个国家和地区的约14 000名员工，铁姆肯公司推动工业运转，让世界更具生产力。

铁姆肯公司大中华区总部设在上海，为能源、航空、铁路、冶金、采矿、水泥和机床等众多工业行业提供轴承和相关部件及服务。在大中华区，公司拥有员工近2 900名，在13个主要城市设有各级办事机构，并建立了5家大型轴承制造基地，1家培训中心和多个物流、工程技术以及增值工业服务中心。铁姆肯公司致力于创造价值，并积极投身所在社区的建设及可持续发展，以塑造更美好的世界。

媒体垂询：

方雷

高级传讯经理－中国区

铁姆肯（中国）投资有限公司

电话：86（21）61138089

传真：86（21）61138005

michelle.fang@timken.com

资料来源　美通社．铁姆肯公司推出轴承新产品，延长风机主轴寿命并提升性能［EB/OL］.

［2018-06-16］. http://finance.huanqiu.com/roll/2016-06/9045719.html.

课堂讨论4-2

互联网的发展和传统媒体的数字化趋势，使企业的对外传播更加重视网络媒体，在企业普遍运用的网络营销手段当中，除了新闻稿以外，还经常使用软文这种形式。那么，你认为企业新闻稿与软文有何区别呢？

单元三　商业广告

【引例】　　　　　别克：1/100秒的世界——水花篇

1秒钟已然瞬息万变

1/100秒的世界里，又潜藏多少不可思议？

今天，跟我们一起进入1/100秒的世界

1/100秒的世界

1/100秒的世界中，可以看见每一片花瓣的飞舞

1/100秒的世界中，可以看见飘动长发的唯美和无法抗拒的奔放

1/100秒的世界中，可以看见翅膀的每一次优雅振动

1/100秒的世界中，可以看见喷嚏爆炸式的飞散

1/100秒的世界中，可以看见水花瀑布般的透爽

1/100秒的世界中，可以看见玻璃破碎编织出的华丽

1/100秒的世界中，有你不曾看见的精彩

前进的每一个1/100秒，有别克为你一览无遗

CDC全时主动式稳定系统，每秒100次实时路况扫描，为你化崎岖为平顺

你是否也想驾驭1/100秒的世界？

发现1/100秒的未见之智

BUICK　心静　思远　志行千里

资料来源　别克汽车. 1/100秒的世界——水花篇［EB/OL］. ［2018-06-05］. http://www.iqiyi.com/w_19rst1kaet.html.

以上是一则上汽通用为其配备CDC全时主动式稳定系统的别克轿车所做的电视广告的文案。该文案的关键词是"1/100秒"，通过1/100秒世界的展示，引出"CDC全时主动式稳定系统，每秒100次实时路况扫描，为你化崎岖为平顺"的主题，构思巧妙。

2017年11月，尼尔森发布的《中国广告关注度研究报告》指出，互联网广告、电视广告、电梯广告成为中国三大广告平台，其受众偏重也相对不同。在本单元中，我们将就商业广告的写作问题进行探讨。

一、商业广告概述

广告是为了某种特定的需要，通过一定形式的媒体，公开而广泛地向公众传递信息的宣传手段。广告有广义和狭义之分。广义的广告包括非商业广告和商业广告。非商业广告指不以营利为目的的广告，如政府行政部门、社会组织的公益广告、启事、声明等。狭义的广告仅指商业广告，是指以营利为目的的广告，通常是商品生产者、经营者和消费者之间沟通信息的重要手段，也是企业占领市场、推销产品、提供劳务的重要形式。

商业广告具有以下几方面的特点：

1.传播性

商业广告是一种传播平台，由商品的生产或经营机构（广告主）将商品信息传送给特定用户和消费者。例如，路边的灯箱广告由于多设置在城市中心的繁华地带，或是人流量、车流量大的公交换乘站，就是一种极具传播性的广告方式。

2.说服性

商业广告进行的有计划、连续的传播活动是带有说服性的，是有目的的行为。一个优秀的商业广告文案要体现其说服性，必须要围绕四个疑问：第一，我的消费者是谁？第二，他（她）为什么要购买我的商品？第三，购买这个商品，他（她）的关注点在哪里？第四，他（她）有哪些疑惑？只有把这些问题考虑清楚了，你的广告文案才真正具有说服力，真正具有价值。

3.价值性

商业广告不仅对广告主有利，而且对目标对象也有好处，它可以使用户和消费者得到有用的信息。

现代广告的分类方法较多，依照不同的标准可以进行不同的分类。按所用媒介物的不同，可以把商业广告分为网络广告、报刊广告、音像广告、陈列广告、标牌广告、灯光广告、橱窗广告、印刷品广告等；按广告的内容划分，可以把商业广告分为销售广告、服务广告、求购广告等；按广告的表现手法划分，可以把商业广告分为商品物象广告和文字广告两种；按广告的用途划分，可以把商业广告分为商品信息广告和商品介绍广告两种。

二、商业广告的结构与写法

商业广告种类繁多，形式多样，不可能有固定的格式和写法，但也不是无规可循，其文本结构一般由标题、正文、口号、附文、商标或牌号五个要素构成。

1. 标题

标题是整个广告文稿乃至整个广告作品的总题目，它将最吸引人的信息进行富有创意的表现，提纲挈领，吸引消费者对广告的注意力。

商业广告的标题有以下几种形式：

（1）类比式标题。例如，苹果手机的一则广告标题为"苹果好不好吃，咬一口就知道"，把苹果手机与现实中的苹果（进一步联想到苹果手机的标志）进行类比，显得生动、活泼而又亲切。小米笔记本电脑的广告标题是"小米笔记本 AIR 12.5'像一本杂志一样轻薄"，也运用了类比手法，让消费者对小米笔记本电脑的厚度和重量都建立了一个形象的认知。

（2）新闻式标题。这类广告如新闻的标题，将其最重要、最有价值的信息直接表现出来。例如，苹果手机的另一则广告"只有不敢做，没有不能做。全球最先进的手机就是它——iPhone手机"。

（3）疑问式标题。疑问式标题是以设问或反问的形式，引起消费者注意，从而产生共鸣或思考，由此诱导消费者到正文中寻找答案。例如，乐百氏儿童果奶广告标题"今天你喝了没有？"

（4）鼓励提倡式标题。在标题中提出主张、建议或发出号召，用希望的语言诱导消费者采取某种消费行为。例如，名为"回家吃饭"的App致力于挖掘美食达人和民间家厨，为忙碌的上班族和不愿下厨的年轻人提供安心可口的家常菜，其推出的广告标题为"别忘了家的味道"。

（5）悬念式标题。通过设置悬念，引发好奇心，引导消费者追求结局。例如，2015年5月初，VIVO手机的一句"5·14微信见"让消费者对5月14日的微信多了一些期待。而当一组简约的图片加一个文艺气息十足的H5出现在朋友圈时，其最美手机X5Pro也在微信中开启了预售大门。不少消费者恍然大悟，原来这就是所谓的"微信见"。

2. 正文

根据侧重点的不同，商业广告的正文可以分为以下几种类型：

（1）事实型。事实型就是用平实的语言，直接写出商品有关方面的情况。例如：一则题为"报业大厦写字间出租"的广告正文为：

位于中山区民康街15号的报业大厦写字间，地处黄金地段，毗邻中山广场、友好广场、新华书店、佳兆业购物广场，地理位置优越，交通便利，配套设施齐全。报业大厦现有面积 $90m^2 \sim 300m^2$ 的写字间出租，写字间租赁价格面议。联系电话：8256××××。

这种直述式的正文，实实在在，有利于准确、清楚地表达广告的内容。目前国内广告大多采用这种方式来安排广告的正文。

（2）问答型。用问答形式来展开广告的正文。例如，"亮甲"的广告词中有这样一句：

得了灰指甲，一个传染俩。问我怎么办？马上用亮甲。

问答型正文容易激发人们的求知欲望，诱导人们看完或听完广告的全文，借以收到良好的效果。

（3）证书型。借助权威人士或行业组织对商品的评价来介绍商品，展开正文。例如，骆驼地暖的广告词中有这样一句话：

骆驼地暖，工厂一体化服务，荣获国家"华夏奖"。

这种广告的正文可以省去许多陈述性的文字，容易得到广大消费者的信赖。

（4）文艺型。运用一些修辞手法，以及诸如相声、动画、诗歌等幽默风趣的艺术形式来展开正文。这种广告形式生动活泼，容易收到引人入胜的效果。例如，"本公司在世界各地的维修人闲得无聊"是瑞士钟表公司的一则广告。这则广告上说维修人员"闲得无聊"是正话反说。若是产品质量低劣，返修者必踏破门槛，维修人员会"闲得无聊"吗？"闲得无聊"是产品质量上乘、经久耐用的另一种说法，"世界各地"道出了质量好不是个别的，而是普遍的，十分巧妙。再如，美加净生发灵广告文案："聪明不必绝顶。"妙在巧用成语，且反其意用之，突出生发灵的疗效。

3.口号

广告口号是广告主为了加强消费者对企业、商品或服务的一贯印象，在广告中长期反复使用的一两句简明扼要、带有口号性、表现商品特性或企业理念的句子。例如，万科地产经常使用的口号"建筑无限生活"，日本丰田汽车标志性的口号"车到山前必有路，有路就有丰田车"，大宝护肤霜的口号"要想皮肤好，早晚用大宝"，红牛饮料的口号"汽车要加油，我要喝红牛"，携程的口号"携程在手，说走就走"，淘宝的口号"淘！我喜欢"，百度的口号"百度一下，你就知道"。

4.附文

附文即附属性文字，用于向消费者传达企业的名称、地址、电话、电子邮箱等辅助性信息，以方便消费者识别与联系。

5.商标或牌号

商标是企业为了表明其所生产或销售的商品区别于其他同类商品的质量、规格、造型等特征而使用的标志。牌号即商品的品牌，也是一种区别于其他商品的主要手段。在广告中，商标与牌号往往同时出现，书写或印制在文面显眼处，便于消费者识别。

课堂讨论4-3

回想一下那些"民间神级文案"，水果摊的文案是"甜过初恋"、网吧的文案是"网速实在太快，请系好安全带"，都让人有"脑洞大开"的感觉。

那么，你认为如何才能写出富有"画面感"的文案，让抽象文字从纸面（电脑桌面）上生动起来呢？

三、商业广告的写作要求

1.真实性

要讲究广告内容的真实性，不搞"假、大、空"，不欺骗和误导消费者。广告文案以代表企业、产品、服务宣传其特点、功能，说服和劝诱消费者产生对应性消费为己任，因此，真实性是它的生命所在、力量所在。如果违背了真实性原则，其广告文案会因为失真而丧失自己的可信度。丧失了可信的广告文案将毫无生命力，毫无价值。广告主应当对广告内容的真实性负责，具体包括两层含义：一是对广告内容的真实性负有首要责任，如果构成虚假广告，给消费者造成损害，广告主应当首先承担法律责任，其他广告活动主体依法承担连带责任；二是对广告内容的真实性负有举证义务，并承担因对广告内容真实性举证不能而带来的不利后果。

2.生动性

广告语言要新鲜巧妙，幽默生动，通俗易懂，有启发性。广告语言是广告的灵魂和核心，巧妙的广告语言能使商家引领商机，树立企业的良好组织形象，达到事半功倍的效果。

3.新颖性

广告的形式应活泼有新意，切忌俗气平淡。一是内容与时代同步，所选取的材料多是时代的热点、焦点；二是形式新，不落俗套，标新立异。

4.合法性

严格遵守《广告法》，不能含有宣扬迷信、淫秽、反动、恐怖、暴力等内容，也不能贬低其他生产经营者及其产品，如宣传产品、商品时切忌用"国家级""最高级""最佳"等绝对化词语。一些特殊商品的广告，其内容要遵守相关法律、法规的规定。例如，《食品安全法》第73条规定"食品广告的内容应当真实合法，不得含有虚假内容，不得涉及疾病预防、治疗功能。食品生产经营者对食品广告内容的真实性、合法性负责"。第79条进一步规定"保健食品广告除应当符合本法第73条第1款的规定外，还应当声明'本品不能代替药物'；其内容应当经生产企业所在地省、自治区、直辖市人民政府食品药品监督管理部门审查批准，取得保健食品广告批准文件"。

课堂讨论4-4

《广告法》第11条第2款规定："广告使用数据、统计资料、调查结果、文摘、引用语等引证内容的，应当真实、准确，并表明出处。引证内容有适用范围和有效期限的，应当明确表示。"你是如何理解这一规定的？

练一练4-1

请为你的家乡特产写一则广告。

延伸阅读4-2　　　　《广告法》对于医疗、药品、医疗器械广告的规定

在中华人民共和国境内，商品经营者或者服务提供者通过一定媒介和形式直接或者间接地介绍自己所推销的商品或者服务的商业广告活动必须遵守《广告法》。

麻醉药品、精神药品、医疗用毒性药品、放射性药品等特殊药品，药品类易制毒化学品，以及戒毒治疗的药品、医疗器械和治疗方法，不得做广告。规定以外的处方药，只能在国务院卫生行政部门和国务院药品监督管理部门共同指定的医学、药学专业刊物上做广告。

医疗、药品、医疗器械广告不得含有下列内容：

（1）表示功效、安全性的断言或者保证；

（2）说明治愈率或者有效率；

（3）与其他药品、医疗器械的功效和安全性或者其他医疗机构比较；

（4）利用广告代言人作推荐、证明；

（5）法律、行政法规规定禁止的其他内容。

例文4-5

"为大多数人创造更加美好的日常生活"，这就是宜家。其产品始终和提高人们的生活质量联系在一起，为尽可能多的顾客提供设计精良、功能齐全、价格低廉的家居用品。请看以下宜家的产品文案：

斯德哥尔摩垫套

就像用了一只吸收颜色的魔法棒，
能将秋日森林的各种颜色萃取下来
有麋鹿的棕，有落叶的黄，
有大树枝干的翠绿，也有月牙的白，
他们彼此拼贴交织，
组成了具有层次的不同景象。

又像是深深浅浅不同的秋，
在你的房子里，日日替换着。

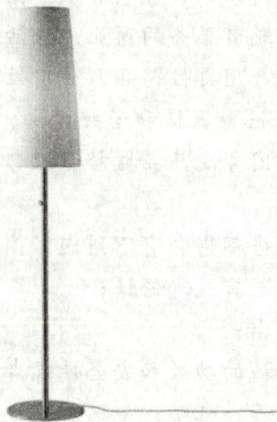

落地灯：明亮的灯，明亮的心

太阳早已落下，却不愿意将阅读停下，
也不愿开大灯，通明的灯火会扰乱我的阅读。
只好提来落地灯，以它专注的光亮，
带我继续回到书中。
很快地，忘却了适才的焦躁，
忘却了周边的漆黑一片。
只知道阅读的心，逐渐明亮通透。

德卡闹钟

千百次的呼唤，
只为让你，重回现实中来。
梦境再美，

不及生活实在。

资料来源　微信公众号：怪咖小精灵（ID：gkxjl8）.

简析：同样都是产品文案，为什么宜家的会给人不一样的感受？

宜家的产品文案一方面传递了产品的卖点和唤起了消费者的需求；另一方面，也在产品文案的字里行间渗透着宜家对于生活、对于人生的思考。换言之，宜家的产品文案注重传递品牌文化。那么，如何才能写出像宜家这样的产品文案呢？

第一，表达技巧的花式运用，尤其是比喻、拟人、比拟、排比等。

第二，传递价值观。将产品特点、功能延伸到价值观上，当作产品文案的切入点，可以立刻让广告文案瞬间高大上。同时，它也可以用于品牌文案的写作中。

第三，将与品牌文化相关的关键词进行排列组合，构造出这个品牌的主流文化状态。

小提示4-1

写产品文案需要注意：

1.不断放大产品的卖点，与竞品严格区分开来。

2.根据实际情况，是选择更侧重销售，还是要宣传一下品牌文化。如果产品文案附带传递品牌价值，就要注重产品传递的情感和品牌文化的统一性。

3.注重和消费者的沟通，了解其真正的需求是什么。

例文4-6

世界上著名的品牌都在追求文案与设计的完美结合。好的文案就是在与消费者说话，好的设计就是让消费者进行完美的销售前体验。互联网+时代的营销视觉化思维越来越明显，承担的功能越来越多样化。比如，请看下面的广告设计：

简析：如果说，奔驰汽车的广告设计直接激发了中年男人的拥有渴望，那么，苹果手机广告设计对于年轻人来说则更充满了"走心"的诱惑。

他山之石4-1　　　　　　　　　　软文与软文写作举例

一、什么是软文

软文中的"软"是相对于硬广告来说的，其广告表现意图不是那么生硬，所以称之为"软"。"文"是软文的表现形式，说明软文是以文字的方式来展现广告的。软文是企业发布在宣传载体上的一种广告意图不明显的文字性广告。软文的宣传载体多种多样，如报纸、杂志、网络等。由于网络的共享和免费，所以通过网络发布软文越来越受到企业尤其是中小企业的青睐。

二、软文的写作目的

在动手写作软文之前一定要弄清楚为什么要写这篇软文，这篇软文能给企业带来什么样的影响。如果目标都不明确，软文还不如不写。写作软文的目的一般有增加产品的销售额、提升企业或品牌的知名度和美誉度、配合营销计划其他部分的执行、增加网站的流量等。值得注意的是，软文的广告计划是个系统性的计划，它源于企业的广告策略。

三、软文的分类

软文的形式是多种多样的，但是万变不离其宗，根据软文的内容可以将软文分为以下几类：

1.故事式

这类的软文是平时我们生活当中最为常见的一种软文形式。这类软文通过讲述一个完整的故事带出产品，由产品的"光环效应"和"神秘性"给消费者造成强烈的心理暗示，从而达到宣传产品或服务的目的。

2.疑问式

此类软文的核心是提出一个问题，然后围绕着这个问题自问自答。必须要注意的是要掌握好火候，提出的问题要具有吸引力，答案要符合常识，不能作茧自缚、漏洞百出，否则软文可能会起到相反的作用。

3.情感式

此类软文最大的特色是容易打动人，容易走进消费者的内心，所以情感式软文一直是一种百试不爽的软文模式。

4.猎奇式

猎奇式软文是利用人们的"猎奇"心理，也就是我们常说的好奇心来促使消费者阅读，从而达到推广企业产品或服务的目的。猎奇式软文成功的关键是软文的标题是否有足够的吸引力。

5.恐吓式

恐吓式软文是反情感类软文的一种诉求。情感式软文表达是美好的、温馨的，而恐吓式正好相反。这种方式往往遭人诟病，所以使用此类软文一定要谨慎，避免起到相反的效果。

6.促销式

促销式软文主要是配合其他推广方式而运用的，也可以单独使用。

7.新闻式

新闻式软文的写作一定要结合企业的自身条件，不能胡乱编造。

四、软文的写作步骤

1.撰写软文计划书

软文是广告目标软文化的具体表现，而广告又是品牌目标和销售目标广告化的产物，最终要达到的是树立形象与获取利润的目的。因此，软文广告也应遵循计划、组织、实施、修正的操作规律。

软文广告的计划源于企业的广告策略，善于操作软文广告的企业大多是非常讲求策略的企业，也是精于低成本运营的企业，但依靠软文广告而迅速成长的企业并不多。为什么呢？因为多数企业并没有提前做好软文广告计划，而软文广告计划恰恰是软文广告操作的基础。

2.标题是软文能否获得成功的关键

软文标题的重要性是大家有目共睹的，同样的文章，不同的标题，点击量可能会有天壤之别。所以，制作一个有吸引力的标题就等于软文已经成功了一半，这需要平时多揣摩、多观察。

3.组织正文结构

软文的正文部分同样重要，如果说标题能够决定受众看不看你的软文，那么正文内容就直接决定了他是否能看完你的软文。

（1）传统媒体软文的写法。发布在传统媒体上的软文，主要还是采用新闻式。例如，"近日""昨天""正当××的时候""家住××街的××"等等，这些时间以及地点的概念可以引导读者产生与该时间、该地点的相关联想，加深印象，淡化广告信息。

（2）互联网软文的写法。互联网时代带给大家的是信息量爆炸式增长，读者的阅读习惯也有了很大的改变。读者基本上不是在读，而是在浏览，很少有人能像读书一样看完网站上的每段文字。这就要求软文的写作及排版格式有利于这种方式的浏览。

五、软文写作举例

2016年1月，锤子科技发起了"锤子杯"首届中文互联网软文大赛征文活动，要求参赛者在精彩绝伦的文章中无声地植入坚果手机降价200元的广告，文章字数、体裁和题材不限，小说、诗歌、散文、评论均可。经过评选，《呆子不开口》一文获评为一等奖，其作者获得奖金人民币1万元。下面，我们来欣赏这篇获奖短文。

呆子不开口

吴震怎么也想不到，他小心翼翼这么多年，竟然在今天落网了。

他们是网上诈骗犯，通过盗取个人资料、账号、密码，欺骗受害者给他们汇款。

吴震雇了一帮客服在福建诈骗，另外一个成员刘巍在兰州找些小镇负责转移赃款。

他俩非常谨慎，他们之间平时没有电话短信往来，更不会在网络上聊天。他们连每一张银行卡的密码都是不一样的。他们知道警方有能力监控他们的所有联系渠道。

刘巍每收到一张银行卡，就会去把钱取出来。这些银行卡都是吴震在网上买的"黑卡"，户主都是不相干的人。警方通过监控也无法找出刘巍，他每次都戴着帽子。

可是这一次，刘巍输入的密码却怎么也不对，这是他以前从来没有遇到过的。密码错误三次后，账号被锁定了，得24小时后才能解锁。刘巍怒了，踹了一脚提款机，出门时，还一拳砸倒了一棵小树。

回去后刘巍又拿出信封，详细地对了下密码，确认了没有错。他打算第二天晚上再去试试。

第二天夜里，他输入了密码，却还是提示错误。"吴震你傻吧"，刘巍吼了出来。

可是刚刚吼完，旁边窜出来的警察就把他按住了。警察已经等了他一天了。

没几天，吴震也落网了。他俩再见面时互相埋怨着对方。

通过审讯，警方慢慢了解了他们的作案细节。但警察也好奇，为何这次他们却出了意外。

当分析结果出来时，警察叔叔哈哈大笑道："法网恢恢啊，他们大意了。"

原来，吴震每次给刘巍寄卡都会附上小纸条写上密码信息，当然不会直接写密码，而是写了两个网址。每一个网址都是京东网上的一个商品，价格都是三位数的。两个商品的价格连起来就是取款的密码。

可怜的吴震和刘巍，可能到死也不会知道为什么他们的密码是错的。

因为就在这段时间，第二个网址的商品，坚果手机，降价了，从899变成了699。

资料来源　朱孔阳，潘有华. 应用文写作实用教程［M］. 大连：东北财经大学出版社，2016.

单元四　商品说明书

【引例】　　　　**说明书参数出错　佳能发布EOS 100D公告**

　　佳能（中国）有限公司官网针对EOS 100D产品用户发布了官方公告。其中揭示了关于这款产品说明书印刷错误的一些情况，对广大消费者深表歉意。全文如下：

尊敬的用户：

　　感谢您一直以来对佳能单反数码相机的关注。最近，我们发现在2013年春季印刷发放的《佳能EOS 100D产品样本》中，对于EOS 100D的参数描述存在印刷错误，主要涉及P09页面上，"利用9个十字型自动对焦点"有误，应为"利用9个自动对焦点"。

　　对于因校对失误而出现的以上错误信息，我们特作此更正说明。对此给您带来的不便，我们深表歉意。

联系咨询：

佳能（中国）热线中心：4006-222666转1，2

营业时间：周一至周五：8：30-20：00

　　　　　周六、周日：9：00-18：00

再次感谢您对佳能产品的关注与支持。

佳能（中国）有限公司

2013年5月23日工团

资料来源　赵陆陆. 说明书参数出错　佳能发布EOS 100D公告［EB/OL］.［2018-05-23］. http://qicai.fengniao.com/375/3755729.html.

从以上案例中可以看出，佳能针对在EOS 100D上出现的小状况作出了及时的反应，无论结果如何，至少表示出了一定的诚意。就内容来说，确实不应该把"十字型对焦点"这种重要程度较高的技术参数写错，给用户造成一定的困扰。我们知道，说明书非常重要，商品的每一个特性和性能参数都会在说明书上标注出来，能够帮助和指导消费者正确地认识、使用和保养商品。

一、商品说明书概述

商品说明书又叫产品说明书，是对商品的构造、性能、规格、用途、使用和保养方法以及注意事项等作书面介绍的文书。以内容为标准，说明书可以分为解说阐述性说明书和介绍简述性说明书；以篇幅的长短为标准，说明书可以分为完整性说明书和简约性说明书；以表达的形式为标准，说明书可以分为文字式说明书、图表式说明书和音像式说明书。

商品说明书广泛应用于生产、科研和流通领域，多随商品赠送，其作用在于帮助和指导消费者正确地认识商品、使用和保养商品，同时，兼具宣传商品的功能。

商品说明书的特点如下：

1.说明性

说明、介绍商品，是商品说明书的主要功能和目的。

2.实事求是性

商品说明书必须客观、准确地反映商品的实际情况。

3.指导性

商品说明书在向消费者介绍商品特点、性能、用途、使用维修方法的同时，还包含指导消费者使用和维修商品的知识。

二、商品说明书的结构与写法

商品说明书一般由标题、正文、落款三部分组成。

1.标题

商品说明书的标题，一般由产品名称加上"说明书"三字构成，如《氯雷他定片说明书》。有些说明书的内容是侧重介绍使用方法的，称为使用说明书，如《佳能EOS 30D完全指南说明书》《实达1900KIII通用针式打印机使用说明》。

2.正文

正文是商品说明书的核心部分。商品不同，需要说明的内容也不同，有的说明用法，有的说明功能，有的说明构造，有的强调成分，千差万别，各有侧重。例如，食品说明书重在说明其成分、食用方法及保质期限；药物说明书重在说明其构成成分、基本效用及用量；电器说明书重在说明其使用和保养方法等。正文一般包括以下几个方面：

（1）产品概况（如名称、产地、规格、成分、制作方法等）。

（2）产品性能、规格、用途。

（3）安装和使用方法。

（4）保养和维修方法。

（5）附件、备件及其他需要说明的内容。

以上内容，可根据需要确定详略取舍以及调整前后顺序。正文的表达方式多种多样，如说明文式、条文式、对话式、表格式、故事式、解释式等。

3.落款

落款要写明产品制造厂家的名称、地址、邮编、E-mail地址、电话、传真及产品的批号、生产日期、品质级别等。不同的商品说明书，落款的项目有所不同，应根据实际需要落款。

三、商品说明书的写作要求

1.突出商品特点

商品品种繁多，性质各异，因此商品说明书不能千篇一律，必须突出重点，各有侧重。要突出所写商品的独特之处，使它有别于其他产品。

2.要注意广告和商品说明书的区别

商品说明书不仅要介绍商品的优点和作用，还要说明其性质与成分、使用范围与限制、工作原理、有无副作用等与使用有关的内容。

3.语言要求准确、通俗、简明

尽可能图文并茂，以便形象直观地说明商品。

小提示4-2

需要指出的是，有一些"特殊商品"的说明书有其特定的写作要求和格式。以下仅以药品说明书为例进行说明。

写好药品说明书并不是一件容易的事。首先，药品说明书是研究出来的，不是"写"出来的。药品说明书中的每一句话都必须有科学数据作支撑。其次，药品说明书的"雅"与"俗"是十分难以把握的。写得太专业了，一般患者看不懂；写得太通俗了，又往往说不准确。再次，药品说明书不是一成不变的。随着研究的深入和人们认知水平的提高，药品说明书应不断修订完善。

对于药品来说，药品说明书就如同人的"出生证明"一样，是药品上市时就随身携带的，包含药品最基本、最主要的信息。也就是说，药品说明书是在药品注册时由申请人（药品生产企业或者研发者）提出，由国家药品监督管理局审核批准的具有法律效力的文件，是上市后药品使用的依据。根据《药品说明书和标签管理规定》，药品说明书应当包含药品安全性、有效性的重要科学数据、结论和信息，用以指导安全、合理使用药品。药品说明书的具体格式、内容和书写要求由国家药品监督管理局制定并发布。

药品说明书应当注明药品名称、成分、性状、适应症或者功能主治、用法用量、不良反应、禁忌、注意事项、贮藏方法、生产日期、产品批号、有效期、批准文号、生产企业等内容。依据《医疗器械说明书和标签管理规定》（食品药品监督管理总局令第6

号），医疗器械说明书和标签不得含有"疗效最佳""保证治愈""包治""根治""即刻见效""完全无毒副作用"等表示功效的断言或者保证。

课堂讨论4-5

在我们的日常生活中，对于电冰箱、洗衣机和微波炉等家电，很多人都是根据自己的习惯或亲友告诉的方法在使用，几乎不看说明书。那么，家电说明书是可有可无的吗？

例文4-7　　　　　　　　　　息斯敏说明书

【药品名称】

商品名称：息斯敏

通用名称：氯雷他定片

英文名称：Loratadine

【成分】

本品每片含氯雷他定10毫克。辅料为：十二烷基硫酸钠、淀粉、微晶纤维素、聚维酮K30、羧甲基淀粉钠、滑石粉、硬脂酸镁。

【适应症】

用于缓解与过敏性鼻炎有关的症状，如喷嚏、流涕、鼻痒、鼻塞以及眼部痒及烧灼感。口服药物后，鼻和眼部症状及体征得以迅速缓解。亦适用于缓解慢性荨麻疹、瘙痒性皮肤病及其他过敏性皮肤病的症状及体征。

【用法用量】

口服。成人及12岁以上儿童：一日1次，一次1片（10毫克）。2～12岁儿童：体重＞30千克，一日1次，一次1片（10毫克）；体重≤30千克，一日1次，一次半片（5毫克）。

【不良反应】

1.在每天10毫克的推荐剂量下，本品未见明显的镇静作用。2.常见不良反应有乏力、头痛、嗜睡、口干、胃肠道不适（包括恶心、胃炎以及皮疹等）。罕见不良反应有脱发、过敏、肝功能异常、心动过速及心悸等。

【禁忌】

对本品中的成分过敏者禁用。

【注意事项】

1.严重肝功能不全的患者请在医生指导下使用。2.妊娠期及哺乳期妇女慎用。3.在作皮试前的48小时左右应中止使用本品，因抗组胺药能阻止或降低皮试的阳性反应发生。4.对本品过敏者禁用，过敏体质者慎用。5.本品性状发生改变时禁止使用。6.请将本品放在儿童不能接触的地方。7.儿童必须在成人监护下使用。8.如正在使用其他药品，使用本品前请咨询医师或药师。9.6岁以下儿童服用本品的安全性及疗效目前尚未确定，请咨询医师或药师。10.肝脏及肾脏功能不全者应减少用量，建议10毫克，每2天服用1次。

【特殊人群用药】

儿童注意事项：12岁以下儿童应用本品的安全性尚未确定。

妊娠与哺乳期注意事项：孕妇慎用。服药期宜停止哺乳。

老人注意事项：肝肾功能轻中度受损时，对本药的代谢和排泄无明显的影响，所以老年患者用药量与成人相同。

【药物相互作用】

1.同时服用酮康唑、大环内酯类抗生素、西咪替丁茶碱等药物，会提高氯雷他定在血浆中的浓度，应慎用。其他已知能抑制肝脏代谢的药物，在未明确与氯雷他定相互作用前应谨慎合用。2.如与其他药物同时使用可能会发生药物相互作用，详情请咨询医师或药师。

【药理作用】

本品为高效、作用持久的三环类抗组胺药，为选择性外周H1受体拮抗剂，可缓解过敏反应引起的各种症状。

【贮藏】

密封保存。

【有效期】

30个月。

【批准文号】

国药准字H20070030。

【生产企业】

企业名称：西安杨森制药有限公司　生产地址：西安市万寿北路34号。

例文 4-8

下面是天津市津东日用化工厂生产的晶晶牌祛斑凝的说明书：

说明书

祛斑凝是用名贵中草药人参等制成的油型冷霜，洁白、细腻，擦用后皮感舒适润滑稍具清香气味，能渗入皮层，增加表皮细胞生命力，保持皮肤柔软，经常使用能中和汗渍使粗糙皮肤逐渐白净、细嫩，减慢皮肤衰老防止面部斑疾发生。

经天津市滨江医院皮肤科临床观察一个月对面部粉刺、雀斑、蝴蝶斑、老年斑等疗效达到86%痊愈。无毒、无酸、无碱、无副作用。

其效果使你满意，但不要间隔连续擦用会有一定效果。

简析：这份说明书，加上标点符号不足200个字，但在语言文字、标点符号运用上的问题却不少。其主要问题是：

（1）用词不当。

①"减慢皮肤衰老"一句，"减慢"应改为"延缓"更为恰当。

②"对面部粉刺、雀斑、蝴蝶斑、老年斑等疗效达到86%痊愈"一句中，"痊愈"一词完全是多余的。"面部粉刺、雀斑、蝴蝶斑、老年斑等"后面应根据实际情况加上

表类别的词，如"皮肤病"，或"皮肤疾患"，或"面部斑疾"，以总括前列各项，使语意更加清楚、明确。

（2）语句不通。"其效果使你满意，但不要间隔连续擦用会有一定效果。"这个转折复句，前后分句提法不一致，转折不自然。前一分句称"其效果使你满意"，语意肯定，后一分句又说"会有一定效果"，语意伸缩性较大，就不一定会令人满意了。究竟哪种情况更符合实际呢？

（3）语序不当。"经常使用能中和汗渍使粗糙皮肤逐渐白净、细嫩，减慢皮肤衰老防止面部斑疾发生"一句，按照一般的习惯和事物之间的逻辑联系，应把预防摆到前面，治疗摆到后面，改为"经常使用能中和汗渍，防止面部斑疾发生，使粗糙皮肤逐渐白净、细嫩，延缓皮肤衰老"。

（4）未正确使用标点。应该加标点符号的地方而未加，该断不断，语意混乱。如"擦用后皮感舒适润滑""经常使用能中和汗渍""临床观察一个月""不要间隔"等句子后面都应加上逗号。其中，有的是由于句子结构、语意表达的需要，有的是由于语气停顿的需要。

练一练4-2

请尝试为你所熟悉的小家电（如榨汁机、面包机、剃须刀、吹风机）写一份使用说明书。

他山之石4-2　　　　商品说明书的功用及写作应注意的问题

现代社会中，商品说明书作为连接生产者和消费者的桥梁和纽带，发挥着越来越重要的作用。但是，在现实经济生活中，我们也常常看到这样的一些问题：有些企业常常不惜重金，大打广告战，希望通过大手笔的广告投入赢得消费者的青睐，却忽略了商品说明书的宣传作用，从而导致商品说明书的作用不能得到正常发挥。因此，正确认识商品说明书的功用，了解其写作注意事项，使商品说明书在市场经济条件下充分发挥其特殊作用，显得尤为必要和重要。

一、正确认识商品说明书的功用

商品说明书是商品生产者向消费者介绍商品名称、性能、规格、特点、用途、使用方法、保养维修等事项的文字材料。商品说明书是对商品的说明，因被说明的商品千差万别，特点各异，所以商品说明书也常常各具特色。但是，不管商品说明书的内容如何，其作用却基本相同。

（一）介绍商品

商品说明书最根本的作用就是介绍商品。它为消费者提供了关于商品的大量可靠的信息，消费者通过阅读商品说明书，了解商品的相关知识，从而产生消费行为或对已购买的商品进行深入的了解。

（二）指导消费

当消费者购买了商品之后，商品的价值能否正常得以实现，还要看消费者能否正确使用商品。如果使用不当，可能会造成不必要的浪费，也可能对商品造成损害，甚至对消费者造成伤害。商品说明书通过对商品的介绍，使消费者了解商品的性能、特点、使用方法和保养维修等方面的知识，帮助消费者有效地使用商品。无疑，这将起到指导消费的重要作用。

（三）扩大销售

商品说明书在完成以上两项基本任务的同时，也在悄悄地完成着征服消费者、扩大销售、树立企业形象的重要任务。与广告不同，商品说明书扩大销售的任务是在冷静客观的说明中完成的。它以为消费者服务为根本目的，以平实的笔调，客观地介绍商品的优势或不足。客观叙述的视角，使消费者看到了企业的诚意，对商品及企业产生了信任感，从而使商品说明书起到了扩大销售的作用。

二、明确商品说明书写作的基本要求

（一）情理并重，真诚告白

商品说明书应当是承载着企业真情的媒介物，担负着沟通企业与消费者的使命。企业要满怀为消费者服务的真情，理性地、实事求是地分析商品的特点，把消费者应当了解的所有内容都毫不隐瞒地加以告知。

商品说明书应当是一种理性的说明，它不同于广告。广告通常只抓住商品的某一特点，着重宣传甚或采取夸张变形的手法宣传其与众不同之处。商品说明书则需要客观地对商品的成分、性能、规格、特点、用途、使用方法及保养措施等方面都加以详细说明。甚至有些在广告看来是需要加以回避的不利因素，在商品说明书中也必须如实加以说明。如药品的副作用、某些商品的使用注意事项等。商品说明书正是通过理性的分析，让消费者对商品进行理性的思考，理智地分析商品的优缺点，最后明明白白地进行消费。商品说明书独特的魅力在于真诚。

它虽不如广告具有煽动力，但却比广告更容易被人们接受，并且由此产生的潜在购买力也更加稳定。企业要创造良好的业绩，在努力提高产品质量的同时，也要重视商品说明书的写作，使其发挥应有的作用。这样，可以在消费者心目中树立起务实、诚信的良好的企业形象，促进商品的销售。

（二）科学严谨，教人以知

商品说明书要向消费者介绍有关商品的基本知识，教会人们如何使用和保管等。要以科学严谨的态度，准确地传播科学知识。对商品说明书中所涉及的商品知识要讲清楚、说明白。要客观真实地反映商品情况，不能夸大其词，胡编乱造，肆意放大商品优点，欺骗消费者。

（三）个性突出，与众不同

大千世界的商品是多姿多彩的，这在一定程度上决定了商品说明书多样性的特点。写作时，可以根据不同商品的特点采用不同的样式。

在同类商品竞争激烈的情况下，没有个性的商品常常会被淹没在商品的海洋之中，而个性突出的商品则常常畅销海内外。写作商品说明书要善于发现商品的独特之处，更要善于表现出不同的个性特点。只有这样，才能吸引广大的消费者，使他们产生强烈的购买欲望。所以，我们在写作商品说明书时，要把商品本身的独特之处凸显出来，以引人注意。

（四）通俗易懂，亲和友善

商品说明书的写作目的是让消费者了解商品特性，正确使用商品。在现实生活中，商品说明书除了专业人员专用的之外，大多有着复杂的使用群体。使用者的文化水平高低不同，接受能力也存在着较大的差异。同时，随着科学技术的进步，一些高新技术产品不断进入消费领域，这些商品知识往往具有较强的专业性，这就要求商品说明书必须用词精当，表意准确。写得深入浅出，通俗易懂，能够让不同层次和水平的消费者看懂并且学会操作。

人类在追求物质享受的同时，也在追求着精神享受。在能够说明问题的前提下，商品说明书中能多一些充满人性化关爱的话语，少一些生硬单调的解释和说明，这不仅会使商品和企业具有亲和力，帮助企业在激烈的市场竞争中，多一份角逐的能力，同时也将给消费者带来内心的愉悦。那么，这也将使商品说明书这种实用文体放射出人文精神的光芒。

（五）图文并茂，形象直观

在保证内容真实可靠的前提下，为了使商品说明书更加直观、形象，更加具有魅力，除用文字说明外，还可以有效地利用图片、图表等表现手段。可根据需要，运用一些文艺笔法，适量增加可读性的内容。商品说明书的外在形式也可根据商品特点的不同而采用不同的样式。

总之，可以根据大众消费者的审美需求，采取有效的表现手段，使消费者拿到商品说明书时产生爱不释手的感觉。这样的商品说明书对消费者来说，当然更加具有吸引力。

三、重视商品说明书的写作，使企业和消费者双赢

通过对商品说明书功用的分析，我们不难发现：商品说明书扩大销售的作用，是与前两项作用密切相关的。换言之，商品说明书介绍商品、指导消费的功能完成得好，则其扩大销售的功能就会更加显著。也可以说，商品说明书的扩大销售作用是对企业真诚为消费者服务的最好回报。所以，要想使商品说明书充分发挥其作用，就应更加努力地做好商品的说明和介绍工作。

商品说明书的优劣不仅关系着广大消费者的切身利益，也关系着生产企业的信誉和经济效益。企业可以通过商品说明书塑造诚实守信的企业形象。明确商品说明书写作的目的，以诚信的态度，诚实地服务于广大消费者，客观真实地写商品说明书，使商品说明书真正起到为消费者服务的作用。随着我国市场经济的逐步繁荣与发展，广大消费者的消费心理也日趋成熟。人们在购物时，不仅仅看广告对商品及企业形象的宣传，更重要的是要根据企业的客观表现去判断其诚信度。商品说明书恰恰能从较客观的角度让消费者明白企业的经营理念。以真诚服务为基本出发点，以扩大销售为"副产品"的商品说明书，可谓是省钱而又高效的理想宣传方式。

只有企业真正认识到商品说明书的重要作用，并加以重视，才能使商品说明书实现其特殊功能，才能服务于商品流通领域，服务于消费者。同时，商品说明书扩大销售的

作用也才能真正得以实现。在广告充斥人们生活的今天，人们对广告持有本能的防备心理，甚至是抵制的心理，而商品说明书特殊的作用是广告难以匹敌的。

今天，市场竞争日趋激烈，企业要立于不败之地，就必须增强竞争能力。重视商品说明书的写作，写好商品说明书，使其充分发挥自身应有的作用，在为广大消费者带来方便的同时，也为企业自身带来更大的利益回报，达到企业和消费者双赢的目的，这无疑是精明企业的睿智选择。

资料来源　张丽萍. 商品说明书的功用及写作应注意的问题［J］. 写作，2007（1）.

单元五　商务微博

【引例】　　商业化持续升级，微博释放营销影响力

伴随大众消费升级，企业主正面临一个不断加速变革的营销环境。用户的触媒习惯日益碎片化，其注意力被社交媒体、短视频、电商平台等不同的媒体所分割。同时，追求小众与个性成为主流，消费需求与喜好呈现多元化，不同的垂直兴趣领域正在蓬勃发展。目前，微博已形成超过55个垂直兴趣领域，满足各个圈层和细分领域用户的内容消费需求。此外，明星、KOL的商业影响力逐渐增强，微博上的明星大V凭借其号召力，帮助品牌快速与用户建立联系。

作为社交媒体，微博从不缺乏内容，同时也是重要的热点爆发地。微博在内容生态的全面布局和日益完善，使得更多优质内容成为传递品牌价值信息的载体。众多MCN机构、自媒体和明星通过图文、短视频、微博故事等多媒体形式持续产出优质内容。各类热点事件不断在微博涌现发酵。加上兴趣领域的垂直化布局和IP内容的深度合作，成就了微博丰富、新鲜、多元的内容盛宴。

借助微博这个强大的内容平台，企业结合自身传播方向，打造出用户感兴趣的热门优质内容，引爆品牌传播点。安利纽崔莱携手微博造势，推出#全民早餐直播日#直播挑战，333位主播参与其中，同时在线观看人数达3 586万，企业、KOL、用户携手共同创造精彩内容，引发广泛互动，纽崔莱营养早餐的理念深入人心。支付宝则借势微博超级IP#带着微博去旅行#，与178档视频栏目合作，覆盖200个海外热门旅行地，完美贴合旅行消费场景，使其"旅游支付神器"之名深入人心，在潜移默化中扩大品牌影响力。

除了优质内容的生产与分发，微博也进一步推动商业化合作，驱动更多优质内容成为品牌传播的重要载体。例如，扶持优质MCN机构，通过角标、翻板、贴片以及内容软植入等形式，共建内容合作生态；推出V代言，为偶像明星打造个性化商业产品，引爆粉丝经济；同时，帮助企业家与高管提升在社交媒体上的影响力，从而传播品牌形象与理念，释放品牌价值。

资料来源　北大新媒体. 重磅丨商业化持续升级，微博释放营销影响力［EB/OL］. ［2018-04-28］. http://www.sohu.com/a/229847840_483391.

微博是基于社交关系来进行信息传播的媒体平台，在经历了行业调整后，发展策略转换为垂直化内容生态建设，打造垂直化的兴趣社区，兼具媒体和社区属性。微博主打陌生人社交，通过人与人之间的"关注""被关注"网络来传播信息，其社交属性和传播效果可以最大限度地把内生广告传播开来。在内容维度上，微博正在从早期关注的时政话题、社会信息，更多地向基于兴趣的垂直细分领域转型，成为商务活动开展的重要载体。

一、微博概述

微博，又称微博客，是一种通过关注机制分享简短实时信息的广播式的社交网络平台。它允许任何人阅读或者只能由用户选择的群组阅读。随着技术的不断发展，这些信息可以被很多方式传送，包括短信、实时信息软件、电子邮件或网页。微博客的代表性网站是Twitter，这个词甚至已经成为微博客的代名词。

2014年3月27日晚间，在中国微博领域一枝独秀的新浪微博宣布改名为"微博"，并推出了新的LOGO标识，新浪色彩逐步淡化。微博主要满足用户对兴趣信息的需求，是用户获取和分享"新闻热点""兴趣内容""专业知识""舆论导向"的重要平台。同时，微博在帮助用户基于共同兴趣拓展社交关系方面也起到了积极的作用。

微博写作的特点如下：

（1）篇幅短小。有的微博博主可能仅仅上传一张图片或一段视频，如自己的近照或者是自己去公园游玩时拍摄下来的视频等。

（2）内容突出，表达随意。写作者不需要过多地进行铺垫才进入主题，可以直接进入主题的讲述，同时也不能在讲述主题的时候插入过多的修饰性文字，因此微博写作的内容十分突出。

（3）结构简单，文本碎片化。由于微博写作的内容更多的是微博主情感的抒发，所以我们在浏览一个微博的时候，可以发现其每一条微博都是独立的，和其他微博之间并没有逻辑关系，这就是一种碎片化的书写方式。例如：什么是永远？有生之年就是永远。我可以爱你比你的生命长久，但我无法爱你比我的生命长久。最后一切都会成空，但我这辈子有过你。我有过你，有过你的欢喜、微笑和哭泣……（张小娴微博）

（4）即时性与互动性并存。因为微博可以与手机绑定，因此灵感触动的一刹那就可以进行创作并且发布到网络上，致使微博写作具有了即时性的特征。另外，由于网络的即时性与互动性，受众能随时随地参与到与微博写作者的交流中去。例如，在2016年11月，英国一个患自闭症的小男孩本（Ben）的父亲为了寻找儿子严重依赖的已停产多年的同款蓝色饮水杯而在推特上发文求助。消息刚刚发布，这场充满爱心的接力活动很快就席卷了社交媒体，网友甚至发起了一个"Cup for Ben"的活动，专门为本找水杯，来自美国、澳大利亚、巴西等国的网友都找到了自家同款的水杯，并希望能送给本。大量的转发很快让杯子的生产商（Tommee Tipee）看到了这则消息，为此积极查找库存、与各方互动，并专门派人来到中国当年生产这款杯子的加工厂，找到了生产这款蓝色水杯的模具，给本单独做了500个一模一样的水杯，为这场全球范围内的生死救援画上了圆满的句号。

在前面提到的例子中，杯子的生产商（Tommee Tipee）通过微博互动参与了这场生死救援的"Cup for Ben"活动，并通过寻找模具单独定制的形式为患病男孩的一家彻底解除了后顾之忧。对此，你怎么看？

二、微博的格式与写法

微博的一般格式为#主题#加文章内容。美食、旅游、摄影、笑话、新闻等都可以作为主题，便于他人搜索，但多数微博直接发布文章内容，而不添加主题；主题后面就是文章内容，内容可以是纯文字，也可以配表情符号、图片和微视频。另外，有的微博还在主题之前加上本条微博的提要（通常是一句话）。

图4-1是一条小鹏汽车于2021年6月24日发布的微博。其中，"小鹏G3i"是宣传的主题，其他文字和图片则是文章内容，重点介绍了该款产品即将上市的相关信息。

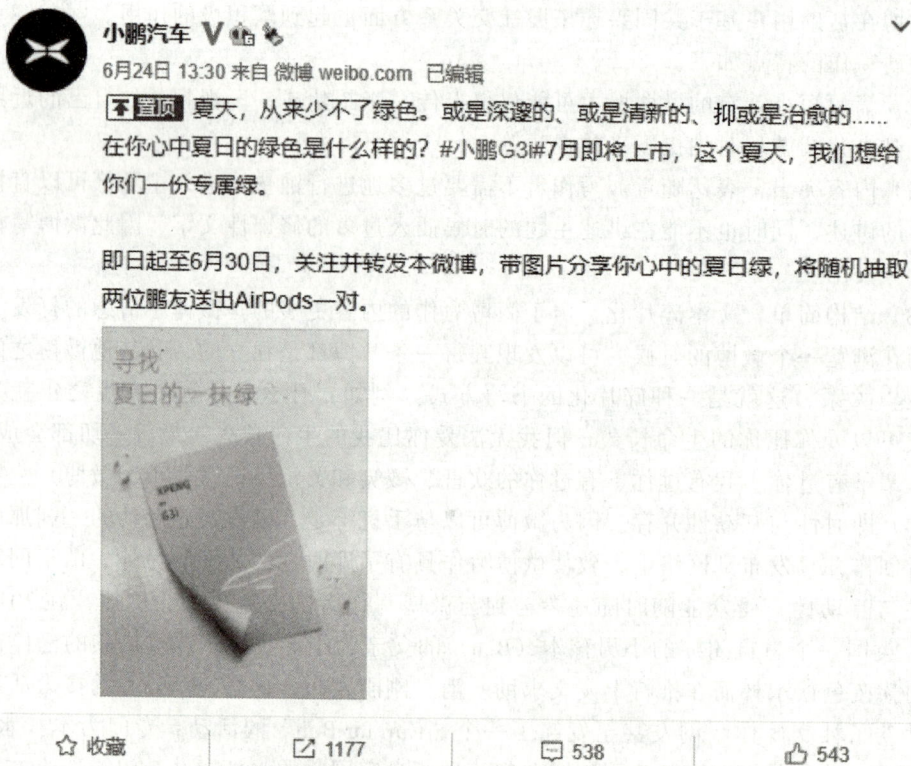

图4-1 "小鹏汽车"微博截图

图4-2是万邦书店在2021年6月24日发布的一条微博，主要发布了于庚哲所著《疾病如何改变我们的历史》新书分享签售会的具体信息。

万邦书店 V 👑

6月24日 21:15 来自 小米11 Ultra

📌置顶 WANBOOK阅读＋历史|
于赓哲老师@于赓哲 @中华书局
《疾病如何改变我们的历史》新书分享签售会
活动时间 | 6月27日（周日）16：45—19：00
活动地点 | 万邦书店-蓝海风店

☆ 收藏 　　　　 ↗ 9 　　　　 💬 4 　　　　 👍 1

图4-2　"万邦书店"微博截图

课堂讨论4-7

当前，微博极大地丰富了企业网络营销的手段，一个成功的微博某种程度上可以看作专为企业服务的一个小型大众媒体，能够产生强大的传播影响。

举例说明，企业通过官方微博都可以开展哪些活动呢？

三、微博的写作要求

正如清华大学国际传播研究中心主任李希光所言："微博的写作原理跟传统媒体的新闻写作是相同的，写作目标也是一致的：报道人们不知道但需要知道并想要知道的人物、故事、思想、观点。"常言道：文无定法。微博的核心在于"微"，在于信手拈来、随心所欲和不落窠臼。在微博写作过程中，需要注意以下几点：

1.标题鲜明

与印刷媒体的广告一样，访问者在微博页面上只能作大概的浏览，阅读一些关键的词汇或者标题。如果标题鲜明独特，访问者才可能有兴趣浏览整篇内容。

2.语言富有号召力

很多广告主运用微博广告并不满足于仅仅提升品牌的知名度、传播品牌形象，还希望能够吸引受众进行更深接触，因而将广告与企业主页相链接，这就要求提高点击率。以此为目的的广告，在文案写作中就应注意设置悬念，最大限度地激发访问者的好奇心和注意力；或者设置参与性内容，引起访问者兴趣，拉近其与品牌的关系。

3.注意语言与图片、视频、超链接等的配合

多媒体技术的运用为微博增强了不少吸引力，因而，在微博文案的写作上，应充分利用多媒体技术，使语言、图片、视频、超链接等有效地配合，来增加信息传播的趣味性和表现力。

4.把握正确的舆论导向

树立和秉持高度的社会责任感，自觉抵制粗制滥造和内容低俗化，把握正确的舆论导向。

例文 4-9

图 4-3 是一则中国铁建于 2016 年 11 月 29 日发布的微博。该微博通报了中国铁建股份有限公司与卡塔尔 HBK 公司组成联合体，在多哈签约 2022 年世界杯主体育场——卢赛尔体育场建设项目的消息。

图 4-3 "中国铁建"微博截图

简评：这是中国公司首次以主承包商身份承建世界杯主体育场。中国铁建官方微博发布了这则重大消息，并随手揶揄了一把国足："抱歉了国足，我们先走一步……"

课堂讨论 4-8

微博上一个名叫章渔大小姐的用户，在 2016 年 10 月 24 日发布了一条"个个都入眼，不知道选哪个"豆浆机的微博，并逐个@苏泊尔 @九阳 @九阳豆浆机 @美的小美。看似非常普通的一条微博，结果在接下来的 48 小时内，却迎来了各大企业品牌的争相转发和评论，这让一条稀松平常的微博在各大企业的加持下转发一度达到 70 000 多次，评论 40 000 多条，点赞数更是高达 12 000 次，热度堪比杨洋、胡歌等一线明星的微博发文。

这究竟是一场有意为之的线上营销活动，还是自发的企业群体"自嗨"呢？我们暂且不去讨论，作为吃瓜群众的我们先看看有哪些企业参加了这次盛况，谁又在这场营销狂潮中博得网民的点赞呢？

华为手机：照片拍得跟江宁婆婆似的，赶紧来一台华为 P9 改善一下吧。@警察

蜀黍

沿滩公安：呵呵，论到守护，沿滩公安在您身边。

神州专车：已经很晚了，没回家的可以叫神州专车。充100送50，单单6.6折！除了安全，什么都不会发生哟。

滴滴出行：喝完九阳打的豆浆就可以发车了，一般人我不告诉ta。

海尔：选我，其他都是尘土。

意尔康yearcom：海燕呐，你可长点心吧！推荐九阳，和小意家产品一样用心！

凤凰客户端：别管了，先上凤凰新闻客户端看看有没有相关新闻压压惊！

人人快递：我就是送快递路过的，我什么都没看见。

土豆动漫：评论闻到了一股硝烟味，我都错过了什么？

上海合作组织：正如哈选中，中选吉，吉选俄，俄选塔，塔选乌，六国选上合，斗诗选科。选对很重要！您问豆浆机怎么选？我也没辙。@张继科

ThundeRobot雷神笔记本：我就觉得九阳不赖！你可以试试，顺便看看我们的雷神911笔记本，双十一抢跑特价只要8 199！俩一块来，就有两个小编联手送小礼物，你觉得怎么样？

京东白条：来打我啊！咱都买下来，挨个儿喝！不纠结。

剑网3客户服务：那个什么，产品再出色没有一个完美的售后和客服就等于花瓶！欢迎宝宝在选用心仪豆浆机同时搭配大型武侠游戏剑网3，配合食用更佳。

乐视影业：看电影找我，豆浆机必须选@九阳。

脑白金：要啥豆浆机，收礼只收脑白金！

西山居游戏：来迟了，不知道说啥，那给大家拜个早年吧！

露露股份官方微博：我也觉得九阳不赖，良心推荐露露甄选型系列，和九阳很搭哦。

盼盼食品集团：不管你选什么，我猜你总需要一枚面包，法式小面包，还是盼盼好。

三全食品：年轻人，不要老是想搞大新闻，过来领包饺子回家用@九阳煮着吃吧。

嗅觉灵敏的商家都懂得借势营销，你觉得哪家微博的文案更胜一筹呢？请和同学们交流一下你的观点。

单元六　微信公众号

【引例】　　　　　　　**企业公众号的运营模式**

企业公众号面对特定的企业，为特定企业提供服务。企业公众号服务内容根据企业性质与需要而有所不同。企业公众号是企业通过微信为企业客户或内部人群提供的移动服务，提供企业移动服务的应用入口，帮助企业建立相关利益群体与企业IT系统间的连接。

企业公众号与一般微信公众号相比，具有一些通过专门定制形成的功能。微信为企业客户提供的移动应用入口，帮助企业、政府事业单位及组织实现生产、协作及运营的移动化。企业公众号的定制属性会对企业本身提供一系列新的能力和特性，满足不同企业灵活、复杂以及高安全性的要求，如定制应用、限制关注人群、扩大群发消息量、提供开放有权限控制的接口、保密消息、应用快速部署、精确的消息提醒等功能。

通过企业公众号的应用，企业或组织等可以快速、低成本地实现高质量的企业移动轻应用，实现生产、服务、管理、协作的移动化。企业公众号作为企业IT移动化解决方案，相对于企业自行开发的App具有明显的优势，表现为快速移动化办公、开发成本较低、零门槛使用，在一定程度上已经超过甚至取代了原有企业App的使用。

资料来源　谭小平，等. 微信公众号运营与经济价值研究［J］. 商业经济，2021（6）.

一、微信概述

微信是腾讯公司于2011年1月21日推出的一个为智能终端提供即时通信服务的免费应用程序。微信支持跨通信运营商、跨操作系统平台通过网络快速发送免费（需消耗少量网络流量）语音信息、视频、图片和文字，同时，也可以使用通过共享流媒体内容的资料和基于位置的社交插件"朋友圈""扫一扫""摇一摇"等服务。

微信提供公众平台、朋友圈、消息推送等功能，用户可以通过"摇一摇""搜索号码"和扫二维码方式添加好友和关注公众平台，同时微信将内容分享给好友以及将用户看到的精彩内容分享到微信朋友圈。微信公众平台是腾讯公司在微信的基础上新增的功能模块，通过这一平台，个人和企业可以实现和特定群体的文字、图片、语音的全方位沟通、互动。

微信除了有个人微信外还有一个非常强大的平台，就是微信公众平台。微信公众平台目前分为订阅号、服务号、企业微信和小程序四种类型。订阅号和服务号的例子如图4-4所示。

微信公众平台相对于其他宣传工具具有如下特点：

第一，熟人网络，小众传播，传播有效性更高。

第二，可随时随地提供信息和服务。

第三，富媒体内容，便于分享。

第四，便利的互动性，信息推送迅速，实时更新。

第五，营销成本更低，可持续性更强。

订阅号　　　　　　　　　　　　服务号

图4-4　订阅号和服务号

延伸阅读4-3　　　　　　　　什么是订阅号和服务号

（1）订阅号是为媒体和个人提供一种新的信息传播方式，功能类似报纸杂志，提供新闻信息或娱乐趣事。

适用群体：个人、媒体、企业、政府或其他组织。

群发次数：订阅号（认证用户、非认证用户）1天内可群发1条消息。

（2）服务号是为企业和组织提供更强大的业务服务与用户管理能力，主要偏向服务类交互（功能类似12315、114、银行，提供绑定信息、服务交互）。

适用群体：媒体、企业、政府或其他组织。

群发次数：服务号1个月（按自然月）内可发送4条群发消息。

二、微信公众号的结构与写法

微信公众号写作不同于微博写作的碎片式，写作上需改变思维习惯和刻板模式，以攻破朋友圈的信息壁垒为目标。一般认为，微信公众号写作是多图文递进结构。

1.标题

在微阅读的趋势下，一篇优秀的文章能不能吸引读者，主要取决于标题。标题最为

重要，直接影响到资讯的阅读率。微信订阅号能展示的标题很短，只能看到前面约 17 个字，所以标题拟定必须紧扣热点，比如《神技能|九招让你变网红》。

文章要想获得更多的曝光度，标题就要跟上时代的潮流，最简单的做法就是在标题中加上网络热词。因为网络热词能快速吸引读者的关注。例如，"正能量""新零售""舌尖上的中国""友谊的小船""世界那么大，我想去看看""打 Call""油腻""躺平"等。从搜索引擎角度讲，这也能给你写的文章增加更多的曝光机会。

2.提要

微信写作的提要一般在 100 字以内，以简述背景、提出问题、引发思考为目的。例如，团结湖参考 2016 年 4 月 28 日推送了题为《庞立博：林肯 2016 年唯一的目标是让消费者满意》的文章，其提要简明扼要地写道：2016 年北京车展期间，林肯中国总裁庞立博在被问起林肯 2016 年销量目标时，回答"林肯 2016 年在中国没有销量目标，唯一的目标就是让消费者更加满意"，展现了其对林肯品牌在华发展的自信，也道出了林肯在华的经营之道。

3.正文

写文章要找自己熟悉的话题，自己擅长的话题，只有自己在该行业里拥有丰富的知识储备，有独特的见解，写起来才能游刃有余、挥笔自然。不论是创业路上的故事、公司管理经验的分享、业务之间的分歧、团队里的故事等，都要有一定的真实性、可读性、连贯性。只要是你喜欢的，都可以拿出来写成文章。

4.结尾

结尾主要是对这一篇文章做一个简单的总结，通过总结使读者更重视你提出的观点，或者是引发读者更深入的思考。

三、微信公众号的写作要求

微信公众号主要是面向名人、政府、媒体、企业等机构推出的合作推广业务。在这里可以通过微信渠道将品牌推广给上亿的微信用户，减少宣传成本，提高品牌知名度，打造更具影响力的品牌形象。与个人微信稍有不同，公众号的写作应注意以下几点：

1.新鲜有趣

内容要有足够的新意，有足够吸引人的地方。需要花足够的时间，巧妙地构思微信营销创意。

2.彰显价值

发布信息具有实用性，能够向用户提供一定的帮助，既可以是提供信息服务、传授生活常识，也可以是提供商品的促销信息或者折扣凭证等。

3.突出个性化

内容要自成体系，在表达方式、内容倾向等方面要拥有自己的特点并能长期保持这种一致性，这样才会给用户一个系统和直观的整体感受，使企业微信能够较容易地被识别，与其他微信用户"划清界限"。

4.坚守底线

一是要遵守法律法规，坚持正确政治方向和舆论导向。二是要有正确的新闻观和价值观。三是要恪守新闻职业道德。微信公众号运营者一定要传播网上符合广大人民群众利益、实现社会效益和经济效益的正能量。

（（（o） 小提示4-3

在人人都有麦克风的时代，互联网信息技术也是双刃剑，如果治理不当或者疏于监管，网络空间就有可能问题丛生，成为虚假信息、暴力色情、造谣诽谤、敲诈勒索、网络诈骗、低俗媚俗等违法违规有害信息的集散地。互联网从业人员必须严格遵守《中华人民共和国数据安全法》《中华人民共和国网络安全法》《互联网信息服务管理办法》《互联网新闻信息服务管理规定》《互联网信息内容管理行政执法程序规定》《互联网新闻信息服务许可管理实施细则》《互联网新闻信息服务单位内容管理从业人员管理办法》《网络信息内容生态治理规定》等。

例文4-10　　用微信公号发布不实信息　西安一广告公司两人被处理

2018年3月16日，西安市网络安全保卫支队和公安雁塔分局分别接到网民举报以及成都铁路公安局成都公安处成都车站派出所报案：3月14日，西安善源广告文化传播有限公司使用微信公众号"72行"发布了一条题为《成都火车站数十警察勾结小偷，个别警察家产百万》的信息。

支队立即联合雁塔分局开展相关调查工作，经核实，该起事件发生于2005年，相关人员已被依法追究法律责任。而西安善源广告文化传播有限公司成某、杨某某在使用微信公众号"72行"发布信息时，故意不标明时间和出处，歪曲事实，在通过网络、微信、微博等平台传播后，严重损害公安机关及人民警察形象，造成了恶劣影响。

3月17日，该公司通过微信致歉，称他们发文时未注明原文出入，并且刻意屏蔽了部分反映真实情况的评论。该致歉主动消除减轻违法后果的影响，并取得了成都车站派出所的谅解。

3月19日，西安市网络安全保卫支队介绍称，根据《治安管理处罚法》第25条之规定，对西安善源广告文化传播有限公司的法人代表成某、编辑杨某某分别作出行政罚款处理。

资料来源　卿荣波.用微信公号发布不实信息　西安一广告公司两人被处理［N］.华商报，2018-03-19.

简评：随着互联网+时代来临，微信已成为大众常用的社交工具，微信上的各式自媒体每天都发出海量信息，在给人们带来方便的同时，也有部分自媒体成为谣言和不实信息的"放大器"，部分公众号只图转发内容"吸引眼球"，而不核实转发内容是否真实，最终造成不良后果。网络并非法外之地，微信公众号绝非没有边界不受任何限制，法律、道德为其"自由空间"早就定了"度"，随心所欲超出法律、道德的底线就可能引发纠纷。微信公众号具有的表达自由绝非法外之地不受任何限制，守法才有微信公众号受到法律保障的自由。

小提示4-4

运营微信公众号的小技巧：

（1）保持内容安排的最佳比例：80%的微信内容要对粉丝有价值，20%的内容自我推广。

（2）体现及时性、可读性、教育性、娱乐性和互动性的特征。

（3）内容有营养，能够启发思考，编写清晰明了，独特有趣。

（4）善于联络，转发微信，让微信保持活跃状态，树立品牌。

（5）保持个性，避免微信风格巨大转变。

（6）根据企业特性选准信息推送时机。

（7）善于互动。

他山之石4-3　　　　　　　　　**浅谈如何写好微信订阅号文章**

微信订阅号文章的特点，总结起来就是"新""怪""准""互"。

新：订阅号的核心在于内容，只有好的内容才能深深地吸引住用户。对于订阅号，你要考虑的就是每天发布的内容是否有新鲜感，就如同我们准点看某个电视台新闻一样，它能每天给我们带来不同的资讯信息。

怪：常常看微博上那些大红大紫的达人们，发现他们的很多内容都是怪论。他们的"怪"是有分寸和讲究的，如果把他们的微博定位为一个产品，那么在内容题材上他们都选择满足现代人的性格和情感，在运营思路上他们大多数都是走大众化、另类化路线。总结起来，他们的"怪"就是去满足现代网民的精神上的情感需要，去走一些差异化路线，大胆尝试与创新。

准：现在很多做微信运营的都是微博运营转过来的，这里提到的"准"就是对自身账号的准确定位，对账号用户的准确定位。现在很多订阅号都选择了垂直化、扁平化来运营，这样用户对账号也有一个更加清晰的认识。

互：不管是订阅号还是服务号，互动是必不可少的，一方面让用户知道你是一个活生生的人在运营而不是机器，另一方面也可以加深用户对账号的感情，增加用户对账号的黏度。

就微信订阅号文章"新""怪""准""互"的特点而言，要想文章能长期吸引人，必须要创新，创新没有固定的套路，主要还是看个人能做到什么程度。

资料来源　成都一路向东文化传播. 浅谈如何写好微信订阅号文章［EB/OL］.［2018-05-27］. http://mt.sohu.com/20150827/n419879195.shtml.有删节。

思政园地

近年来，"网红经济"发展势头很好，为促进消费、活跃经济起到了积极作用。一些公司通过打造"网红"聚集人气、吸引流量、获取经济利益本无可厚非，但如果靠宣扬"假恶丑"来达到恶意炒作营销的目的，不但挑战了社会基本道德底线，也颠覆了人们的三观，对未成年人更会产生错误导向，影响极其恶劣。

2021年3月1日施行的《网络信息内容生态治理规定》明确要求，网络信息内容生产者和服务平台应当采取措施，防范和抵制制作、复制、发布、传播"炒作绯闻、丑闻、劣迹等"不良信息。相信网站平台面对"网红"经济会有正确的认知，对炒作低俗、庸俗、媚俗会有鲜明的态度。近日，微博针对"恶意炒作某出狱人员"一事就亮明了态度、对相关账号果断处置。也相信会有越来越多网站平台严守职业操守和道德底线，尊重公序良俗，成为互联网行业创新发展与网络空间天朗气清的重要推动者、实践者，成为促进互联网行业健康有序发展的重要力量。

项目概要

声明是机关、单位、团体对重大事件、重要问题表明立场、观点、态度或主张而发表的一种应用文书。声明的正文部分一般由发表声明的缘由、声明事项和声明者的态度几个部分构成。

狭义的新闻专指消息。商务新闻是指发生在商务领域中具有新闻价值的事实、现象、动态等，在新闻媒体上公开报道的新闻稿。新闻（消息）的结构有"倒金字塔结构""正金字塔结构""并列式结构"等，具体采用哪种形式要根据需要和消息的特点而定。完整的新闻一般由标题、导语、主体、背景和结尾五部分组成。新闻的内容，通常有时间、地点、人物、事件和结果五个要素。

商业广告，是指以营利为目的的广告，通常是商品生产者、经营者和消费者之间沟通信息的重要手段，也是企业占领市场、推销产品、提供劳务的重要形式。商业广告的写作重点要把握以下几点：真实性、生动性、新颖性、合法性。

商品说明书又叫产品说明书，是对商品的构造、性能、规格、用途、使用和保养方法以及注意事项等作书面介绍的文书。商品说明书一般由标题、正文、落款三部分组成。

微博，又称微博客，是一种通过关注机制分享简短实时信息的广播式的社交网络平台。微博的特点如下：篇幅短小；内容突出，表达随意；结构简单，文本碎片化；即时性与互动性并存。微博的一般格式为"#主题#文章内容"。

微信公众号写作不同于微博写作的碎片式，写作上需改变思维习惯和刻板模式，以攻破朋友圈的信息壁垒为目标。一般认为，微信公众号写作是多图文递进结构，可分为标题、提要、正文、结尾四部分。

项目测试

一、简答题

1.声明的写作应注意哪些问题？

2.新闻稿一般分为哪几个部分？

3.一般来说，商业广告的构成要素有哪些？

4.简述商品说明书的特点。

5简述商品说明书的写作要求。

6.微博的写作应注意哪些方面？

7.微信公众号的写作有哪些要求？

二、写作训练

1.为下面一则新闻材料拟写一个标题，要求字数不超过20字。

近日，中科院长春应化所研究员邢巍课题组与瑞士巴黎高等洛桑联邦理工学院胡喜乐教授带领的科研团队开展国际合作，成功设计并制备了直接甲酸燃料电池（DFAFC）高效阳极非铂催化剂。

直接甲酸燃料电池，因其制作程序简单、比能量和比功率高，是新一代移动和便携式电源。该技术是将储存于甲酸和氧气中的化学能直接转换成电能的发电装置。然而，由于DFAFC的稳定性和耐久性仍然较差，贵金属负载量仍然较高，贵金属利用率仍然较低等而达不到商业化的技术要求等因素，开发出高活性、高稳定性的阳极电催化剂成为该领域目前研究的核心。

科研人员通过向普通的炭黑中掺杂磷化镍（Ni_2P）获得了一种简单廉价的复合载体，然后将钯负载在该复合载体上得到直接甲酸燃料电池用阳极电催化剂。据介绍，该类催化剂在酸性环境中的活性、寿命、抗中毒能力及长效工作稳定性方面均优于商业催化剂和其他已经报道的催化剂。其中，利用该体系中的Pd-Ni_2P/C作为DFAFC催化剂时其功率密度高达550 mW/cm^2，较商业性能提高2.5倍，是目前所见文献报道的DFAFC的最高性能，相关研究成果发表于日前的《德国应用化学》上。目前，相关催化剂的批量生产正在进行中。

2.阅读下面的材料，试给"中国温泉之乡"巢湖拟写一则广告词。要求言简意赅，富有感染力、号召力，不超过20个字。

巢湖市温泉开发历史悠久，发展源远流长。据史料记载，汤池温泉古称"坑泉"，最早开发于西汉。宋代王安石曾在此洗浴，写下了"寒泉诗所咏，独此沸如蒸"的佳句。香泉温泉开发于南北朝，南梁昭明太子萧统于此沐浴疗疮，故又名"太子汤"。半汤温泉开发于隋代，因治愈多位皇帝及达官贵人皮肤疾病而享誉四方，古人誉为"九福之地"。

3.说明书的重要性毋庸置疑，但它经常被厂家忽视，并因此给消费者带来很大的不便。调查显示，有高达79.68%的消费者遇到过看不懂的说明书。

消费者看不懂说明书，原因主要有三个：

一是说明书过于简单，导致消费者看似明白实际不明白。记者在调查中发现，如今的家电产品中，像灶具、热水器、吸油烟机以及绝大多数小家电产品的说明书都存在过于简单的问题，很多产品说明书的内容也大多只有技术参数和产品电路图，文字说明大多只有几百字，消费者最看重的安装使用说明往往也只是寥寥数语，根本说不透彻。

二是内容烦琐复杂，消费者不愿看。与上述情况相反，如今很多家电产品的说明书正走向另一个极端——越来越长，动辄几十页，让消费者难以看下去，更谈不上按照说明书来使用了。

三是专业术语过多，说明书堪比"天书"。记者手边的一本音响说明书，里面仅关于功放机的说明就有近百页之多，英文、日文、中文俱全，术语一大堆。如果没有专业人士帮忙，消费者自己根本不可能安装起来。"对我们普通用户来说，这简直就是'天书'。"

专家指出，重点不突出、操作性弱是说明书缺乏吸引力的主要问题。

资料来源　王峰. 说明书期待人性化关怀［N］. 中国消费者报，2008-03-24.

要求：商品说明书写作如何突出重点、增强操作性，请谈谈你的看法。

4.魔镜是海尔投资的一个项目，本质上是一个防水防雾支持触摸的平板电脑，用于取代智慧浴室里面的一个镜子。你可以每天早上起床的时候问"魔镜魔镜我美吗"，它可能会告诉你"你最美"，但是也可能会告诉你，你今天的肌肤的健康状况和你相关的一些参数百分比。它会去检测你的体重，会说"哎，你今天该体检了"，同时它还能识别你的家庭成员、识别你的好伙伴，或者是遥控你家热水器。

2016年年初，魔镜亮相美国CES展，海尔希望通过一些传播手段来辅助销售。假设你是海尔官方微博运营人员，请为此撰写一则微博文案。

5.关注迪卡侬（微信号：DecathlonCN），试分析其推送广告的写作特点。

项目五

商务谈判文书

学习目标

1. 了解不同种类商务谈判文书的特点；
2. 熟悉不同种类商务谈判文书的结构和写法；
3. 掌握不同种类商务谈判文书的写作要求；
4. 能够根据实际需要规范地撰写具体商务谈判文书。

商务谈判是指人们为了阐明己方立场、协调彼此之间的商务关系，满足各自的商务需求，通过协商对话以争取达成某项商务交易的行为和过程。通过谈判，企业能够实现自己的经济目标，获取所关注的市场信息，最终达到开拓市场的目的。

在谈判过程中通常会涉及招（投）标书、备忘录、会谈纪要、意向书、合同等文书的使用。本项目中我们将重点讲述招标书、投标书、电子邮件、会谈纪要、意向书和合同的写作方法。本项目结构导图如下：

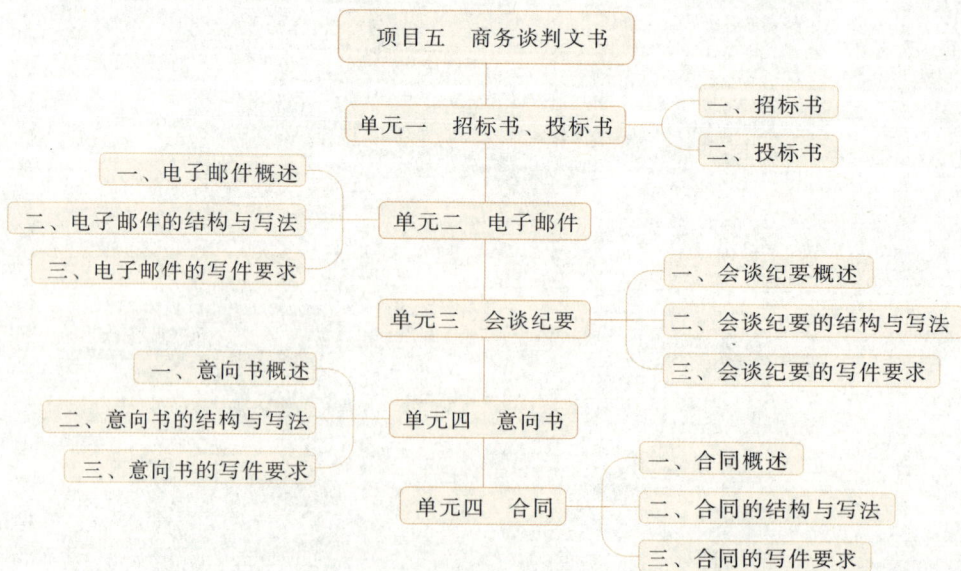

```
                    项目五   商务谈判文书

                                              ┌── 一、招标书
              单元一   招标书、投标书 ─────────┤
                                              └── 二、投标书

  ┌── 一、电子邮件概述
  │
  ├── 二、电子邮件的结构与写法 ──── 单元二   电子邮件
  │
  └── 三、电子邮件的写件要求
                                              ┌── 一、会谈纪要概述
                                              │
              单元三   会谈纪要 ──────────────┤── 二、会谈纪要的结构与写法
                                              │
                                              └── 三、会谈纪要的写件要求
  ┌── 一、意向书概述
  │
  ├── 二、意向书的结构与写法 ──── 单元四   意向书
  │
  └── 三、意向书的写件要求
                                              ┌── 一、合同概述
                                              │
              单元四   合同 ──────────────────┤── 二、合同的结构与写法
                                              │
                                              └── 三、合同的写件要求
```

单元一　招标书、投标书

招标制度的历史沿革

现行的招标投标基本制度，特别是在程序和评标办法上，基本采用了世界银行和亚洲开发银行的规则。我国规定了两种评标方法，一是综合评估法，二是最低评估价法。随着《招标投标法》的实施，各地区、各部门在招投标实践中，又出台了一系列实施细则，将综合评估法进行细化，使得价格成为最重要的评价因素；最低评估价法则被简单地解释为最低投标报价法。所以，名义上是两种评标方法，实际上都是以价格为主要评判依据的评估方法。

《招标投标法》立法之初，我国学习和借鉴了世界银行和亚洲开发银行的制度，这有助于解决我国当时从价格入手促进更有效的投资决策。而世界银行和亚洲开发银行作为发展援助性机构，其制度更多适用于经济最不发达或者最贫穷的国家。其目的是通过发放援助性贷款及项目投资，为这些国家消除贫困和极端贫困。用很多专家的话来说，照搬世界银行的规则买不到好的东西。换言之，就是世界银行和亚洲开发银行的制度在一定的历史时期已不再适应我国经济发展的规律。

近年来，世界银行也在进行采购制度的改革，探索给予业主更多的采购自主权，让采购程序更加灵活。比如世界银行新版的采购框架从原来的8种采购方法增加到71种采购方法和市场比价方法，为备选采购方式提供了可能。世界银行专家将更多地把时间用在规划和合同管理工作上，其项目经理将更全面地了解最适当的采购安排，推动实现发展目标及最大限度地降低潜在风险等。世界银行的一系列改革举措，为我国招标投标和政府采购制度的完善提供了参考。

资料来源　朱建元.探讨新时代招标投标工作的新使命［EB/OL］.［2021-03-06］.http://www.ccgp.gov.cn/llsw/201712/t20171226_9395503.htm.

招投标是随着改革开放逐步发展起来的一种适应市场经济和国际惯例的采购形式。实践证明，通过招投标，一是能降低投资成本，控制投资风险，提高投资质量；二是能优化投资环境；三是能有效地防止"暗箱"操作，堵住采购活动中的漏洞，从制度上和源头上防止和遏制建设领域中的腐败；四是能规范承包人的合同约束力，避免随意性。本单元将就招标书和投标书的写作格式及写作要领进行探讨。

一、招标书

1.招标书概述

招标书是招标人为择优选定项目承包人或合作者而对外公布有关招标项目、范围、内容、条件、要求的文书。作为招标文件的重要组成部分，招标书通常是指招标公告和招标邀请书，人们也常称其为招标广告。《中华人民共和国招标投标法实施条例》第15条规定："公开招标的项目，应当依照招标投标法和本条例的规定发布招标公告、编制招标文件。"

招标书属于邀约的范畴，是招标人利用投标者之间的竞争来达到优选合作方或承包方的目的，是吸收各地优势于一家的有效交易手段。

招标书是一种告示性文书，它提供全面情况，便于投标方根据招标书提供的情况做好准备工作，同时指导招标工作有序开展。

招标书具有公开性、竞争性、时限性三个特点。按时间划分，招标书有长期招标书和短期招标书；按内容及性质划分，招标书有企业承包招标书、工程招标书、大宗商品交易招标书；按招标的范围划分，招标书有国际招标书和国内招标书。

2.招标书的结构与写法

招标书一般由标题、正文、结尾三部分组成。

（1）标题。写在第一行的中间。一般由招标单位名称、招标性质及内容、文种构成，如《京东华南区2022年冷链招标书》《海南日报发行部服务器采购项目招标书》。

（2）正文。正文由引言、主体部分组成。引言部分要求写清楚招标依据、原因。主体部分要翔实交代招标方式（公开招标、内部招标、邀请招标）、招标范围、招标程序、招标内容的具体要求、双方签订合同的原则、招标过程中的权利和义务、组织领导、其他注意事项等内容。

（3）结尾。应写明招标单位名称、地址、电话、传真、邮政编码等，以便投标者参与。

3.招标书的写作要求

招标书的写作是一项严肃的工作，应该注意：

（1）内容合理合法，切实可行。招标书的内容要符合国家有关法律、法规、政策（如《招标投标法》《政府采购法》《民法典》）的规定，招标项目的具体要求和条件要符合实际，切实可行。

（2）周密严谨，重点突出。招标书是签订合同的依据，是一种具有法律效力的文件，因此，内容和措辞都要周密严谨，同时注意突出重点，切忌没完没了地胡乱罗列、堆砌。

（3）语言简明清晰。招标书在表述上应准确无误，没有歧义，尽可能使用精确语言，少用或不用模糊语言。

📖 **例文 5-1**　　　　**天津医学高等专科学校绿化工程项目招标公告**

受天津医学高等专科学校委托，天津市汇广工程咨询有限公司将以竞争性磋商谈判方式，对天津医学高等专科学校绿化工程项目实施政府采购。现欢迎合格的供应商参加谈判。

一、项目名称和编号

1.项目名称：天津医学高等专科学校绿化工程项目

2.项目编号：HGGP-2016-A-0256

二、项目内容

1.主要标的名称及数量：绿化工程

2.简要规格描述：详见招标文件

3.本项目不接受进口产品投标

三、项目预算：150 000元

四、项目需要落实的政府采购政策

支持中小企业；支持国内产品；采购非进口产品、环保节能产品。

五、供应商资格要求

1.投标人须提供营业执照副本。

2.投标人须提供税务登记证副本。

3.投标人须提供组织机构代码证副本。

4.投标人须提供城市园林绿化企业三级及以上资质。

5.投标人须由法定代表人或其委托代理人参加开标仪式，投标人若为法人投标，须提供法定代表人身份证明书（需由法定代表人签字或盖章）和法定代表人身份证原件；投标人若为被授权人投标，须提供法人代表授权书（需由法定代表人签字或盖章）和被授权人身份证原件。

6.本项目不接受联合体投标。

六、获取磋商文件时间、地点、方式及谈判文件售价

1.获取磋商文件的时间：北京时间2016年5月13日至5月19日，每日上午8：00至下午16：00（法定节假日除外）。

2.获取磋商文件的地点：天津市汇广工程咨询有限公司（天津市河北区五马路与律纬路交口海韵家园底商25增7号）。

3.获取磋商文件的方式：发售，现场领取。

4.招标文件的售价：招标文件售价为300元/包（招标文件一经售出，所收费用概不退还）。

七、响应文件提交的截止时间、开启时间及地点

1.响应文件提交的截止时间：北京时间2016年5月25日上午9：30—9：45，9：45截止收取投标文件。资质审查时间：北京时间2016年5月25日上午9：50。

2.响应文件开启时间：北京时间2016年5月25日上午10：00。

3.响应文件开启地点：天津市汇广工程咨询有限公司第一会议室（天津市河北区五马路与律纬路交口海韵家园底商25增7号）。

八、项目联系人及联系方式

1.联系人：刘老师

2.联系方式：022-26491095

九、采购人的名称、地址和联系方式

1.采购人名称：天津医学高等专科学校

2.采购人地址：天津市河西区柳林路14号

3.采购人联系人和联系方式：张老师，022-60277091

十、采购代理机构的名称、地址和联系方式

1.采购代理机构名称：天津市汇广工程咨询有限公司

2.采购代理机构地址：天津市汇广工程咨询有限公司（天津市河北区五马路与律纬路交口海韵家园底商25增7号）。

3.采购代理机构联系方式：022-26491095

4.采购代理机构传真：022-60511623

5.采购代理机构汇款银行及账号：

开户行：中国银行律纬路支行

行号：10410044003

账号：280460076924

名称：天津市汇广工程咨询有限公司

十一、质疑、投诉方式

供应商认为磋商文件或磋商公告使自己的合法权益受到损害的，可以自获取谈判文件之日或谈判公告期限届满之日起7个工作日内，以书面形式向天津医学高等专科学校和天津市汇广工程咨询有限公司提出质疑，逾期不予受理。供应商对质疑答复不满意的，或者采购人、采购代理机构未在规定期限内作出答复的，供应商可以在质疑答复期满后15个工作日内，向采购人同级财政部门提出投诉，逾期不予受理。

十二、公告期限

磋商公告的公告期限为5个工作日，即自2016年5月13日起至2016年5月19日止。

2016年5月13日

资料来源　天津医学高等专科学校.天津医学高等专科学校绿化工程项目招标公告［EB/OL］.［2018-05-13］.http://www.ctba.org.cn/list show.jsp?record id=242657.

例文5-2　浦东图书馆农家书屋图书采购等项目的公开招标公告

根据《中华人民共和国政府采购法》的规定，上海社发项目管理服务有限公司受委托，对浦东图书馆农家书屋图书采购等项目进行国内公开招投标，特邀请合格的供应商前来投标。

一、合格的投标人必须具备的条件

1.符合《中华人民共和国政府采购法》第22条规定的供应商。

2.根据《上海市政府采购供应商登记及诚信管理办法》已登记入库的供应商。

3.其他资格要求：

（1）具有独立法人资格及相应的经营范围；在上海市内有固定的经营场所和服务机构。

（2）包件一具有出版物经营许可证（经营范围含音像制品），若出版物经营许可证经营范围中无音像制品的，必须另外提供有效期内的音像制品经营许可证；包件二、三具有出版物经营许可证；包件四、五具有出版物经营许可证和出版物进口经营许可证。

（3）包件四应与国外出版社或编辑部有良好的合作关系，具有良好的售后服务能力并具有在国内大型图书馆供应合作的经历和良好的信誉。

（4）报名截止之日前3年内，在政府采购活动中无不良行为记录。

（5）本项目不接受联合体投标，不得转包和分包。

二、项目概况

1. 项目名称：浦东图书馆农家书屋图书采购等项目。

2. 招标编号：SHXM-00-20160414-8861（代理机构内部编号：SF201610115）。

3. 预算编号：01-16-07603，01-16-07604，01-16-07605，01-16-07606，01-16-07607。

4. 项目主要内容、数量及简要规格描述或项目基本概况介绍：

包件一：农家书屋图书，预算金额100万元；

包件二：少儿及专题图书，预算金额180万元；

包件三：普通图书，预算金额200万元；

包件四：外文报刊，预算金额200万元；

包件五：外文图书，预算金额270万元。

包件一至包件三不允许采购进口产品，包件四、五允许采购进口产品（进口产品指通过中国海关报关验放进入中国境内且产自关境外的产品）。

5. 交付地址：详见招标文件要求。

6. 交付日期：详见招标文件要求。

7. 采购预算金额：9 500 000元（国库资金：9 500 000元；自筹资金：0）。

8. 采购项目需要落实的政府采购政策情况：本采购项目执行政府采购有关鼓励支持节能产品、环境认证产品以及支持中小企业、福利企业等的政策规定。

三、招标文件的获取

合格的供应商可自2016年4月15日本公告发布之日起至2016年5月5日，登录"上海政府采购网"（http://www.zfcg.sh.gov.cn），在网上招标系统中上传如下材料：

（1）营业执照、税务登记证原件扫描件；

（2）出版物经营许可证、出版物进口经营许可证原件扫描件；

（3）法定代表人授权书原件扫描件；

（4）被授权代表人身份证原件扫描件。

网上成功上传资料后，投标人或被授权代表人请于2016年4月18日至2016年4月22日，上午9：00—11：30，下午13：30—15：30（北京时间，法定节假日除外）前往上海市浦东新区潍坊路357号3楼招标一部进行验证并购买招标文件，现场验证时须携带上述上传资料的原件及一套加盖公章的复印件，原件经验证后即刻发还（法定代表人授权书除外）。逾期提交资料者或提交资料不符合要求者视作自动放弃投标资格。招标文件售价人民币500元/包件，售后不退。

合格供应商可在上述规定的时间内下载招标文件并按照招标文件要求参加投标。

凡愿参加投标的合格供应商应在上述规定的时间内按照规定获取招标文件，逾期不再办理。未按规定获取招标文件的投标将被拒绝。

注：投标人须保证报名及获得招标文件需提交的资料和所填写的内容真实、完整、有效、一致，如因投标人递交虚假材料或填写信息错误导致的与本项目有关的任何损失

由投标人承担。

四、投标截止时间及开标时间

1.投标截止时间：2016年5月6日上午10：00，迟到或不符合规定的投标文件恕不接受。

2.开标时间：2016年5月6日上午10：00。

五、投标地点和开标地点

1.投标地点：上海市浦东新区潍坊路357号3楼会议室。

2.开标地点：上海市浦东新区潍坊路357号3楼会议室。届时请投标人代表持投标时所使用的数字证书（CA证书）参加开标。

3.开标所需携带的其他材料：可以无线上网的笔记本电脑、无线3G或4G上网卡、投标时所使用的上海市电子签名认证证书（CA认证证书）、纸质投标文件一正一副。

六、发布公告的媒介

以上信息若有变更我们会通过"上海政府采购网"通知，请供应商关注。

七、其他事项

1.投标文件递交方式：电子投标文件由投标人在采购平台电子招投标系统上传提交。纸质投标文件由投标人授权代表当面递交。

2.电子投标文件递交网址：www.zfcg.sh.gov.cn。

3.纸质投标文件递交地点：上海市浦东新区潍坊路357号3楼会议室。

4.投标文件（电子及纸质）在投标截止时间后（以采购平台电子招投标系统显示时间为准）送达的，均将被拒绝接受。

八、联系方式

采购人：上海浦东图书馆　　　　采购代理机构：上海社发项目管理服务有限公司
地址：浦东新区前程路88号　　　地址：潍坊路357号3楼
邮编：201204　　　　　　　　　邮编：200122
联系人：史老师　　　　　　　　联系人：余老师
电话：38829588　　　　　　　　电话：58301999-8015
传真：38829588　　　　　　　　传真：58304777

资料来源　浦东图书馆农家书屋图书采购等项目的公开招标公告 [EB/OL]. [2018-04-15]. http://www.mof.gov.cn/pub/mof/xinxi/difangbiaoxun/difangzhaobiaogonggao/201604/t20160415 1951786.html.

简析：这是一则采用公开招标方式进行的政府采购项目所发布的招标公告。在公告中，首先介绍了公告发布背景，然后逐项列明了合格的投标人必须具备的条件、项目概况、招标文件的获取途径、招标截止时间及开标时间、投标地点和开标地点、发布公告的媒介、联系方式及其他事项，体现了招标书应具备的合理合法、简明扼要、周密严谨的特征，不失为一篇较好的参考范例。

二、投标书

1.投标书概述

投标书是指投标单位按照招标书的条件和要求，向招标单位提交的报价并填具标单的文书。它要求密封后邮寄或派专人送到招标单位，故又称标函。它是投标单位在充分领会招标文件、进行现场实地考察和调查的基础上所编制的投标文书，是对招标公告提出的要求的响应和承诺，并同时提出具体的标价及有关事项来竞争中标。

在法律性质上，投标书应属要约，招标人接受投标书后，选定中标人，即为承诺；经过要约、承诺后，双方就可正式签订合同。

按投标方人员组成情况，投标书可以分为个人投标书、合伙投标书、集体投标书、企业投标书等；按性质和内容，投标书可以分为工程建设项目投标书、大宗商品交易投标书、选聘企业经营者投标书、企业承包投标书、企业租赁投标书、劳务投标书、科研课题投标书、技术引进或转让投标书等。

2.投标书的结构与写法

投标书一般由标题、主送单位、正文、附件四个部分组成。

（1）标题。一般写明投标项目及文种，如《××项目投标书》，也可以只注明《投标书》。

（2）主送单位。主送单位也叫抬头，指投标书的受文单位，即招标单位名称或评标机构名称。

（3）正文。一般由前言、主体、结尾三部分组成。前言部分简要交代投标目的和依据，点明投标的项目和内容；主体部分主要有现状分析，并确定投标期限及投标形式，充分提供制定依据、具体标的、经营措施，并提出配合与支持的请求；结尾部分签署投标单位及其法人代表名称或姓名，并写明日期。

（4）附件。附件一般是投标人的情况及各种有利的投标条件介绍。

3.投标书的写作要求

投标书制作不当，不仅会成为无效标，而且容易产生废标。作为评标的主要依据，投标书是事关投标者能否顺利中标的关键要件。综合一些投标者在制作投标书方面的失败教训，以下五个方面应引起足够重视：

（1）"投标须知"莫弄错。"投标须知"是招标人提醒投标者在投标书中务必全面、正确回答的具体注意事项的书面说明。投标人在制作标书时，必须对"招标须知"进行反复阅读，直至弄懂弄通。

（2）"实质要求"莫遗漏。《政府采购法》《招标投标法》《政府采购货物和服务招标投标管理办法》等法律法规都规定：投标书应当对招标文件提出的实质性要求和条件作出响应。这意味着投标者只要遗漏招标文件中的某一条实质性要求，对其未作出响应，都将成为无效标。

（3）"重要部分"莫忽视。"标函""项目实施方案""技术措施""售后服务承诺"等都是投标书的重要部分，也是投标者是否具有竞争实力的具体表现。如果投标者对这些"重要部分"不重视，不进行认真、详尽、完美的表述，就会使投标者在商务标、技术标、信誉标等方面失分，以至于最后落榜。

（4）"细小项目"莫大意。在制作投标书的时候，有一些项目很细小，也很容易做，但稍一粗心大意，就会影响全局，导致全盘皆输。比如密封、签章、页码设置等。

（5）"联合制作"莫轻视。在实际招标采购中，有时会出现两个以上的供应商组成一个投标联合体，以一个投标人的身份投标。这样，投标书就需要几家供应商一起合作，参加联合制作的任何一方都不能轻视。

例文 5-3　　　　　　　　　　　　　　　投标函

北京市国际教育交流中心：

我公司收到《北京国际教育博览会（2016）项目招标书》，愿意参加投标。

我公司愿意遵守《北京国际教育博览会（2016）项目招标书》中的各项条款及有关规定，具体内容见投标文件。我公司同意提供贵单位要求的有关本次招标的其他资料。

我公司同意从规定的递交投标书截止之日起至与贵单位签署书面合同之日止，投标书中所述的各项内容和承诺对我方具有约束力，并随时可被接受。

投标人：

地址：

法人代表：（签字、盖章）

授权代表：

日期：　　年　月　日

投标函附件

投标人全称：

投标人地址：

邮政编码：

法定代表人：

本次投标联系人：

联系电话：

投标人开户行：

投标人户名：

投标人账号：

简析：本例文由投标函和投标函附件两个部分组成。在投标函正文中，有前言（表达投标意愿）、投标事项（承诺对方条件）、结尾（投标人联系信息）。投标函附件则补充了投标函结尾的投标人信息。投标函正文惜墨如金，高度浓缩了投标书要义；投标函附件完备详细。

他山之石5-1　　　　混淆法定代表人和法人　投标被判无效

A公司参与一设备采购项目的投标后，对评标结果颇感意外，因为自己的投标文件被按无效投标处理了！而根据A公司事先的分析和推测，自己即使不是第一中标候选人，也应在前三名之内。惊诧之余，A公司提出质疑。

代理机构答复称，招标文件明确规定，投标保证金"应自投标单位的基本账户汇出"至代理机构指定银行账户，并且"投标人与提交投标保证金的单位名称必须一致"。而A公司是以个人名义提交的，不符合要求。

A公司认为，刘某是公司法定代表人，代表A公司，投标保证金以刘某名义汇入代理机构指定银行账户，完全没有问题。

问题：法定代表人和法人是否为同一概念？投标保证金能否以个人名义提交？

业内人士点评：

（1）法定代表人不等于法人。

法人是具有民事权利能力和民事行为能力，依法独立享有民事权利和承担民事义务的组织。依照法律或法人组织章程规定，代表法人行使职权的负责人，是法人的法定代表人。也就是说，法人必须通过特定的自然人来表现其意志，该特定自然人就是法定代表人，也称法人代表。法人作为民事法律关系的主体，是与自然人相对而言的，法人是自然人的集合体。

本案中，虽然刘某为A公司的法定代表人，但其对外的民事行为要以法人名义。除法人之外的其他组织，如合伙企业、个人独资企业等，也要以其名义对外进行民事活动。A公司的失误在于将法人与法定代表人混为一谈。

（2）投标保证金要以单位名义提交。

根据《政府采购法实施条例》第33条，投标人未按招标文件要求提交投标保证金的，投标无效。

本案中，A公司虽然也提交了投标保证金，但因为没有以单位名义提交，而是以个人名义提交，其投标被判无效，这是有依据的。《工程建设项目货物招标投标办法》第27条规定，招标人可在招标文件中要求投标人以自己的名义提交投标保证金。投标保证金除现金外，可以是银行出具的银行保函、保兑支票、银行汇票或现金支票，也可以是招标人认可的其他合法担保形式。投标人不按招标文件要求提交投标保证金的，其投标文件作废标处理。

《政府采购货物和服务招标投标管理办法》第20条规定，招标采购单位应在招标文件中明确投标保证金的数额及交纳办法。

本案中，招标文件明确规定投标保证金"应自投标单位的基本账户汇出"至代理机构指定银行账户，且"投标人与提交投标保证金的单位名称必须一致"。另外，法人应以其全部财产对其债务承担有限责任，投资者以其对企业法人的投资承担有限责任，投资者必须与法人的财产相分离。因此，以法人代表名义提交投标保证金，是法人代表的个人行为，不能认定为是投标单位的意志。所以，A公司的投标被判无效没有疑问。

从本案可见，在投标前，供应商除要仔细研读招标文件、编制投标文件外，还要注意诸如投标保证金的提交形式、提交主题、截止时间等要求。如有疑问，要及时与代理机构沟通，避免因对招标文件的误解而导致投标无效。

资料来源　王少英,张孟海. 混淆法定代表人和法人　投标被判无效[EB/OL].[2018-05-23]. http://www.caigou2003.com/zhengcaizixun/baozhiwenzhang/2120796.html.

单元二　电子邮件

【引例】　**电子邮件"人到中年"，它给了我们怎样的陪伴？**

自1971年电子邮件问世以来，如今已走过了40多年，其地位一直没能被任何新生代的互联网产品所完全取代。当前电子邮件的使用几乎渗透到生活的各个方面，在美国大选期间，希拉里的"电邮门"更是一度给大选增添了变数。作为人们在网上沟通的重要载体之一，电子邮件究竟给我们的生活带来了什么？

"e妹儿"变成了"e大妈"

1971年10月，第一封电子邮件（E-mail）被发出。如今，E-mail已经完全成为我们日常生活工作中必不可少的一部分，当初清纯新奇的"e妹儿"变成了有点唠叨但又让人离不开的"e大妈"。

铺天盖地、随时随地的电子邮件

与其他互联网产品相比，电子邮件有着无可匹敌的开放性——任何地方的任何人都可以给另外一个人发邮件，从而产生联系。据统计，2015年全球电子邮件用户数量超过25亿人。预计到2019年，电子邮件用户将逼近30亿人。

除了用户的人群覆盖面广大，电子邮件的使用场合更是多种多样，可以说是涵盖了我们日常生活的各个时刻。2015年的一项调查显示，甚至有18%的受访者表示会在驾车时查收电子邮件（小编提示：安全驾驶，切勿模仿）。

"使用电子邮件"等于"在工作"？

每天到了公司打开电脑先浏览电子邮件，可能是很多人的日常习惯。根据调查显示，使用邮箱主要用于工作的用户占比超过70%，而工作日收发邮件的数量要明显高于双休日。

另据美国的一项调查显示，将近一半的受调查者认为，互联网、电子邮件以及相关联的科技使他们在工作上更加有成效。六成的受调查者认为电子邮件对于上班族是十分重要的；而在社交网络极其普及的当下，仅有4%的人表示Facebook、Twitter以及Linkedin等网站对于他们的工作"非常重要"。

电子邮件带来的困扰

闹得沸沸扬扬的"电邮门"给希拉里的大选之路带来了不小的风波，其实受电子邮件困扰的还有我们每个普通人。我国网络不良与垃圾信息举报受理中心的数据显示，2016年上半年从未收到过垃圾邮件的用户仅占5%，近30%的用户每周处理垃圾邮件的时间超过10分钟。

即便垃圾邮件等问题让很多人对电子邮件感到不满，但不可否认的是，电子邮件依然是互联网历史中生命力最强的产品之一。而随着更大的容量、更快的传输速度等细节上的改进，电子邮件似乎也正在成功度过其"中年危机"。下一步又会是什么？这就需要时间和广大的用户去体验了。

资料来源 肖潇，靳帅帅. 电子邮件"人到中年"，它给了我们怎样的陪伴？[EB/OL].[2018-01-07]. http://news.xinhuanet.com/video/sjxw/2016-11/07/c_129353578.htm.

无论你喜欢与否，电子邮件都不会消失，尤其是在职场。据统计，2014年，我们每人每天平均收发电子邮件121份，其中，商务电子邮件发送量占全球邮件总量的55%。

一、电子邮件概述

电子邮件，又称电子函件或电子信函。它是利用电子计算机所组成的互联网络，向交往对象所发出的一种电子信件。使用电子邮件进行对外联络，不仅安全保密，节省时间，不受篇幅的限制，清晰度极高，而且可以大大地降低通信费用。按内容划分，电子邮件可分为商务电子邮件、公务电子邮件、私人电子邮件。商务和公务电子邮件用语与格式比较严格，私人电子邮件则比较简单、随意、灵活。按形式划分，电子邮件可分为普通文本邮件、电子贺卡、电子明信片、音频视频邮件等。

电子邮件系统的主要特点如下：

（1）成本低。电子邮件由于数据量很小，所以传递时间极短，其成本很低。

（2）传送速度快。对于常用的互联网电子邮件系统，如果线路和中间节点的工作情况正常，一封电子邮件从发信主机到目的主机所需要的时间只有一两秒钟或更少。这是传统的邮件服务所无法比拟的。

（3）覆盖范围广。只要邮件网络覆盖的地方都可以通信。

（4）可共享。传统信件不易做到一对多通信，电子邮件则可以把一封邮件同时给多个人发送。邮件列表服务、E-mail的新闻组服务在网络上的广泛应用是最好的例子。

（5）传递可靠。电子邮件以数据为载体，不依赖于特定物质，所以在传递、存储、转发、接收的过程中可以有多份副本，因此不易丢失。但是，这种可以无限复制的特性在带来便捷的同时又造成了不安全的潜在因素，使得电子邮件易被窃听和泄密。

（6）多媒体性。电子邮件可以发送多种数据类型，它不但能发送文字，还可以发送图形、图像、声音、视频、代码甚至混合文档。

二、电子邮件的结构与写法

电子邮件主要包括信头、邮件正文和附件三个部分。

1.信头

电子邮件的信头包括发件人、收件人、抄送和主题四个部分。

（1）发件人。发件人就是自己的电子邮箱名字，一般由电子信箱自动默认。为了便于对方明确发件人的身份，最好在邮箱里统一把自己的姓名设置为发件人。

（2）收件人。收件人不是对方的名字，而是对方的电子邮箱地址。其书写方式应包括三个部分。其一，用户名；其二，连接符号@；其三，域名。例如，gwd2011skm@163.com这个电子邮件中，gwd2011skm是用户名，@符号是连接符，163.com是提供邮件服务的主机域名。

（3）抄送。抄送是指电子邮件的发送范围，一般分为抄送、密送和分别发送三种形式。

（4）主题。主题用于揭示邮件的主要内容。邮件主题不能过于简单（如"你好""通知""工作安排""邀请函"），最好用陈述性的标题，如"某某部门下半年工作安排"。

2.邮件正文

邮件正文一般分为称谓、开头、主体、结尾、署名、日期六个部分。

（1）称谓。收件人的称谓在邮件正文第一行顶格写，后面加冒号。

（2）开头。邮件开头可用问候语，语言简洁。

（3）正文。邮件的主体内容，表达要明确、完整。

（4）结尾。敬语或贺语，与传统书信格式相同。

（5）署名。个人姓名或单位名称。

（6）日期。

3.附件

附件可是文本文件、图片，也可是视频文件或其他形式的文件。附件一般是对邮件正文内容的补充说明，或者是独立完整的公文或资料信息。

三、电子邮件的写作要求

与私人电子邮件不同，商务电子邮件除了应遵守一般撰写规范外，还需要关注以下细节：

第一，签名档。当你是第一次给某人发邮件时，你的签名档算是你的个人名片，收件人可以在签名档里知道你的基本信息，如果有进一步的沟通，可以根据你签名档里留下的联系方式直接与你取得联系。

第二，邮箱昵称。收到过朋友用QQ邮箱发邮件的人可能都有体会，因为这些邮件里的邮箱昵称如果没有设置过的话，大都源自你的QQ昵称。对于已经进入职场的人，要额外注意这个细节，把邮箱的昵称进行修改一下，以符合你现在的工作场景需要，即便用的不是QQ邮箱。

第三，关于抄送。所写邮件，应该发送给哪些人，应该抄送哪些人，需要搞清楚，不然会很尴尬，尤其是在一些部门、人员层级划分很清楚的公司。

第四，关于附件。能够在正文里面展现的内容不要使用附件，否则很难确保收件人能及时看到附件内容。附件的命名永远不要出现"新建文本文档""新建 Word"等字样。要为收件人处理方便着想，根据关键词简明扼要地给附件命名。

第五，注意检查与回复。写好邮件一定要检查，检查收件人、抄送人的邮件地址是否正确，检查是否存在错别字、语句不通之处、逻辑不当之处。另外，收到邮件应及时回复，这是对发件人的尊重，也是一种基本的职场礼仪。

延伸阅读 5-1　　　　　　　　商务电子邮件礼仪

商界人士在使用电子邮件对外进行联络时，应当遵守的礼仪规范主要包括以下四个方面。

（1）电子邮件应当认真撰写。向他人发送的电子邮件，一定要精心构思，认真撰写。在撰写电子邮件时，下面三点必须注意：

一是主题要明确。一个电子邮件，大都只有一个主题，并且往往需要在前注明。若是将其归纳得当，整个电子邮件便一目了然了。

二是语言要流畅。电子邮件要便于阅读，就要以语言流畅为要。尽量别写生僻字、异体字。引用数据、资料时，最好标明出处，以便收件人核对。

三是内容要简洁。电子邮件的内容应当简明扼要，愈短愈好。

（2）电子邮件应当避免滥用。在信息社会中，任何人的时间都是无比珍贵的。对商界人士来讲，这一点就显得更加重要了。所以有人才会说："在商务交往中要尊重一个人，首先就要懂得替他节省时间。"

（3）电子邮件应当注意编码。由于中文文字自身的特点加上一些其他的原因，不同国家和地区的华人目前使用着互不相同的中文编码系统。由于通信双方所采用的中文编码系统不同，收件人很有可能只会收到一封含有乱码的邮件。因此，商界人士在使用中文向不同国家和地区的华人发送电子邮件时，必须同时用英文注明自己所使用的中文编码系统，以保证对方可以收到自己的邮件。

（4）电子邮件应当慎选字体、信纸等功能。需要考虑到电子邮件的收件人所拥有的软件不一定能够支持上述功能的实现。

例文 5-4

图 5-1 为百度邮件新闻给订阅用户发送的一封确认电子邮件。

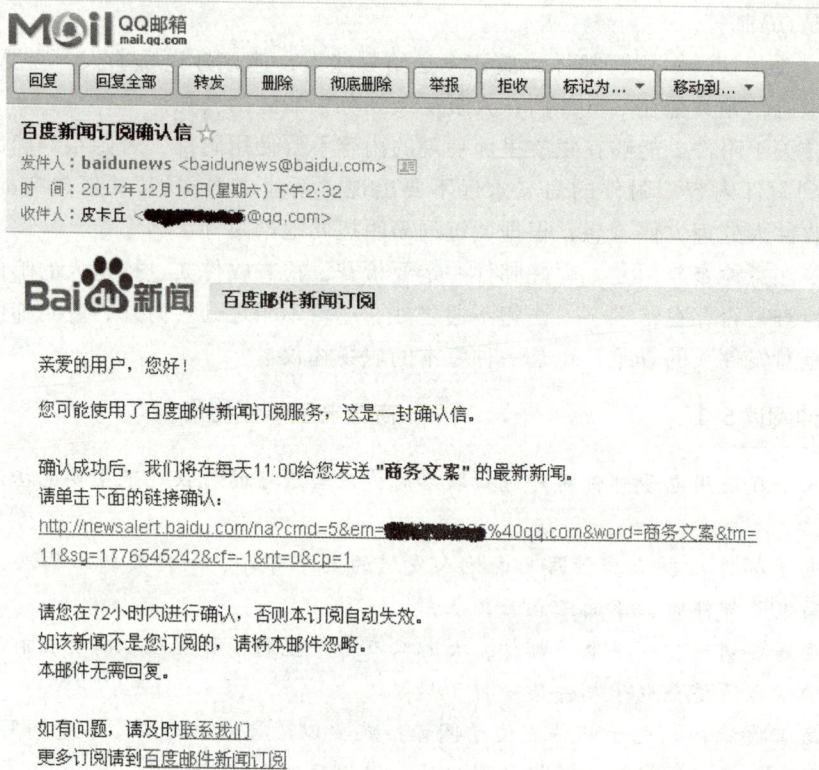

图 5-1 邮件截图

课堂讨论 5-1

你知道例文 5-4 中邮件的主题是什么吗？

例文 5-5

以下是网易邮件中心给用户发送的一封电子邮件。

尊敬的用户：

您好，恭喜您在"网易保险-特 hui 理财"E 邮票集邮活动中集齐全套邮票！

请填写个人信息，为自己免费领取 1 份保障的同时参与抽奖，实名信息用户有机会赢取 iPad mimi、iPod shuffle 4 等奖品，感谢参与，祝您好运！

1.什么是集邮活动，如何参与？

通过网页发送邮件成功之后会随机获得一枚邮票，集邮即可参与活动了哦。您可以在发送邮件成功页面点击"邮票"进入相关的活动专题，或者是在邮箱上方"邮箱应用"标签里开启集邮中心，点击进入。

2.如何参与抽奖？

集邮活动包括集齐抽奖和即时抽奖两种：集齐抽奖，只要集齐一套邮票，就有机会获奖；即时抽奖，在发送邮件成功页获得的邮票旁会有一个抽奖的文字链接，轻松点击就能参与抽奖了。

3.如何知道我是否获奖？

如果您在集邮活动中获奖，我们会通过邮件或电话的方式通知您，要随时关注您的邮箱哦。

网易邮件中心
2013 年 6 月 3 日

延伸阅读 5-2

在外企工作或经常通过英文电子邮件与客户沟通的朋友们都知道，坚持写作上的"3C 原则"很重要。"3C 原则"就是 Clear（清晰）、Correct（正确）、Concise（简明）。记住重点在于更有效地传达信息，而不是用你丰富的词汇量给对方留下印象，用更简单的句型和清晰的组织来使你写的东西更易读。确保每句话在 20 个单词以下，用分段来组织你的信息。避免陈词滥调，那些不能给你的信息带来任何新的东西的词可以省略掉。

It is my pleasure to write here to you.

回复开场白：

Further to our conversation earlier, ……

As discussed over the phone, ……

Thanks for your kindly reply. Thanks for your inquiry/e-mail.

结尾：

I hope everything with you is fine.

Many thanks for your support.

FYI：for your information.

单元三　会谈纪要

【引例】

会谈纪要

时间：20××年 11 月 28 日 13：00—13：40

地点：骏达公司三楼会议室

主持人：骏达公司后勤部长×××

参会人员：骏达公司副总经理×××、安保部长×××；南京通豪公司区域经理×××、财务人员×××

记录人：骏达公司办公室×××

会议内容：谈判双方就骏达公司火灾报警系统的改造方案和价格进行磋商

经过前期的招投标工作，现已确定南京通豪公司中标骏达公司火灾报警系统扩容改造项目，双方本着坦诚的态度对施工合同中的报价和售后服务条款进行了磋商，提出了各自的看法。

骏达公司副总经理×××提出：

1.希望尽快签订施工合同，并将项目整体报价下浮5个百分点。

2.在售后服务方面，希望获得5年保修期，并且雷击损坏也包含在保修范围内。

南京通豪公司区域经理×××认为：

1.考虑到骏达公司的实际情况，南京通豪公司已经对高架库的方案进行了优化调整，对所采用的红外光束型号做了一定更换。本项目报价为100 000元，已属于测算后的优惠价格，无进一步下调空间。

2.在售后服务方面，南京通豪公司可以给予5年保修期，雷击损坏也包含在保修范围内。

3.同意尽快签订施工合同。

20××年11月28日

资料来源　编者根据网上资料改编整理。

引例是一则骏达公司与南京通豪公司相关人员就骏达公司火灾报警系统的改造方案和价格进行磋商的会谈纪要，记载了会谈双方各自的观点及达成的初步意向。

一、会谈纪要概述

会谈纪要是以简明扼要的文字，将各方会谈的具体事项和结果记录下来的文体。会谈纪要一般产生于会谈后期或会谈结束之后，是根据会谈情况和各种会谈资料，经过综合整理而形成的概括性较强的文件。它是下一步签订协议或合同的依据，集中反映了谈判各方的观点和达成的共识。有些会谈纪要经过各方签字确认后，还可以作为意向书。

1.会谈纪要的特点

会谈纪要是一个具有广泛实用价值的文体。其特点如下：

（1）客观性。会谈纪要要如实反映会谈目的、议程、内容和结果。它要如实地记录会谈的基本情况，真实反映会谈存在的分歧意见和问题，因此不能擅自增加或删减会谈的内容，不能随便变更会谈议定的事项，不能对会谈达成的共识进行修改。

（2）概括性。会谈纪要不是对会谈内容简单再现，而是在分析、综合会谈情况的基础上形成的，这就要求要以简洁精练的文字进行高度概括，按会谈的情况分类别、分层次予以归纳、概括，达到条理清晰。

（3）平等性。会谈的参与者处于平等地位，会谈纪要对各方的约束力不存在程度上的差异。

（4）协商性。会谈纪要常用的句式通常为"甲方同意""甲方要求""乙方同意""乙方要求""双方一致同意"等，体现了协商的过程和成果。

（5）备忘性。会谈纪要除了记载达成一致意见的事项外，通常还会记载存在的分歧及谈判各方进一步协商的愿望，这就是其备忘性，可以为下一步协议或合同的签订提供依据。

2.会谈纪要的作用

（1）会谈纪要凝聚了谈判各方的共识，保证了谈判的连续性。

（2）会谈纪要便于谈判各方掌握谈判进展，便于决策部门制定下一步谈判策略。

（3）会谈纪要可作为意向书、合同签订的重要依据和备查文件。

二、会谈纪要的结构与写法

会谈纪要的结构由三部分组成，即标题、正文、落款。

1.标题

会谈纪要的标题主要有以下两种形式。

（1）标题只标明文种名称，即《会谈纪要》。如果会谈次数较多，也可加上次数，如《第3次会谈纪要》。

（2）标题由"谈判事由+文种名称"构成，如《关于摊位租赁费用的会谈纪要》《关于原材料供应事项的会谈纪要》《关于加快推进上海铁路建设的会谈纪要》。

2.正文

正文一般分为开头、主体和结尾三部分。

（1）开头部分介绍会谈各方的简要情况及谈判背景，包括会谈时间、地点、单位名称或会谈代表姓名、会谈目的、取得的主要成果等。

（2）主体是会谈纪要的核心部分，主要记录谈判取得的一致意见、未尽事宜等具体事项。

（3）结尾部分通常为谈判各方进一步协商预留余地，如写明"未尽事宜，另行协商"等字样。

3.落款

列明会谈各方的全称，并由会谈代表签字，写上日期。

三、会谈纪要的写作要求

（1）为了引用和记录方便，可在谈判各方单位名称后分别注明"甲方""乙方""丙方"等。概述会谈基本情况时，可将基本情况分条列出，使人一目了然，也可将会谈的基本情况作为一段概述，形成一个整体轮廓。

（2）如果会谈内容较单一，可以用一段文字将会谈达成的成果记录下来。如果会谈内容比较复杂，则可以按逻辑关系分条分项来写。在写作时常使用"双方同意""双方商定"等描述达成的共识；对于会谈中某一方提出的要求，可使用"甲方认为""乙方希望"等习惯性用语，同时要说明对方对这些问题所持的态度。

((( ))) **小提示5-1**

会谈纪要写作的注意事项如下：

（1）忠于会谈记录，真实、准确。

（2）突出重点，文字精练。

（3）写作完成后要提交会谈代表签字确认。

课堂讨论5-2

你认为会谈纪要和会议纪要是一回事吗？

例文5-6   会谈纪要

会谈时间：20××年8月10日至8月12日

会谈地点：杭州西湖饭店

会谈双方：杭州华丰绸公司（以下简称甲方）

香港运达丝织品贸易公司（以下简称乙方）

会谈人员：

甲方：李铭、杨红玉

乙方：王烈、刘新蕾

会谈内容：双方商谈补偿贸易问题

现将会议主要内容记录如下：

一、为了保证资源供应，扩大丝织品服装贸易，经甲乙双方协商，一致同意在互惠互利的基础上开展丝织服装补偿贸易。

二、乙方要求甲方提供稳定的生产厂家，为乙方生产所需的丝织服装。甲方同意乙方的要求，准备于近期内在浙江省××市投资人民币150万元新建一家丝绸服装厂，并于20××年1月1日前建成投产，生产乙方所需的以真丝为面料、绣花的各式服装，年产量30万件至35万件。如乙方需要，产量还可逐年提高。

三、会谈中乙方多次表示了对质量问题的关注，希望甲方在人员配置、职工培训、质量检验等方面加大投入、加强管理。甲方对乙方的要求表示理解，并表示在工厂筹建和投产后生产管理等方面愿意积极听取乙方意见，采取各种措施，保证产品质量。

四、双方商定，乙方向甲方提供价值大约11万美元的丝绸服装生产专用设备和附属设备。应甲方要求，乙方同意在双方正式签订补偿贸易合同后1个月内向甲方提交设备名称、价格、说明文件，供甲方确认。购置设备款项全部由乙方垫付，不计利息；甲方分3年，即20××年、20××年、20××年内分别归还1/3；归还方式为在乙方来料加工的加工费中扣除。

五、双方商定，甲乙双方的丝绸服装贸易和乙方的来料加工，其产品的规格、款式、质量要求、交货期限、付款方式等，应逐笔签订合同。其中价格条款，原则上以双方签约时内地的出口价格为标准协商确定。

六、应甲方要求，乙方同意派出技术人员来甲方投资新建的丝绸服装厂进行技术指导，帮助服装厂提高产品质量。同时，乙方同意乙方技术人员前来进行技术指导时所发生的费用全部由乙方自行承担。

七、双方商定，甲方在本纪要签署后1个月内提出投资新建丝绸服装厂的具体方案寄给乙方，由乙方确认后，双方约定适当时间，就补偿贸易问题举行进一步会谈，确定合同内容。

八、本纪要用中文书写，一式两份，甲乙双方各执一份。

甲方： 乙方：

杭州华丰绸公司（章） 香港运达丝织品贸易公司（章）

代表：李铭（签名） 代表：王烈（签名）

　　　杨红玉（签名） 　　　刘新蕾（签名）

20××年8月12日

资料来源　苏欣. 商务应用文实训［M］. 2版. 北京：对外经济贸易大学出版社，2010.

简析：本文符合会谈纪要的写作要求。正文开头介绍了会谈组织部分情况，列明了会谈时间、地点、会谈代表、会谈议题。主体部分围绕如何开展补偿贸易展开，先明确了双方合作的目的是"保证资源供应，扩大丝织品服装贸易"，后面描述了合作办法和措施，对双方的权利义务关系进行了具体描述，主旨突出，观点鲜明。

例文5-7 关于合资筹建××化纤厂的会谈纪要

中国××公司（以下简称甲方）与德国××企业（以下简称乙方）就双方合资筹建××化纤厂的问题于××××年××月××日在××市进行洽谈，经过双方友好会谈，就合资筹建化纤厂的有关事宜取得了一致意见。现将会谈达成的一致意见归纳如下：

一、甲乙双方为发展中国的化纤工业，同意共同投资××××万元人民币在中国××省××市的市郊合资筹建一个中型的化纤厂。

二、甲方以土地、厂房、辅助设备和流动资金共××××万元人民币作为投资，约占总投资的51%，乙方以先进机器设备和技术作为投资，约占总投资的49%。

三、关于利润的分配原则，乙方认为己方的投入既有设备，又出技术，应该占68%，甲方则认为应该按投资比例分成，最后决定另定时间再进行协商确定。

四、合资生产的××产品，乙方应承担在国际市场上销售年产量的65%，其余的在中国国内市场上销售。

五、中国与德国合资创办的化纤厂，名称暂定为"中德××××化纤厂"，工厂设正副厂长各一人，正厂长由甲方委派，副厂长由乙方委派，工厂配备有关的工作人员3至5人，工资标准另定。

六、董事会由甲方代表、乙方代表，中国纺织进出口公司××分公司、××市有关工作部门代表及德国××有关部门代表共9人组成。董事会推选董事长1人，副董事长1人。每年召开董事会两次，研究和讨论工厂的重大问题。

七、相关未尽事宜，另行协商确定。

甲方　　　　　　　　　　　乙方

中国××公司　　　　　　　德国××企业

法人代表：×××　　　　　　法人代表：×××

20××年1月22日

单元四 意向书

【引例】   贵州中烟与韩国KT&G公司签订技术合作意向书

2014年11月25日，贵州中烟工业有限责任公司与韩国烟草人参公社（简称KT&G）在贵阳签订了技术合作意向书，旨在引进吸收KT&G混合型卷烟、烟支/嘴棒多功能综合测试台等国际先进技术，并实现该技术在贵州中烟的转化和创新运用。11月24日，副省长刘远坤在省政府迎宾馆会见了KT&G社长闵泳珍一行。

闵泳珍一行在参观了贵州中烟技术中心和贵阳卷烟厂后召开座谈会，双方就合作内容、技术引进、交流机制、技术转化等进行了深入交流，并达成友好共识，签订了技术合作意向书。

据了解，KT&G是专门制造及销售香烟、香烟滤嘴产品和品质测量检测设备的韩国企业，具有115年卷烟制造历史，是全球著名的香烟企业，在卷烟制造、滤嘴产品及品质测量方面处于全球领先水平。贵州中烟自2012年开始与KT&G开展技术交流合作，在开发"国酒香"新品类过程中，贵州中烟引进吸收了KT&G的嘴棒胶囊技术，创新开发并掌握了酒香胶囊制备及胶囊滤棒关键技术，使"国酒香"新品类的产品品质得到明显提升。此次合作是贵州中烟按照国家烟草专卖局"走出去"的战略要求，立足"贵烟"新品类开发战略，着力打造符合国人消费习惯和国际市场需求的混合型卷烟新品。

资料来源 刘力维. 贵州中烟与韩国KT&G公司签订技术合作意向书［EB/OL］.［2018-01-28］. http://news.china.com.cn/live/2014-11/28/content_30084264.htm.

通过以上新闻报道，我们得知贵州中烟工业有限责任公司与韩国烟草人参公社（简称KT&G）在贵阳签订了技术合作意向书，旨在引进吸收韩国KT&G混合型卷烟、烟支/嘴棒多功能综合测试台等国际先进技术，并实现该技术在贵州中烟的转化和创新运用。那么，什么是意向书，它有哪些特点和写作要求呢？在本单元中，我们将学习意向书的写作知识。

一、意向书概述

意向书是平等主体的自然人、法人或其他组织之间就某个项目初步达成合作意愿而签署的文书，是双方或多方合作者内心愿望与初步设想的文字记录。

意向书只表明一种意向，旨在表明当事人双方或多方的设想、态度、观点和打算，不具有法律效力。意向书往往是签订协议、合同的基础文书，它表明双方或多方合作的开始，为各方的继续合作、进一步的洽谈和最终签订具有法律效力的合同或协议书做好前期准备工作，一般情况下不产生权利义务关系。

按意向书的签署方式，意向书可分为如下几类：

1.单签式意向书

它用于出具意向书人单方向合作的另一方表示合作的意向。单签式意向书由出具意向书的一方签署，文书一式两份，由合作的另一方在副本上签字认可，交还对方。

2.联签式意向书

由双方经过商谈，达成合作意向后，联合签署意向书，各执一份为凭。

3.换文式意向书

合作双方交换文书，表达合作意向，各自在己方的文书上签署。

意向书的特点如下：

第一，从内容上看，意向书的内容突出概括性和原则性，表达的是当事人的某种意向、设想和打算。

第二，从用途上看，意向书多用于技术合作、工程确立、联合投资、经济洽谈方面。

第三，从法律效力来看，意向书不具有法律效力，不受法律保护。

二、意向书的结构与写法

意向书一般由标题、正文和签署三部分组成。

1.标题

意向书标题的写法有三种：一是只标明文种"意向书"；二是用"事由+文种"作为标题，如《战略合作意向书》《教育合作意向书》；三是用"签订意向书的双方单位名称+事由+文种"构成，如《海南热带海洋学院与华北水利水电大学合作意向书》《贵州中烟与韩国烟草人参公社技术合作意向书》。

2.正文

作为意向书的主体部分，正文由开头和主体两部分组成。

开头部分主要写明意向书当事人名称以及意向事由等，用语简明扼要。

主体部分主要写具体的意向事项，如合作的项目、合作的方式、合作的重点领域等。如果主体部分内容较多，可以采用条款式逐一列明。

3.签署

签名、盖章，并填具签订意向书的具体日期。

三、意向书的写作要求

意向书的写作应注意以下几点：

1.内容表述简练、概括，意到笔随，意尽笔止

意向书主要表达的是合作的意向以及原则性的意见，与合同不同，有关合作的具体方案在意向书中不必提及。

2.要讲究分寸

意向书对于当事人虽然不具有法律约束力，但它却是下一步进行洽谈与合作的保证，不要为了达成合作意向而丧失原则。意向书的表意既要周全又要讲究分寸，同时还要遵纪守法。

例文 5-8 　　　　　　　　　　　　　　旅行社合作意向书

甲方：（以下简称甲方）

乙方：（以下简称乙方）

　　为进一步提高旅游团队的接待质量，甲、乙双方秉承达致共赢的合作宗旨，就旅游业务的接待达成以下约定：

　　一、甲方同意选择乙方为团队旅游目的地的接待社，并委托乙方的团队在到达旅游目的地后，安排游客在交通、餐饮、住宿、景点游览、导游服务、娱乐休闲等方面的接待工作。

　　二、乙方为甲方确认行程计划时，必须将安排的游览项目的游览时间、购物场所的名称及停留时间、需要旅游者另行付费的游览项目及价格、自由活动的时间和次数列明，并确认。

　　三、乙方在接待期间，必须严格按照《旅行社条例》执行，并根据甲方的接待要求，适时适当地安排交通工具、餐饮服务、住宿、行程景点游览，提供优质的导游服务。接待要求由甲方以传真、电子邮件等方式在团队抵达前通知乙方，由乙方确认并逐项落实。

　　乙方所安排的交通工具、司乘人员、餐厅、住宿、景点、导游等，必须持有或拥有合法的资格证件，符合国家旅游法规和交通法规的相关规定。

　　四、接待期间，乙方必须保障客人的人身安全和财产安全，并为之做好防范工作。乙方必须依法购买旅行社责任险。

　　五、接待期间，接待内容（包括交通工具、餐饮标准、住宿地点、住宿标准、景点增减、购物点增减、导游、司乘人员更换等）不能随意改动，如遇不可抗力因素需变更接待内容的，应征得全体游客的同意，并签名确认，乙方知会甲方。客人擅自离团或主动离团的，乙方应立即知会甲方，未发生的费用应从团费中扣除，已收取团费的，应退还给甲方。

　　六、团队购物的次数、地点不得超过双方确认的安排。不得强行带客人购物或强制性另外加项收费。

　　七、发生投诉时，应视不同阶段、不同性质分别处理如下：

　　1.在接待期间，客人就接待内容提出投诉，乙方应及时作出调整、处理，涉及团费的增减等费用收支的，乙方应先征得甲方的同意，方可作出调整，期间乙方必须安抚游客的情绪，防止事件进一步恶化。

　　2.行程结束后产生投诉的，由甲方先行调解处理，乙方应按甲方的通知，于两天内提供乙方在接待期间就接待内容及质量方面的书证、票据及其他材料。

　　3.经甲方或有关部门调查，投诉属双方共同接待质量问题造成的，应根据调查结果或双方协商，明确双方的责任承担范围，其中乙方应承担部分，甲方可从团费中扣除。

　　4.经调查，确认投诉属乙方的接待质量问题造成的，乙方应承担全部赔偿责任。甲方先行垫付赔偿的，甲方有权从团费中扣除。

5.因乙方不按《旅行社条例》要求进行操作而导致客人投诉的，一切赔偿费用按《旅行社条例》规定执行。

八、甲、乙双方按商定的期限、方式、账户结清团费，结算方式、期限，根据各团队不同情况，由甲方以传真或网络通信等方式知会乙方，并于乙方对账确认团费金额后，以银行结算方式支付团费。

团队结算，乙方需提供《费用结算通知书》并加盖财务专用章，团费发票送达甲方，经甲方确认后，财务人员三个月内结清相关费用。

九、甲方委托乙方代订长途交通票的，甲方按双方指定的账户支付票款。乙方需另行指定收款账户的，须提供乙方法定代表人签章并加盖财务章的委托书原件，不符合上述约定的，甲方有权拒绝另行指定的账户。乙方代订交通票据的费用，在乙方交付相应票据时，由甲方一次性结清给乙方。

十、违约责任

1.乙方未按甲方接待标准为游客提供服务时，甲方有权要求乙方更正；造成甲方损失的，由乙方赔偿；情节严重的，甲方有权随时解除本协议。

2.乙方擅自提供不符合国家法律法规规定的接待人员、交通工具及游览接待项目的，甲方有权提出纠正，并可要求乙方支付违约金，造成甲方损失的，由乙方赔偿。

3.乙方擅自变更接待内容的，甲方有权提出纠正，造成甲方损失的，乙方承担赔偿责任；情节严重的或引起投诉且责任确认归于乙方的，甲方有权解除本协议。

4.游客擅自离团，乙方未知会甲方，造成甲方损失的，乙方应承担赔偿责任。

5.在本协议执行期间，因乙方的接待质量问题引起投诉两宗或以上的，甲方有权解除本协议，由此造成甲方损失的，由乙方承担赔偿责任。

6.本协议中说明的赔偿款项，甲方均有权从团费中予以扣除。本协议的解除不影响甲乙双方就责任及赔偿等方面的追索权。

十一、本协议执行期间，甲方向乙方发送的接待计划、接待人员名单、财务单证等，均是本协议的重要组成部分，与本协议具有同等法律效力。

十二、本协议未尽事宜，由甲乙双方另行协商，再签订书面补充协议确定。

十三、本协议有效期为两年，自2017年3月1日起到2019年3月31日止。甲乙双方需提前解除协议或变更协议条款的，应提前30天以书面形式通知对方，经双方协商同意，另行签订补充协议确认。

协议期限届满前，甲乙双方经协商同意延长合作期限的，应另行签订合作协议。

十四、本协议在签订、执行过程中发生争议的，由甲乙双方协商解决，协商不成的，由甲方所在地人民法院裁决。

十五、本协议一式三份，由甲乙双方签章后生效，生效日期依本协议第十三条约定。甲方执两份，乙方执一份，协议正件和传真件（含提到的所有往来文书、资料）具有同等法律效力。

甲乙双方依法登记的营业执照、税务登记证、经营许可证及购买的旅行社责任保险复印件，应作为本协议的附件提供。

甲方：   乙方：

（公章）   （公章）

代表（签名）   代表（签名）

年   月   日   年   月   日

单元五　合同

【引例】　《民法典》合同编通则分编法律知识问答

我国《民法典》合同编一共分为三个分编（通则、典型合同、准合同），共计526条，占民法典条文总数的40%以上，几乎占据民法典的半壁江山，在民法典中具有举足轻重的地位。合同编是在系统总结我国合同立法经验的基础上产生的，它植根于中国大地，是我国改革开放和市场经济经验的总结，彰显了中国特色，也回应了我国经济生活、交易实践的需要。

一、什么是合同？身份关系的协议是否适用《民法典》合同编？

《民法典》第四百六十四条规定：合同是民事主体之间设立、变更、终止民事法律关系的协议。

婚姻、收养、监护等有关身份关系的协议，适用有关该身份关系的法律规定；没有规定的，可以根据其性质参照适用本编规定。

二、合同订立形式有哪些？

《民法典》第四百六十九条规定：当事人订立合同，可以采用书面形式、口头形式或者其他形式。

书面形式是合同书、信件、电报、电传、传真等可以有形地表现所载内容的形式。

以电子数据交换、电子邮件等方式能够有形地表现所载内容，并可以随时调取查用的数据电文，视为书面形式。

三、合同的主要条款有哪些？

《民法典》第四百七十条规定：合同的内容由当事人约定，一般包括下列条款：（1）当事人的姓名或者名称和住所；（2）标的；（3）数量；（4）质量；（5）价款或者报酬；（6）履行期限、地点和方式；（7）违约责任；（8）解决争议的方法。

四、合同成立时间

《民法典》第四百九十条规定：当事人采用合同书形式订立合同的，自当事人均签名、盖章或者按指印时合同成立。在签名、盖章或者按指印之前，当事人一方已经履行主要义务，对方接受时，该合同成立。

法律、行政法规规定或者当事人约定合同应当采用书面形式订立，当事人未采用书面形式但是一方已经履行主要义务，对方接受时，该合同成立。

五、合同成立地点

《民法典》第四百九十二条规定：承诺生效的地点为合同成立的地点。

采用数据电文形式订立合同的，收件人的主营业地为合同成立的地点；没有主营业地的，其住所地为合同成立的地点。当事人另有约定的，按照其约定。

《民法典》第四百九十三条规定：当事人采用合同书形式订立合同的，最后签名、盖章或者按指印的地点为合同成立的地点，但是当事人另有约定的除外。

《民法典》第四百九十四条规定：国家根据抢险救灾、疫情防控或者其他需要下达国家订货任务、指令性任务的，有关民事主体之间应当依照有关法律、行政法规规定的权利和义务订立合同。

依照法律、行政法规的规定负有发出要约义务的当事人，应当及时发出合理的要约。

依照法律、行政法规的规定负有作出承诺义务的当事人，不得拒绝对方合理的订立合同要求。

六、合同生效的时间

《民法典》第五百零二条规定：依法成立的合同，自成立时生效，但是法律另有规定或者当事人另有约定的除外。

依照法律、行政法规的规定，合同应当办理批准等手续的，依照其规定。未办理批准等手续影响合同生效的，不影响合同中履行报批等义务条款以及相关条款的效力。应当办理申请批准等手续的当事人未履行义务的，对方可以请求其承担违反该义务的责任。

依照法律、行政法规的规定，合同的变更、转让、解除等情形应当办理批准等手续的，适用前款规定。

七、合同履行的原则

《民法典》第五百零九条规定：当事人应当按照约定全面履行自己的义务。

当事人应当遵循诚信原则，根据合同的性质、目的和交易习惯履行通知、协助、保密等义务。

当事人在履行合同过程中，应当避免浪费资源、污染环境和破坏生态。

八、合同的变更和转让

《民法典》第五百四十三条规定：当事人协商一致，可以变更合同。

《民法典》第五百四十四条规定：当事人对合同变更的内容约定不明确的，推定为未变更。

《民法典》第五百四十五条规定：债权人可以将债权的全部或者部分转让给第三人，但是有下列情形之一的除外：（1）根据债权性质不得转让；（2）按照当事人约定不得转让；（3）依照法律规定不得转让。

当事人约定非金钱债权不得转让的，不得对抗善意第三人。当事人约定金钱债权不得转让的，不得对抗第三人。

九、合同的权利义务终止

《民法典》第五百五十七条规定：有下列情形之一的，债权债务终止：（1）债务已经履行；（2）债务相互抵销；（3）债务人依法将标的物提存；（4）债权人免除债务；（5）债权债务同归于一人；（6）法律规定或者当事人约定终止的其他情形。

合同解除的，该合同的权利义务关系终止。

《民法典》第五百五十八条规定：债权债务终止后，当事人应当遵循诚信等原则，根据交易习惯履行通知、协助、保密、旧物回收等义务。

十、合同的违约责任

《民法典》第五百七十七条规定：当事人一方不履行合同义务或者履行合同义务不符合约定的，应当承担继续履行、采取补救措施或者赔偿损失等违约责任。

一、合同概述

合同是民事主体之间设立、变更、终止民事法律关系的协议。签订合同是一种法律行为，合同的主要作用在于维护合同当事人的合法权益和明确当事人的权利、义务。合同主要有四个特点：

（1）合法性。合同的撰写要严格遵守《中华人民共和国民法典》（以下简称《民法典》）的规定。

（2）约束性。依法成立的合同对当事人具有法律约束力，当事人必须严格遵守合同条款的规定。

（3）平等性。签订合同的双方或多方的法律地位是平等的，合同是平等协商的产物。合同条款中，权利、义务也是相互的、对等的，不能将其建立在损害对方或他方的利益之上。合同内容也应是等价有偿的。

（4）一致性。合同的内容只有表达当事人彼此一致的意愿，其条款才能成立。只有当事人经过充分的协商，将承担的义务和应享有的权利充分表达出来并形成文字，合同关系才算真正建立。同时，在履行合同过程中，如需要变更合同条款，也要重新协商补签，任何不经双方或多方协商一致而改变合同者，要承担违约责任。

《民法典》将合同分为19大类：买卖合同；供用电、水、气、热力合同；赠与合同；借款合同；保证合同；租赁合同；融资租赁合同；保理合同；承揽合同；建设工程合同；运输合同；技术合同；保管合同；仓储合同；委托合同；物业服务合同；行纪合同；中介合同；合伙合同。

二、合同的结构与写法

尽管合同的种类各异，但一般均包括首部、主部、尾部三部分。

1.首部

首部主要包括以下各项：

（1）标题。标题写在合同首页上方正中位置，要明确写出合同的性质，如"销售合同""技术合同"。有的合同还在标题下方标明合同的编号。

（2）合同当事人名称或者姓名。合同当事人名称是指签订合同的双方或多方的名称或者姓名，要准确写出签约单位或个人的全称、全名，并在其后注明双方约定的固定指代，如一般写"甲方""乙方"。如有第三方，可将其称为"丙方"。在对外贸易合同中，有时可指代为"卖方""买方"。不论在什么情况下，合同中都不能用不定指代"你方""我方"来指当事人。

（3）引言。引言就是合同的开头部分，主要写签订合同的目的或签订合同的依据。常用的表达句式为："为了……"或"根据……"。

若选用"表格式合同"，则应依据有关部门制定的合同范本要求，填写有关内容。

2.主部

主部是合同的主要部分，一般多采用条文形式。按双方当事人的约定，详细写明主要条款和其他条款的内容。

（1）主要条款。合同的内容由当事人约定。合同一般应具备以下条款：

①标的。标的是合同当事人权利、义务所共同指向的对象，是合同的基本条款。没有标的的合同是无效合同。标的可以是物、货币、劳务、智力成果等。签订合同的双方对标的要协商一致，写得具体、明确。

②数量和质量要求。它是指从数量和质量的角度对标的进行精确度量，它决定双方当事人权利义务的大小、范围。数量是标的具体的计量，如借款金额、建设工程项目、工作量等。要明确标的的计量单位，如吨、米、件等。质量要求是对标的质的要求，如产品、商品、工程的优劣程度。应明确标的质量的技术标准（如国家标准、行业标准）、等级、检测依据等。

③价款或报酬。这是指合同标的的价格，是合同双方当事人根据国家法律、法规、政策和有关规定，对标的议定的价格，是合同一方以货币形式取得对方商品或接受对方劳务所应支付的货币数量。要明确标的的总价、单价、货币计算标准，付款方法、程序，结算方式；若与外方合作，要写明支付币种。

④合同履行的期限、地点和方式。履行的期限就是合同的有效期限，是合同法律效力的时限和责任界限，过时则属违约。日期用公元纪年，年、月、日书写齐全。地点是指当事人履行合同义务、完成标的任务的地点。方式是当事人履约的具体办法，如借贷合同的出资方要以提供一定的货币来履约；劳务合同的某一方要提供某种具体的劳动服务，如照看小孩、打扫卫生等。

⑤违约责任。这是指合同的当事人不能履约或不能完全履约时，所要承担的经

济责任和法律后果。其具体包括违约金、赔偿金和其他承担责任的法律形式等。"违约责任"是履行合同的重要保证，也是出现矛盾、分歧时解决合同纠纷的可靠依据。

（2）其他条款。它是指除上述必备条款外，经双方当事人协商确定的其他条款。其具体包括：

①不可抗力条款。这项条款的作用是，如果发生了当事人不能预见的或人力不可抗拒的事故（如洪水、地震、台风等），导致履行合同困难时，当事人可根据这一条款，依据《民法典》的规定，部分或全部免予承担责任。此条款的内容应包括不可抗力事故的范围、后果等。

②解决争议的方法。此条款要约定在履行合同发生争议时解决问题的方式和程序，要明确注明是通过仲裁解决、协商解决还是诉讼解决。

3.尾部

尾部是指合同的结尾和落款部分，主要包括：

（1）合同的有效期限和文本保存。有效期限是指合同自执行生效至终止的时间，是合同当事人要求必须具备的条款。文本保存是注明合同文本的保管方式，即合同一式几份及当事人保管的份数。

（2）落款。这部分是合同特定的内容和格式，即在合同的有效期限和保管条款下方，依次写出当事人的名称、签章、法定通信地址、法人代表、银行账号、签约日期、地点等。有些合同有特殊要求或有附件，也要在尾部注出。通常是在合同正文"其他条款"之后注明："合同附件、附表均为本合同的组成部分，且有同等的法律效力。"如工程承包合同要在"附件"中列出：工程项目表、工程进度表、工程图纸等。这些附件、附表均标写在合同落款的最下方，即"年、月、日"以后的部位。

由于社会活动多种多样，合同也就有各自的特点和侧重点，在遵守国家法律、法规的前提下，撰写合同还要视实际情况而定。

三、合同的写作要求

合同写作时，应掌握如下要领：

1.必须遵守一定的原则

合同写作必须符合国家的法律、法规和政策，必须遵守平等互利、协商一致、等价有偿的原则。遵守原则才能保证合同的合法性。

2.合同内容必须准确、具体

内容准确，是指合同规定的内容必须认定清楚。内容具体，就是要详细、完备，不得遗漏。

3.条款完备，逻辑严密

合同的主要条款既是对当事人权利与义务的明确规定，也是避免今后发生争议、解决纠纷的依据，应根据《民法典》的要求写明相关的合同要素，使条款完备。合同内容不能前后矛盾，而应关联照应、逻辑严密。

4.语言准确

鉴于合同内容上的准确、具体、完备要求，它的语言表达要做到确凿、严谨、简明，用语规范。准确使用概念，切忌模棱两可或令人费解。此外，应规范使用标点符号和法定计量单位。

5.文面规范、整洁，不得随意涂改

合同书写要规范，一旦成文，不得随意涂改。如需修改，须在双方协商一致后进行，并要在修改处加盖双方印章，否则无效。

例文 5-9　　　　　　　　　　　　　**产品购销合同**

甲方（买方）：

乙方（卖方）：

根据《中华人民共和国民法典》等法律、法规的规定，甲乙双方在平等自愿、协商一致的基础上，就甲方购买乙方产品事宜达成以下条款：

第一条　乙方所提供的产品及费用清单：

序号	产品名称	规格型号	数量	单价（元）	金额（元）
合计	小写：　　　元		大写：　　　　　　元整		
备注					

第二条　付款方式：预付_____货款，货到验收合格且乙方开具正规发票后，甲方支付剩余款项。

第三条　交货期：自收到甲方预付款之日起_____日内到达甲方指定地点。

第四条　交货地点、费用承担及所有权转移：乙方通过物流发运到甲方指定地点，运费由乙方承担；货物所有权自甲方签收之日起转移，运输途中产品的损毁由乙方自行承担。

第五条　乙方应做好适合物流运输的产品包装，并随货附货物清单（加盖合同章），详细注明产品规格及数量，甲方根据货物清单内容验收货物。

第六条　甲方自收到货物起7日内可对产品的规格、数量等信息提出异议，乙方必须在3日内答复并提出解决方案，否则甲方有权退货并要求乙方承担所有的费用。

第七条　质量保证：

1.乙方承诺甲方所购买的产品质量和乙方提供的样品一致，口感有微小差异属于正常。

2.乙方提供的所有产品必须符合国家有关部门的质量要求，如出现质量问题假一赔十，给甲方造成危害和损失的承担赔偿责任。

第八条　违约责任：

在合同履行期间，如乙方延期交货（除双方协商同意免除外），每延期1日按合同总金额的2%承担违约责任。

第九条　争端的解决：

合同履行过程中出现的一切争端，双方应友好协商解决，协商不成的，任意一方可向有管辖权的人民法院提起诉讼解决。

第十条　合同生效及其他：

1. 本合同未尽事宜，经双方协商后制定书面补充协议，补充协议与本合同具有同等法律效力。

2. 本合同一式四份，双方各执两份，具有同等法律效力。

3. 本合同自双方授权代表签字、单位盖章、预付款到达乙方指定账户之日起生效。

甲方：（盖章）	乙方：（盖章）
法定代表人（签字）：	法定代表人（签字）：
电话：	电话：
开户银行：	开户银行：
账号：	账号：
签订日期：	签订日期：

例文 5-10　　　　　　　　　　　　购销合同

甲方：××县××供销社

乙方：××工艺社

甲方为了发展农村副业生产，保证市场供应，与乙方商定同意以下几点，特签订本合同，以资共同遵守：

货物名称：草席、草帽。

产品规格：（略）

订购数量：草席××条；草帽××顶。

产品单价：草席每条××元，草帽每顶××元。

货款总额：××××元。

交货日期：×月××日前交货。

交货地点：供销社仓库。

交货办法：由工艺社送到供销社仓库，不计运费。

付款办法：交货之日，当面结算，用现金付清。

违约处罚办法：如有一方违约致使另一方造成经济损失时，应承担赔偿责任。

货物质量、品种、花色不符合要求，乙方应负责退换；乙方延期交货，每日交延期交货部分货物总值×%的违约金；甲方延期付款，每日交延期付款部分×%的违约金。

本合同自签订之日起经双方盖章后生效，本合同一式两份，双方各执一份。

甲方：××县××供销社（公章）　　　乙方：××工艺社

法人代表：×××　　　　　　　　　　法人代表：×××

日期：201×年×月××日　　　　　　　日期：201×年×月××日

简析：这份合同存在的主要问题有：

（1）违背了平等和协商一致的原则。"甲方为了……"是本合同的导言部分，从文字内容来看，本合同似乎以"甲方"为主，"乙方"则处于次要的地位，受"甲方"的支配，这就违背了签订合同时必须遵守的平等和协商一致的原则。

（2）意思重复，层次不清。违约处罚办法一段与下一段实为一个内容，应合并叙述。本着合同用语应做到准确、简洁、无懈可击、不产生歧义的要求，应改写成："违约责任：产品质量、品种……乙方应负责退换；乙方延期交货……交×%的违约金；甲方延期付款……交×%的违约金。"

（3）履行期限、地点含糊。交货日期应明确到"年"，交货地点应明确到具体地址"××街道××号"，以避免留下交货日期及交货地点的漏洞。

他山之石5-2　　　　　　　　　提高合同写作质量五步法

合同是应用文写作中最常见也是最复杂的文种之一，常见是因为随着市场经济的发展，特别是网购的普及，各种订货单、协议书类的合同可谓层出不穷，以至于该文种几乎家喻户晓，路人皆知。但合同本身种类繁多，合同标的物的质量标准不同，规格、价格各异，其中可能出现的变数太多，使得合同又是最复杂的文种之一。那么，在社会生活和工作实践中面对一些复杂情况如何写好合同呢？如果我们在学习合同写作过程中，能够按照读辨、仿写、修改、扩写、核查"五步法"学习，循序渐进，不断巩固深化，则会取得良好的效果。

第一步，读辨。对合同结构特点的阅读分辨。合同是一种常见的应用文文种，在人们的实际生活应用中，经过不断改进和完善已经形成了比较规范的文本范式。所谓读辨，就是选择比较规范的合同文本，仔细阅读，通过阅读标题，明确合同的内容和性质及基本情况；阅读合同引言，了解合同签订的目的、意义；阅读合同的主体，明确各项条款规定的内容。在熟悉各种合同的基本结构和基本条款、了解商务业务的各个环节、理解各种术语的含义和订立合同的各项要求的基础上，分辨合同的基本结构和主体部分主要项目条款，形成对合同概念的认识。在读辨学习中，首先必须熟悉合同的文本结构、主体条款以及基本要求，对于合同内容中的标的、数量、质量、价款或报酬、履约期限、地点、方式、违约责任，解决争议的方法等项目的概念、界定和表述要有比较全面的认识。这是学习写作合同的前提和基础。如《北京市学校学生公寓床上用品买卖合同》是由北京市教委和北京市质量技术监督局联合制定的合同范本。在阅读文本时，就要辨别其中的文本结构和合同的主要内容条款，要注意合同中的7项基本条款以及其他补充条款的相关内容是什么，为什么要有补充条款等。

第二步，仿写。对合同结构特点的深化认识。仿写就是依葫芦画瓢，是学习合同写作的重要环节，通过仿写练习可以初步掌握合同的写作方式。当我们对合同的结构特点以及主体部分的主要条款有了比较清楚的了解后，就可以根据相应的背景材料，开始仿写。在实际练习过程中，要根据材料，按照合同的基本格式和特点要求进行合同文本仿写。这种仿写，可以参照一份内容相近的规范完整的格式范本，先练习句子排序以及合同的结构方式。在仿写过程中必须做到正确理解背景材料；了解合同的基本格式和特点要求；掌握适当的表达方式，根据材料内容把相关语义真实准确地表达出来。例如，我们可以根据以下背景材料，练习拟写一份合同文本：

　　××茶叶公司法人代表×××和××茶场法人代表×××于2011年3月10日签订了一份茶叶合同，具体货物是××特级绿茶。数量为500千克，每千克价格为168元。2011年6月20日之前由茶场直接运往公司，运费由茶场负责，××茶叶公司检验合格后，于收货10天内通过银行托收承付贷款。茶叶必须用大塑料外包，纸袋内装，外用纸箱包装。包装费由茶场负责。茶场地址为：××省××县城北区解放路6号，开户银行是××县农业银行，银行账号为××××××，电话：12345678；茶叶公司地址为××市××路××号，开户银行为××市工商银行，银行账号为××××××，电话：87654321。合同签订后，如双方不履行，在正常情况下拒不交货或拒付货款都必须处以货款20%的罚金，迟交货或迟付款，则每天罚3‰的滞纳金，数量不足的，按不足部分的货款计赔，仍按20%的比例赔偿。质量不合格，则重新酌价。如遇特殊情况，则提前20天通知对方，并赔偿损失费10%，本合同由××县工商行政管理局鉴证。

　　第三步，修改。对合同结构特点的理解应用。就是对已有合同文本的不妥或不完善条款进行修改。在学习写作合同文本过程中，仅仅学会仿写是远远不够的，还需要进一步深化提高。具体方法就是挑选一些不严谨、不规范的合同文本进行修改练习，从而锻炼自己辨别正误的能力，培养表达严谨、细致周密、表述完整的写作态度。如下例：

经济合同

立合同人：

××化工厂第二车间（以下简称甲方）

××市第二建筑公司生产科（以下简称乙方）

　　为建筑××化工厂第二车间东厂房，经甲方要求，订立本合同。

　　一、甲方委托乙方建造东厂房一座，由乙方全面负责建造。

　　二、全部建筑费用（包括材料、人工）壹拾叁万元整。

　　三、××化工厂在订立合同后先交一部分建造费，其余在东厂房建成后抓紧归还所欠部分。

　　四、工期待乙方筹备就绪后立即开始，力争三月中旬开工，争取十一月交工。

　　五、建筑材料由乙方全面负责筹备。

　　六、本合同一式两份，双方各执一份。

××化工厂第二车间（公章）　　　　　××市第二建筑公司生产科（公章）

主任：×××（私章）　　　　　　　　科长：×××（私章）

2011年5月3日　　　　　　　　　　　2011年5月3日

初看这份条文式合同文本，似乎基本条款具备，结构完整，内容完备、简明，但是细加分析，就会发现这是一份主体不合法、格式不正确、内容不具体、表述不明确、语言不规范的有严重问题的合同。首先是合同主体身份不合法，车间主任和生产科长都不是法人代表，不具有签订法人身份合同的资质；合同引言中提到"经甲方要求"，不符合合同协商一致性要求，应改为"经双方友好协商"；标题不正确，本合同项目是建筑安装工程承包，用"经济合同"作标题范围明显偏大；合同正文中使用的"筹备就绪""东厂房建成""抓紧归还所欠部分（建筑费）""三月中旬开工""争取十一月左右交工"等都存在表述不清、合同内容模糊的问题，必然产生争议。修改合同要求我们有一定的基本功，要明确合同写作的基本要求，要有严密的逻辑思维，要有扎实的语言功底，要有相关的专业知识，等等，这些需要我们在长期的学习实践中不断地积累。

第四步，扩写。对专业实践的拓展练习。扩写就是对合同文本中缺漏条款进行添加或扩充，使文本结构完整。合同拟写往往涉及许多专业、行业知识和经验以及国家、行业的相关法律规范。通过对以上《经济合同》案例的分析，发现有许多问题都源于拟稿人的相关知识、经验不足或不了解国家及行业的相关法律规范，导致思维不周延、合同条款疏漏，因此，必须对相关内容进行补充性扩写。扩写是合同拟写中最关键也是最见功力的练习，因为能事先预见的问题总是可以比较圆满地说清楚并加以协商解决的。但是现实生活中各类经济合同纠纷，绝大多数是一些未能事先预见的情况，由于双方事先不能预测，问题出现后又不能及时地协商解决而产生的。在扩写练习中，我们可以采用正向思维方式，如可参照规范文本《北京市学校学生公寓床上用品买卖合同》，寻找《经济合同》是否还存在疏漏的必备条款，然后，就合同内容的每一条款反复推敲和询问，如果这样，可能会有什么问题？可能出现什么后果？根据可能产生的后果，参照范本补充或扩写合同必备条款。对于表述不清或内容不尽完善的条款可以补充相关内容，使需要表达的意思明确具体，防止由于考虑不周密或表述不明确导致可能的合同纠纷。当然这些都需要实践经验的积累，但只要我们平时不断练习、细心学习，尽量多参考权威或规范文本，在保证基本条款完备的基础上，多问几个"如果这样可能怎样"，把各种可能的结果都尽量考虑进去，提前针对各种可能产生的结果，提出预防建议，列出相关条款等，就可以为以后工作中写出合格的合同打下良好的基础。

第五步，核查。核查就是对拟写的合同进行再次复核检查。对拟写的合同进行反复核查至关重要，因为这是发现合同存在问题的重要环节。在核查中首先核查相关数据是否准确，包括商品的数量、单位、规格、质量、价款、金额等各个项目数据是否都准确无误。各条款表达的意思是否完整明确，是否符合各方的真实意愿。比如，我们可以对自己或他人拟写的合同反复核查，尽量去发掘、找寻出这些合同文本的不足和问题，使合同文本更加完善。这样，既能够强化掌握合同文本的基本特点和要求，使自己拟写的合同文本更趋于规范和完善，也能培养严谨的文风。

总之，初学合同写作，许多人会感到无从下手。我们只要把合同拟写的过程和要求进行细化分解，从仿写、修改、扩写到核查，注重循序渐进，由易到难，就会写出合格的合同。

资料来源　段曹钢. 提高合同写作质量五步法［J］. 应用写作，2012（7）.

思政园地

中国是世界上契约关系发展最早的国家之一。早在西周时，就有了一些对契约的界定，如《周礼》中就有"六曰听取予以书契""七曰听卖买以质剂"（周官·小宰》）。取予，是指财物所有权从"取"到"予"的转移，在这种转换过程中，应以书契为凭。宋人王昭禹说"载于简牍谓之书，合而验之谓之契。"书契在卖买交易中又称为"质剂"，在使用简牍书写的时代里，总是将交易内容一式二份同时写在简牍两边，然后从中间破别开来，两家各得其一，检验时两片验之相合称为契合。这种书契长形者称为质，多用于大型交易；短形者称为剂，多用于小规模交易。如果当事人在契书上手书文字，或刻画印痕以为鉴证者，又称之为"傅别""符别"，或称之为"莂"。

现存最早的契约，是近三千年前镌刻在青铜器皿上的《周恭王三年裘卫典田契》等四件土地契，将契约文字刻写在器皿上，就是为了使契文中规定的内容得到多方承认、信守"万年永宝用"。所以订立契约的本身，就是为了要信守，就是对诚信关系的一种确立。诚信，是我国的一种优良传统，也是延续了几千年的一种民族美德，在中国儒家的思想体系里，是伦理道德内容中的一部分。孟子说："诚者，天之道也；思诚者，人之道也。"（孟子·离娄上》）这是说"诚"是天地间运行的一种法则，而追求诚是人的法则，是人对天地间这一法则的尊崇和效仿，它要求着人具有真实毋欺的品性。"信"也是儒家的一种道德规范，即言出要兑现，孔子要求做人要"言必信，行必果，敬事而信"，即要身体力行，说话算数。"信"就是指遵守承诺、诚实不妄的品格，被儒家列为"五常"伦理道德"仁、义、礼、智、信"中的一种。

推荐阅读：乜小红. 简谈中国古代订立契约的方式［N］. 光明日报，2008-12-25（12）。

项目概要

招标书是招标人为择优选定项目承包人或合作者而对外公布有关招标项目、范围、内容、条件、要求的文书。作为招标文件的重要组成部分，招标书通常是指招标公告和招标邀请书，人们也常称其为招标广告。招标书一般由标题、正文、结尾三部分组成。

投标书是指投标单位按照招标书的条件和要求，向招标单位提交的报价并填具标单的文书。它要求密封后邮寄或派专人送到招标单位，故又称标函。投标书一般由标题、主送单位、正文、附件四个部分组成。

电子邮件，又称电子函件或电子信函。它是利用电子计算机所组成的互联网络，向交往对象所发出的一种电子信件。电子邮件主要包括信头、邮件正文和附件三个部分。

会谈纪要是以简明扼要的文字，将各方会谈的具体事项和结果记录下来的文体。会谈纪要一般产生于会谈后期或会谈结束之后，是根据会谈情况和各种会谈资料，经过综合整理而形成的概括性较强的文件。会谈纪要的结构由三部分组成，即标题、正文、落款。

意向书是平等主体的自然人、法人或其他组织之间就某个项目初步达成合作意愿而签署的文书，是双方或多方合作者内心愿望与初步设想的文字记录。意向书一般由标题、正文和签署三部分组成。

合同是平等主体的自然人、法人、其他组织之间设立、变更、终止民事权利义务关系的协议。签订合同是一种法律行为，合同的主要作用在于维护合同当事人的合法权益和明确当事人的权利、义务。尽管合同的种类各异，但一般均包括首部、主部、尾部三部分。

项目测试

一、简答题

1.招标书具有哪些特点？

2.投标书的写作应注意哪些事项？

3.电子邮件一般由哪几部分构成？

4.简述用于商务场合的电子邮件在写作过程中应注意的细节。

5.什么是会谈纪要，它有哪些特点？

6.会谈纪要的结构包括哪些？

7.什么是意向书？简述意向书的结构。

8.简述合同的特点。

9.合同的写作应注意哪些要求？

二、写作训练

1.哈尔滨市道里区海富时华小区于2011年进户，共有3 214户居民。此前因为业主对小区原物业不满意，双方矛盾激化，业主拒缴物业费，物业处于弃管状态，最终业主们通过"公投"解除与原物业的服务合同，并打算以公开招标形式引入一家物业管理公司。作为业主委员会成员，请你就此拟订一份招标公告（涉及其他素材请自拟）。

2.请你以《通讯之光》杂志社编辑部的名义，给订阅者写一封电子邮件，在感谢他们大力支持的同时，说明《通讯之光》杂志将会在新的一年进行改版升级，以更新的面貌和丰富的内容回馈读者，诚邀老用户继续订阅。

3.下面是一篇病文，请结合学习的知识，指出其存在的问题。

共建合资企业意向书

一、甲、乙两方愿以合资或合作的形式建立合资企业，定名称为××有限公司，地址在中国××市××街××号。建设期为××年，即从××××年至××××年全部建成。双方签订意向书后，即向各有关上级部门申请批准，批准的时限为×个月，即××××年×月至××××年××月完成。然后办理合资企业开业申请。

二、合资公司经营范围：合资公司从事××产品的生产、研究和开发。新产品在国内外市场销售，并进行销售后的技术服务。合资公司的生产规模：生产初期年产×××吨；正常生产期年产×××吨。

三、合资公司为有限公司。合资各方按其在注册资本中的出资额比例分配利润、分担亏损和承担风险。

总投资为××万元，其中注册资本为××万元，贷款为××万元。××部分投资××万元；××部分投资××万元。甲方投资××万元（以工厂现有厂房、水电设施现有设备等折款投入），占注册资本的百分之××。乙方投资××（以折美元投入，购买设备），占注册资本的百分之××。

四、合资公司所需要的机械设备、原材料等物资，应首先在中国购买，如果国内不能满足供应的，可以在国外购买。

五、合资企业自营出口或委托有关进出口公司代理出口，价格由合资企业确定。

六、合资年限为×年，即××××年×月至××××年×月。

七、合资企业其他事宜按《中华人民共和国外商投资法》的有关规定执行。

八、双方在各方上级部门批准后，再具体协商有关合资事宜。

九、本意向书生效后，甲、乙双方应认真遵守本意向书的规定。任何一方不执行本意向书规定的义务，对方有向违约一方索取赔偿经济损失的权利。

十、本意向书用中文和××文写成，两种文本具有同等法律效力。

××××厂（甲方）　　　　　　××××公司（乙方）

代表：　　　　　　　　　　　代表：

××××年×月×日

项目六

商务策划文书

学习目标

1.了解营销策划书和公关活动策划书的特点；

2.熟悉营销策划书和公关活动策划书的结构和写法；

3.掌握营销策划书和公关活动策划书的写作要求；

4.能够根据实际需要规范地撰写具体的营销策划书和公关活动策划书。

商务策划是以获得社会交换中的更多优势和利益为目标，通过创造性思维的有效整合，形成完整执行方案的过程。本项目我们将重点讲述商务策划活动中涉及的营销策划书和公关活动策划书的写作方法。本项目结构导图如下：

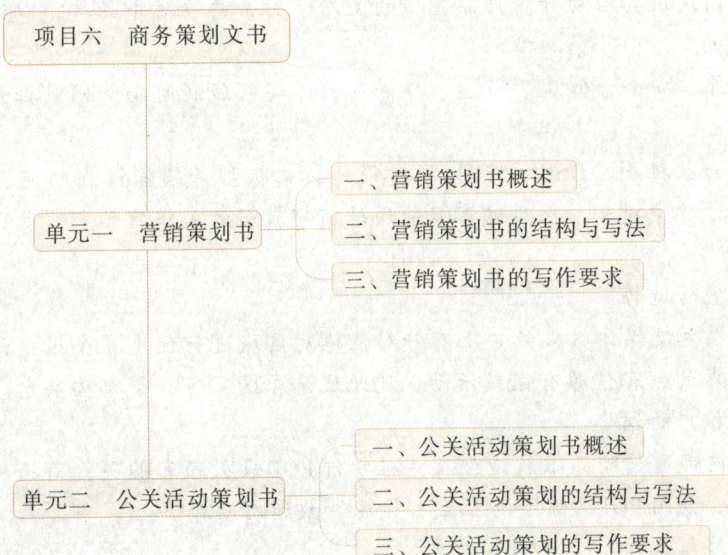

```
项目六  商务策划文书

                              ┌─ 一、营销策划书概述
           单元一  营销策划书 ──┼─ 二、营销策划书的结构与写法
                              └─ 三、营销策划书的写作要求


                              ┌─ 一、公关活动策划书概述
           单元二  公关活动策划书 ┼─ 二、公关活动策划的结构与写法
                              └─ 三、公关活动策划的写作要求
```

单元一　营销策划书

【引例】　　　　　佳源电热水器区域促销方案及点评

◎ 促销背景

恰逢国庆，家电卖场迎来了"十一"黄金周前后的秋冬促销高峰，热水器产品开始进入销售旺季，市场争夺战的大幕徐徐拉开。虽然今年快速电热水器新品层出不穷，但那些具有安全保障、出水量大、外形美观等特征的产品是消费者的主要选择。同时，由于快速电热水器价格相对较高，许多消费者对于产品和品牌也不太熟悉，这就使得他们在购买时犹豫不定。为了把握住这个绝佳的促销时机，打败竞争对手，推广品牌、提升销量，佳源策划了此次促销活动。

◎ 方案概述

目的：（1）打击竞争品牌，抢占市场份额；（2）提升品牌销量与知名度。

主题：佳源电热水器喜迎国庆庆典！

时间：10月1日—10月8日。

◎ 促销对象与范围

1.促销对象：终端消费者。

2.范围：深圳地区可控终端（以国美、苏宁华强北商圈及宝安、沙井、龙华片区为重点）。

◎ 整体推广思路

1.通过国庆庆典活动升华产品宣传的主题，打击竞争对手品牌，以达到抢占市场份额的目的。

2.以倡导"安全、健康、节能、环保"为沐浴领域新时尚，同时拉开热水器旺销的序幕。

3.选择一款机型（DSF6-55B）限时促销，此机型必须保证在功能、外观、价格方面均优于竞争对手，然后顾客只能通过前期我司的夹报宣传彩页获得凭券购买优惠。

◎ 广告宣传造势

1.通过在主流媒体（报纸）上有针对性地对区域进行优惠券夹报投放，以此告知收到优惠券的顾客佳源有促销活动，凭此优惠券购买可获得哪些实惠。此宣传作为节前促销推广的铺垫。

2.商场内部通过赠品堆放造型及悬挂特价POP吸引顾客购买，商场外采用搭建帐篷、展架，使用POP、喷绘易拉宝、气球等做到内应外合。

◎ 具体终端操作

1.活动前做好卖场临时促销人员的人数安排与落实，进行产品知识及销售宣传推广技巧的培训。

2.主要以国美、苏宁深圳华强北商圈及宝安、沙井、龙华片区为重点突破口，以产品的性价比优势压制竞争对手品牌。

3.在人员的调配与安排方面，场内临促尽量从公司内部抽调人员到卖场协助，场外安排外聘临时促销员派发活动宣传单页，并安排一名专人在场做产品功能介绍及指导协调工作。节前必须做好外聘临时促销员的产品知识培训及简单的销售技巧培训。

4.在派发单页时一定要注意面向进场的人流，提高派发效率。同时顾客告知商场当前进行的促销活动详情。

5.在场外，一个商场安排两顶帐篷、两个展架、四个喷绘易拉宝、气球等装饰来展示及宣传产品品牌形象。

6.在促销员的激励方面：（1）设立月销售一、二等奖及进步奖三个奖项，分别为一等奖1名，奖励现金2 000元；二等奖1名，奖励现金1 000元；进步奖2名，奖励现金300元。（2）设立型号奖300元/台（DSF8系列），限十月份全月。（3）10月1—8日的销售提成比平时翻倍，即特价机提成4%，常规机提成8%。

资料来源　王虹，赵志伟.佳源电热水器区域促销方案及点评［J］.现代家电，2009（24）.

促销活动能否成功，与活动方案的制订有密切关系。抛开文字方面的写作技巧，我们看到该方案有以下特点：（1）时机得当，目的清晰。选择节假日开展促销，同时也是热水器销售旺季即将到来的时间段，可以将节假日促销和旺季前促销有机结合；此次促销以推广品牌、打击竞品、鼓励销售高端机型为目的，出发点明确，并且围绕这个目的做了一系列的规划。（2）组织到位，准备充分。成功的促销活动离不开周密的组织准备工作，这次促销活动在前期调研、市场分析、人员调配、前期培训、物料准备、机型选择、终端布置、现场安排、媒体推广、细节规范、奖励制度等方面都进行了精心的策划和安排，保证了活动的有序、有效。（3）把握重点，集中突破。这次促销活动并不是"遍地开花"，而是选取了一些重点的终端、重点的区域作为活动的重点，主要选择国美、苏宁深圳华强北商圈及宝安、沙井、龙华片区为突破口，这样既能保证活动的影响力，达到促销目的，同时也集中了优势的资源，保证了活动的效果。（4）精益求精，注重细节。终端促销还是一个细节化的较量，节假日促销已经被厂商广泛采用，然而销售的结局却迥然不同，原因之一是细节操作的差异。这个促销方案把细节操作规范化，对细节的掌控到位，确保了促销活动的质量。

一、营销策划书概述

1.营销策划书的概念

营销策划书，就是将营销策划的过程用文字记录下来，它是针对企业的经营活动事先作出规划和安排的应用性文书。营销策划书是营销策划的反映，它通过书面材料向决策人提供自己的意见与创意，说服决策人接受自己的意见，有计划地开展营销活动以实现企业的经营目标。

2.营销策划书的特点和种类

（1）针对性。营销策划书具有较强的针对性，所有的分析、设计和创意都是围绕成功营销这个终极目的而展开的。

（2）经济性。营销策划书涉及企业在市场环境中相关的各种资源，如何充分地利用、组合这些资源，最大限度地发挥资源的优势取得利润是策划者需要重点考虑的。

（3）系统性。营销策划书的写作是一项系统工程，要求用科学、周密的系统分析方法，对企业的营销活动进行分析、设计和整合，形成系统的目标、手段和策略，形成高度统一的逻辑思维过程和行动方案。

（4）可行性。营销策划是一门实践性较强的学科，因此营销策划书要具有前瞻性，结合实际条件，在创新思维的指引下，为企业市场营销提供具有可操作性的方案，提出开拓市场和占领市场的系统性策略和措施。

根据营销对象不同，营销策划书可以分为商品销售策划文书、促销活动策划文书、市场推广策划文书、新产品开发策划文书、营销定位策划文书等。

根据营销时间长短不同，营销策划书可以分为长期营销策划文书和短期营销策划文书。

根据营销范围大小不同，营销策划书可以分为专项营销策划文书和综合营销策划文书。

二、营销策划书的结构与写法

营销策划书没有固定的格式，根据产品或营销活动的不同要求，其内容与格式编排上也有差别，一般包含标题、正文、落款三部分。

1.标题

标题可分为单一式标题、两要素标题和三要素标题。单一式标题只写文种名称，如"市场营销策划书"；两要素标题通常由产品名称和文种组成，如"电动自行车市场营销策划书"，也可由企业名称和文种组成，如"极速电动自行车有限公司市场营销策划书"；三要素标题由企业名称、产品名称和文种组成，如"极速电动自行车有限公司飞腾系列产品营销策划书"。

2.正文

营销策划书的正文包括前言、主体和结尾三部分。

（1）前言。营销策划书的前言要写明以下内容：营销策划书的缘由、目的；营销策划书的策划机构；营销策划书的完成时间。

（2）主体。营销策划书的主体应写明以下内容：目前产品的营销状况，包括市场情况、产品状况、竞争状况、分销状况、宏观环境状况等；市场前景分析，包括产品的市场状况、成长状况和消费者的可接受情况；影响因素分析，如宏观环境、居民生活条件、消费心理、技术发展趋势等；市场机会与问题分析，如产品的营销现状、产品特点等；营销目标，如预计销量、市场占有率等；营销战略，如营销宗旨、产品策略等；价格策略；销售渠道；广告宣传；行动方案等。

（3）结尾。营销策划书的结尾主要包括两方面内容：策划方案各项费用预算，具体包括总预算、阶段预算、项目预算等方面；时间进度表，用来表明各项工作开展及结束的时间段。

3.落款

落款处写明制作营销策划书的单位、策划人员的姓名和成文时间。如果前言中清楚地写明了本策划书的制作单位、策划人员姓名和成文时间，也可不写落款。

三、营销策划书的写作要求

1.理论依据要充分

要提高营销策划内容的可信度，更有力地说服阅读者，就必须拿出足够的理论支撑。

2.说明要具体、深入

营销策划书是为了指导企业进行营销实战，必须保证其可靠程度。在营销策划书中必须善于利用各种数字进行说明，而且这些数字必须权威可信。

3.善于在营销策划书中应用各种展示手段

例如，图表具有强烈的视觉效果，并且比较直观，有助于阅读者理解策划书的内容。利用图表的形式进行比较分析、概括归纳、辅助说明就非常有效。

4.呈现合理的视觉效果

营销策划书视觉效果的优劣在一定程度上影响着策划效果的发挥。例如，有效利用版面安排可以提升营销策划书的视觉效果。版面安排包括字体、字号、字距、行距及插图和颜色的使用等，旨在使策划书重点突出，层次分明。

例文6-1　　　　　　　　　　**青岛海信电视连锁店营销策划书**

前　言

交互式数字电视机、智能且超节能的家用电器、简单易用的网络云服务，这些看似遥不可及的未来生活场景，如今已成为我们现实生活的一部分。现在的电视机市场已经进入了一个新的阶段，随着我国LED电视领域的节能环保技术和3D网络电视产业的发展，再加上2010年政府的家电下乡、以旧换新优惠补贴政策的实施，国家再度明确和重申了未来中国家电企业的战略发展方向。因此，青岛海信电视连锁店需要在各地市场建立一批相对成熟的家电经销网络和服务网络。

青岛海信电视连锁店应把握住这一难得的彩电产业升级的历史机遇，依靠技术创新带动产业升级，推动本连锁店的快速发展。×××策划公司从影响本行业的经济和社会形势出发，细致分析了影响青岛海信电视连锁店发展的各种外部环境因素，同时结合对连锁店自身资源优劣势的分析，确定了产品在青岛市场的定位，从而制订出了针对连锁店实际情况的营销方案，以提高连锁店的竞争能力，树立海信电视品牌的良好形象，扩大海信电视在青岛市场的占有率。

第一部分　青岛海信电视连锁店市场背景分析

目前，海信电视已具备了大尺寸液晶模组、LED背光模组和液晶电视的一体化、规模化生产的能力，掌握了LED液晶电视的核心技术，具有了与国际一流企业同台竞技的水平和能力。以LED液晶电视为突破口，海信电视已经在中国彩电业建立了从点到面、从技术到产品、从市场到新商业模式的系统竞争力，走在了中国消费电子行业的前列，并作为中国企业自主创新、战略转型的标杆，成为这一轮市场技术变革中的最大赢家。

在上游产业链领域的成功突破以及高端新产品的推出，为青岛海信电视连锁店赢得了青岛市场的主动权。2010年3月，海信推出了蓝擎T29系列19英寸到55英寸共13款LED背光源液晶电视，该系列产品融合了互联网、3D显示等多项新技术。2009年11月份以来，海信已经稳居国内LED液晶电视市场的霸主地位。在国际市场上，海信推出的LED互联网电视、3D电视等百余款高端绿色旗舰产品备受欢迎。青岛海信电视连锁店将在青岛电视市场上拥有品牌优势。

第二部分　青岛海信电视连锁店SWOT分析

一、连锁店产品优势分析

天极传媒以天极数据平台2010年4月液晶电视产品用户点击行为统计为分析样本，对青岛液晶电视市场的品牌实力变化及关注比例进行了实时追踪分析，客观、及时地反映了青岛液晶电视市场5 000～10 000元价格段品牌的竞争格局（如图6-1所示），排在前五名的依次是海信、创维、索尼、夏普、TCL，其中海信品牌关注比例达到22.72%。

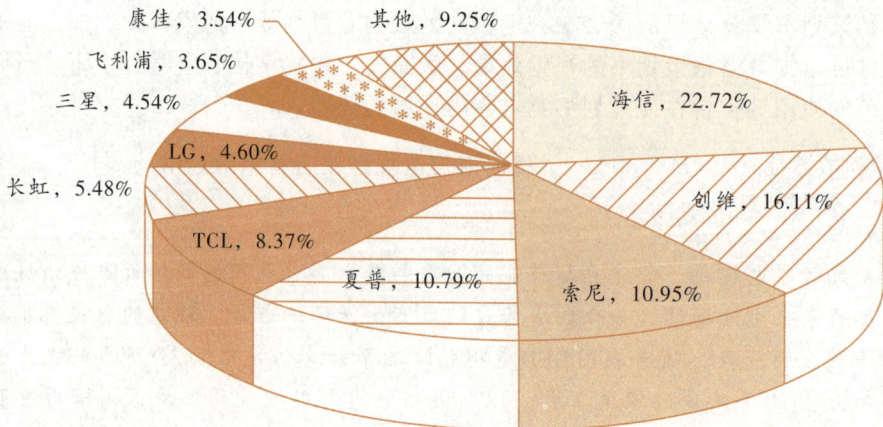

图6-1　2010年4月青岛液晶电视市场5 000～10 000元价格段品牌的竞争格局

二、连锁店竞争状况分析

目前，市面上国产液晶电视品牌有10多种，主要包括海信、创维、TCL、康佳、长虹、海尔、厦华。现对长虹、创维、康佳三大国产液晶电视品牌逐一进行分析：

1. 长虹液晶电视

长虹876系列是旗舰级产品900系列的姐妹机型，是长虹TV2.0的最新产品，号称国内首家支持HDRM高清解码格式的网络高清数字娱乐电视。其具有网络高清引擎，能对网络上最常见的高清RMVB格式进行解码，并通过电视的USB接口播放。

2.创维液晶电视

创维采用韩国技术的IPS硬屏，效果很好，展现出的画面没有水纹、不失真、角度大、响应速度快，而且性价比高。创维的酷开系列液晶电视整合了多种网络娱乐功能，可提供收看网络电视、随时聆听音乐、在家KTV等新技术服务，迎合了消费者的需求。

3.康佳液晶电视

康佳不仅拥有国家级的技术开发中心和博士后工作站，还构建了"中央研究院—产品开发中心—专业设计所"三级研发体系，以及以产品线管理和产品集成研发为核心的KPD体制，具有强大的电子信息技术开发实力。

三、连锁店市场机遇分析

世界杯的举行对全球电视机的销售量起到了正面刺激作用。2010年第一季度全球电视机出货量达到5 500万台，同比增长50%。其中，液晶电视出货量超过了4 000万台，同比增长50%。2010年1月至5月，我国液晶电视市场销售量为702.5万台，同比增长41.89%；销售额为318.9亿元，同比增长33.42%。

近年来，液晶电视技术的飞速发展，也带动了相关产品一步步走向成熟。青岛海信电视连锁店要高速发展，就必须抓住新的发展机遇，加大科技创新，提高技术含量，加强自主研发能力，制定有效的推广策略，对液晶电视行业的国家标准进行统一规划。

四、连锁店威胁分析

平板电视价格下降是一个全球的趋势。2010年第一季度国际液晶电视和等离子电视的价格比2009年同期分别下降了22%和33%。从整个彩电产业链来看，我国的彩电制造商处于一种被动和相对弱势的地位，产品表现出了低差异化和低利润贡献率的特点，各个厂商的产品营销策略选项不多，基本上是以价格刺激为主要手段。等离子电视和背投电视将维持相对弱势状态。彩电核心技术的缺失制约着整个行业的发展，这对青岛海信电视连锁店的发展极其不利。

第三部分 青岛海信电视连锁店营销策略

一、连锁店产品策略

结合目标消费群体的消费心理和行为特点，连锁店将进行新产品推广和完善海信电视售后服务制度。

1.海信蓝擎LED液晶电视新品介绍

海信推出的蓝擎LED液晶电视新品T29系列，拥有55、47、42、32、26、24英寸六个尺寸，相比2009年9月推出的T18/T28系列，T29系列最重要的改进在于增加了多视窗操作系统、网络后台内容，提升了USB流媒体播放能力。Widget多任务操作系统支持多窗口、多任务并行工作，用户可以多个任务同时工作，与之前相比，在外观、功能、性能、网络娱乐、接口技术上都提高了很多。最前沿的3D电视和最热门的LED电视相结合的产品线配置，将为海信电视连锁店的销售提供保障。

2.青岛海信电视连锁店完善的售后服务

所有产品都免费送货上门、免费安装，保障售后服务质量。保修期为三年，有国家质量认证，市场服务周到，并在全省率先推出"先行赔付"制度，严格把握产品质量，完全解决消费者的后顾之忧。

二、连锁店定价策略

根据多年的销售经验，我们制定了以下几条定价策略：

1.撇脂定价策略

这种定价策略主要针对的是高端消费者，主要推荐 LED 绿色环保系列和 3D 网络系列产品，产品价格定在 20 000 元以上，能够满足高端消费者的需求。

2.满意定价策略

这种定价策略主要针对的是普通消费者，主要推荐刚刚上市的中档且款式新颖的产品，产品价格定在 2 800～5 000 元，消费者可以享受政府的家电下乡和以旧换新政策。

3.渗透定价策略

这种定价策略主要针对的是中高端消费者，主要推荐 LCD 系列和 LED 绿色环保系列产品，产品价格定在 5 000～8 000 元之间，消费者可以享受政府的家电下乡和以旧换新政策。

三、连锁店渠道策略

青岛海信电视连锁店具有完善的销售渠道。下面将从规模优势、渠道建设和信息化建设三个方面进行分析：

1.规模优势

青岛海信电视连锁店对价格战并不避讳，但必须满足盈利的前提，所以不会把价格定得很低。可以利用规模较大、能从上游面板厂商拿到比竞争对手更为优惠的价格来获取利润。

2.渠道建设

青岛海信电视连锁店的渠道建设可谓步步为营，目前已有渠道 200 多个，且健康度较高。

3.信息化建设

青岛海信电视连锁店拥有快速响应的信息化数据库 SAP，能够与渠道商实现信息对接，每天都有最新的销售信息发送到连锁店。每天 17：30 以前，遍布在全国各大卖场的海信专卖区都会把当天的销售数据上报，青岛海信电视连锁店负责销售的领导当天都会收到最新信息。

四、连锁店促销策略

青岛海信电视连锁店以广告媒体传播为主，适度结合公关宣传，整合各种营业推广手段开展主题促销活动。

1.广告媒体传播

广告以电视、报纸、户外与车身四种形式为主，交叉互动，互为补充，在近期主要扩大影响力和提高知名度。现阶段主要利用电视广告进行强势推广宣传，通过对青岛媒体收视率与受众的分析，以 QDTV-1、QDTV-2 两个频道为主，在全天各个时段播出广告，初期采用 30 秒或 40 秒的广告，后期可考虑采用 10 秒的专题广告。计划以月为单位，后期投放计划根据前期广告投放效果进行合理调整、科学安排。

由于每逢节假日，消费者都有比较充裕的时间购物，一般都会出现消费高潮，因此在每个节假日的前夕做一定的报纸广告，在青岛地区进行比较全面的宣传，可以加强广告宣传力度。

2.公关宣传

主动与媒体联系，在报纸媒体的家居类专栏上发布新闻，将近期电视市场中具有新闻价值的信息传递给普通读者，以增强信息的权威性。

3.活动促销

定期举办"新款电视推广新闻发布会"，吸引舆论的注意，每年举办一到两次电视博览会，介绍家居艺术、流行趋势等，同时结合节假日，开展促销优惠活动，让利给消费者，以促进销售。

4.DM宣传

整合市场内的电视产品资源，将某一固定时间段内的电视新产品信息、促销信息和家居资讯结集成册，选择市场较大的居民区和公众场所直接进行投放。

第四部分　青岛海信电视连锁店收入与费用分析

1.广告资金分配

电视广告投入每天2 000元，预计投入8万元；报纸广告投入3万元；网上广告投入3万元；宣传画册投入2万元。预计广告总投入16万元。

2.盈利分析

青岛海信电视连锁店不同型号产品的盈利分析见表6-1。

表6-1　　　　　　　**青岛海信电视连锁店不同型号产品的盈利分析**

系列名称	型号	购进成本（元）	出售价格（元）	销售利润率（%）
海信LED系列	LED32K11	3 000	3 399	11.7
海信TLM系列	TLM37V66K	2 500	2 999	16.6
海信LED系列	LED47T29GP3D	7 899	8 799	10.2
海信LED系列	LED55T28GPN	10 099	12 999	22.3

3.生产成本分析

从生产成本的角度分析，在彩电显示屏的管理上努力实现零库存，这样可以提高存货周转率，减少资金占用，节约连锁店原材料的运输和包装费用，这部分成本占总成本的5%～6%，连锁店的毛利率将会上升3个百分点，可以大大节约连锁店的运营成本，提高盈利能力。

4.市场占有率分析

2012年，青岛海信电视连锁店总销量超过90万台，省内市场占有率达到13%，继续保持省内零售量和零售额第一的位置。

第五部分　青岛海信电视连锁店的前景预测

随着平板电视产业进入稳定快速发展时期，以及产业结构特性、面板供需关系和消费趋势变化等因素的相互作用，青岛海信电视连锁店未来前景预测如下：

第一，在青岛电视市场，海信电视依然占据消费主流。随着液晶显示技术的不断突破，等离子电视在大尺寸上的优势将逐渐丧失，但是等离子电视依然拥有色彩柔和等鲜明的技术特色，在一定时期内仍然拥有一定的消费人群。

第二，青岛海信电视连锁店的产业链配套将更加完善。作为本土连锁店，我们对居民的消费习惯、消费心理和生活文化有着更加深刻的理解，在营销手段上更富有弹性，在液晶电视市场上占有优势地位，连锁店的长期发展相对乐观。

第三，海信电视品牌的认知度超过80%，美誉度大大提高，继续位列山东彩电市场的第一位。海信电视继续成为电视市场消费者的首选品牌。

青岛海信电视连锁店选择了"自主品牌"和"核心市场"两大市场开发战略，形成了自主品牌规模与利润双增长、利润增长高于规模增长的良好局面。本策划书将海信电视LED绿色环保系列和3D网络系列产品作为重点进行推广，将更好地满足青岛当地消费者的需求。

今后，青岛海信电视连锁店将遵循"用心经营、诚信服务"的宗旨，树立以市场为导向、以客户为中心的经营理念，恪守"求实、诚信、拼搏、创新"的精神，更好地为广大消费者服务。

资料来源　孙玮琳. 市场营销策划［M］. 5版. 大连：东北财经大学出版社，2017.

简析：这是青岛海信电视连锁店就如何把握彩电产业升级的历史机遇、依靠技术创新带动产业升级、推动自身快速发展而撰写的营销策划书。该策划书从影响彩电行业的经济和社会形势出发，细致分析了影响青岛海信电视连锁店发展的各种外部环境因素，同时结合对自身资源优劣势的分析，确定了其在青岛市场的产品定位，从而制订出了符合实际情况的营销策划方案。

策划书的前言简单明了，首先讲述了当前的背景和发展机遇，即我国LED电视领域的节能环保技术和3D网络电视产业的发展，以及2010年政府的家电下乡、以旧换新优惠补贴政策的实施等，明确了未来我国家电企业的战略发展方向。然后，提出在这样一个大背景下，青岛海信电视连锁店应把握住这一难得的历史机遇，推动本连锁店的销售，以提高本连锁店的竞争能力，树立海信电视品牌的良好形象，扩大海信电视在青岛市场的占有率。

策划书的第一、二部分对青岛海信电视连锁店的市场背景进行了分析，并对自身进行了SWOT分析，明晰了发展的优势、竞争情况、市场机遇以及存在的威胁。这两部分内容为后面营销方案的提出打下了基础。

第三部分是对具体的营销战略与行动方案的策划，包括产品策略、定价策略、渠道策略、促销策略。这部分内容为青岛海信电视连锁店的营销活动确定了方向和实施细则，具有很强的可操作性。

第四部分对本次营销策划的收入与费用进行了分析。

第五部分对青岛海信电视连锁店的前景进行了预测。

单元二　公关活动策划书

【引例】

2017年的央视"3·15"晚会刚刚结束，晚会上关于日本"核污染区"食品悄然流入中国市场的消息一经曝光便引起热议。其中一直以自然、优质生活方式为主打口号的日本品牌"无印良品"在相关曝光中被点名后，迅速登上微博热搜榜。

3月16日，针对央视"3·15"晚会中所曝光的"无印良品部分进口食品产自日本核污染区"事件，无印良品在其微信公众号发布声明：

声　明

1.此次引起误解的原因是本公司所销售的进口食品日文标识上所标示的"贩壳者株式会社良品计画RD01东京都丰岛区东池袋4-26-3"，而该信息为本公司母公司名称及其法定注册地址，并非本司所售进口食品的产地。

2."3·15"晚会所曝光的两款进口食品的原产地如下：

无印良品无咖啡因香茅薏仁茶（谷物饮料）原产地：日本福井县。

无印良品鸡蛋圆松饼（热加工糕点）原产地：日本大阪府。

3.本公司向全国消费者声明，本公司进口及销售的来自于日本国的食品，均严格遵守2011年4月8日国家质量监督检验检疫总局（总局2011年第44号公告）《关于进一步加强从日本进口食品农产品检验检疫监管的公告》及2011年6月13日国家质量监督检验检疫总局颁布的国质检食函〔2011〕411号《关于调整日本输华食品农产品检验检疫措施的通知》的规定，未进口及销售任何中国政府明令禁止的日本核污染影响区域的食品。本公司进口及销售的进口食品均有原产地证明书，且证明书正本已提交上海出入境检验检疫局，并取得《中华人民共和国入境货物检验检疫证明》。每批次进口食品的报关报检单证齐全合规。

声明人：无印良品（上海）商业有限公司

2017年3月16日

附件：

1.《对中国出口产品原产地证明书》——无印良品无咖啡因香茅薏仁茶（谷物饮料）

2.《对中国出口产品原产地证明书》——无印良品鸡蛋圆松饼（热加工糕点）

这是一份典型的企业危机应对声明。在这份声明中，无印良品（上海）商业有限公司就央视"3·15"晚会所曝光的两款进口食品的原产地作出澄清，并提交了相应的产品原产地证明。可以看出，之所以无印良品（上海）商业有限公司能够迅速作出回应和澄清，这与其公关能力的强大和危机应对预案的制订是分不开的。

一、公关活动策划书概述

公关活动策划书，是指对某一时期内企业开展公关活动作出计划与安排的应用文书，它旨在宣传企业形象，沟通各界关系，为企业更好地获取经济利益和社会效益。

按照不同的分类标准，公关活动策划书可以分为不同的种类。具体分类可见表6-2。

表6-2 公关活动策划书的分类

分类标准	具体类型
期限	长期的公关策划书、中期的公关策划书和短期的公关策划书
内容	综合性的公关策划书和专项的公关活动策划方案（如开业典礼、新闻发布会、赞助活动等）
性质	常规性公关活动策划书和危机性公关活动策划书
使用对象	执行性的公关活动策划书（制定者自用）和咨询性的公关活动策划书（为他人制定）

公关活动策划书具有以下特点：

（1）针对性。公关活动策划书在明确公关活动目的的基础上，使公关活动方案紧紧围绕这个目标进行策划，具有较强的针对性和目标性。

（2）可行性。公关活动策划书不能纸上谈兵，它应该能够为公关活动提供科学指导和切实可行的行动计划，其最终目的是解决现实中客观存在的问题，因此应该具备较强的可行性。

（3）系统性。公关活动策划书强调企业公关活动的整体性，注重公关活动的运作过程。

二、公关活动策划书的结构与写法

公关活动策划书没有固定的格式，策划者一般根据实际的需要和自己的文笔风格来撰写。但无论策划书的形式、内容有怎样的差别，理应包含的要素都不可或缺。这些要素包括标题、简要说明、公关目标、主题、实施项目、策略与时机、预算经费、项目成效的测评标准和方法、落款等。

1.标题

一般由公关项目和文种标志"策划方案"或"公关计划"构成，例如《天意化妆品公司重阳节活动策划方案》。

2.简要说明

制定本策划书的缘由、企业概况、企业的处境或面临的问题，希望通过策划能解决的问题。或者简单提示策划的总体构想，使客户未深入审阅策划书之前，能够初步了解。

3.公关目标

公关工作所追求的目标，希望达到的绩效，可分总体目标和具体目标两类：

（1）总体目标：为扩大影响，提高信誉，树立组织的良好形象，争取公众的理解、信任和支持，创造协调的社会公众环境，推动组织总目标得以实现，保证组织取得最佳的自身效益和社会整体效益。

（2）具体目标：总体目标的具体化。如通过某种公关活动达到什么目的。

4.主题

整个方案的主旨、指导思想。主题可用主题句陈述，也可用一个口号来表达。

5.实施项目

具体的公关工作内容和种类，往往与公关媒介同时考虑。其主要包括：

（1）以信息传播为中心内容的宣传型活动项目，如新闻发布会、记者招待会、庆祝活动、颁奖仪式、新产品新技术展览会等。

（2）利用组织已有设施建立社会关系网络的交际型活动项目，如参观、典礼、联谊活动、座谈会等。

（3）推销产品和服务的活动项目，如向有关媒介单位寄送有关产品和服务的宣传品、样品等。

（4）在某些特殊时刻举行的活动项目，如节假日举办庆祝会、展销会、有奖销售等。

（5）以社会性、公益性、赞助性活动为主的社会型活动项目，如赞助、捐款、参加社区及政府的各项公益活动等。

6.策略与时机

公关工作是实现组织与社会公众之间的双向沟通，是一种动态行为，可能遇到各种可控的和不可控的复杂因素，因而需要讲求策略和时机的选择。

在筹划策略与时机等关系全局的问题的同时，还应把各个具体项目实施的方法、步骤、控制方式、时间安排和人员的组织落实等细致筹划好。

7.预算经费

预算经费项目包括：管理费用（如人工报酬）、设备费用、日常行政费和项目开支（如原有项目的开支、新定项目的开支、突发事件的开支等）。

8.项目成效的测评标准和方法

其具体包括组织形象效果的检测、公关效益的评价、新闻舆论的分析、广告效果的测量等。

9.落款

执行性的公关方案的落款如同计划，在尾部写上制订单位和时间即可。由外部咨询机关写的策划方案，一般在首部写明（在标题之下写上策划单位和策划日期）。

三、公关活动策划书的写作要求

公关活动策划书的写作强调"以人为本"的观念，其重点在于构思、设计、营造一种和谐、有益的人际关系。

1.公关活动策划书要将理念传递给大众并为大众所接受，立足于大众对活动的参与意识和奉献精神。

2.公关活动策划书应突出和强调活动策划主体的思想观念和认识水准，唤起大众参与的积极性和主动性。

3.公关活动策划书应突出针对性、可行性和系统性。

例文6-2　　　　　　　　**京东派给你精彩校园生活**

2015—2016年京东派校园项目年度整体传播策划案

一、项目背景

2013年年底，京东宣布了未来发展的五大战略，其中，"渠道下沉"和"国际化"两大战略随即浮出水面。校园项目作为2015年京东渠道下沉战略的重要落地项目，旨在以"京东派"校园店为平台深入校园，建立标准化的物流平台，为广大师生提供"多、快、好、省"的购物体验；同时主打亲民接地气品牌，从各个方位服务学生，为打通大学生网购"最后一公里"提供更多增值服务。

"京东派"现正处于发展初期，急需将其多方位服务型的全能形象对外推广。为此，针对90后大学生的消费习惯，京东需加大力度开拓校园服务平台，打造校园事件营销案例，活跃目标受众参与度与影响力，在提高知名度与美誉度的同时促进消费。

二、项目调研

本项目调研运用受众调查和媒介监测的方法，从电商进校园的市场需求、受众对京东派的认知与态度、京东派传播现状这三个方面，挖掘京东派进入校园市场的营销与传播的"症结"。同时，结合京东派项目特色提炼、京东派与项目同行的对比分析以及京东派优劣势分析，找出提高京东派市场占有率的办法，并提出京东派的传播新思路。

我们派出并收回了348份合格问卷，对10名相关目标消费者、负责人以及媒体人等进行定性访谈，并从传统媒体和新媒体渠道收集资料，得出结论：

1."京东派"项目仍未完善，受众接触项目渠道受限

（略）

2.京东派传播内容枯燥乏味，方式单一，未能树立品牌形象

（略）

3.电商行业中，同类校园营销型中小型电商企业已成为先行者

（略）

4.SWOT分析

（略）

5."京东派"项目特色提炼

（略）

三、项目策略

1.主题"京东派给你精彩校园生活"

（略）

2.公关目标

我们根据目前"京东派"的"多元便捷"的服务理念以及发展现状与难题，设定以下四个阶段的公关目标。

通过打造多项校园事件营销案例，推进目标受众自发传播效果，层层递进，以达到"京东派"成为校园电商市场领头羊的终极愿景：

（1）打响"京东派"名号，传播京东派"多元便捷"的服务理念；

（2）树立"京东派"是一个为学生提供"多、快、好、省"购物体验，一站式校园生活服务平台的品牌形象；

（3）面对不同类型的消费者进行精准营销，保持"京东派"的舆论热度；

（4）保持"京东派"在校园生活服务中的知名度与美誉度。

3.目标受众

核心受众：当代大学生。

外围受众：大学老师以及普通社会公众。

4.公关策略

为了提高以"多元快捷"为服务理念的"京东派"在大学生群体中的知名度和影响力，打通和深耕高校市场，在项目执行过程中，以罗杰斯的创新与扩散传播理论，促进认知与消费。

5.传播策略

（1）充分运用社会化媒体的传播威力。在媒体选择上，本策划采用以新媒体为主力的传播策略，借助微信交互式的人际传播和微博嵌套式的大众传播，通过微博发起相关话题讨论和微信公众号软文发布，博得受众对活动的关注。邀请微博大V等作为意见领袖，提高活动的曝光率。此外，巧用微信功能，以微信公众号的关注转发、特制活动微信表情、微信H5的制作转发以及开发微信小游戏，制造校园热点事件，病毒式营销，全方位、多角度提高"京东派"在大学生群体中的影响力。

（2）巧借校园媒体传播。"京东派"要打通校园市场，必须贴近高校生活、高校媒体，例如社团官方微博和微信公众号，在其长期的活动举办中已聚集了大量的高校学生粉丝群体，"京东派"各项活动的开展，通过邀请此类高校媒体转发和评论相关微博话题，易于贴近90后大学生群体。同时校园社团组织活动宣传单的印发，广泛式的近地传播，更加直接地将活动信息传达给90后大学生。

（3）门户视频网站策划病毒式传播。本策划案除以新媒体为主力传播，同时也辅以门户网站作为病毒式传播的媒体途径。在腾讯、搜狐以及网易等知名网站上发布活动举办成果，在全网各大主流视频网站（如爱奇艺）上发布微电影，进行广泛式的视频病毒式传播，制造校园热点事件，提升"京东派"的品牌形象，提高"京东派"在90后大学生群体中的知名度和美誉度。

四、项目执行

1.公关分活动策划案

"行侠仗义京东派""派派庆典""《青春在途》微电影营销"三个部分，有效契合各类节点与目标受众喜好，推动"京东派"品牌发展的同时，促进消费"京东派"。

（略）

2. 项目进度表

（略）

3. 危机预案

我们的危机管理理念是：增强把控全局的控制力，提前掌握危机发生的可能性，减少危机带来的损失。

（略）

五、项目预估

此次以"京东派给你精彩校园生活"为主题的2015—2016年京东派校园项目年度整合传播策划方案，成功地塑造了"京东派"的品牌形象，使品牌与大学生群体有更多的情感共鸣，增强了品牌互动性，使企业的品牌、文化、产品与校园文化活动完美结合，极大地提高了"京东派"的知名度与美誉度。

（略）

资料来源 黄秋婵，等. 京东派给你精彩校园生活——2015—2016年京东派校园项目年度整体传播策划案［J］. 公关世界，2015（11）. 有删减。

在当今纷繁复杂的市场环境下，塑造独特且美好的企业形象已经成为企业提升竞争力的重要手段。本策划方案极大地提高了京东派的知名度与美誉度。由始至终，活动传播采用多维度、高效性的整合手段。其中，微博、微信等社会化媒体联动，成功地塑造了"京东派"在受众心目中的形象。同时，巧借校园广播、校报等校园自媒体作广泛式的近地传播，更加直接有效地将"京东派"活动信息传递给受众。在腾讯、搜狐、网易等门户网站上进行活动成果发布以及在爱奇艺、优酷等门户视频网站上进行病毒式传播，再度提升了京东派的品牌形象。

延伸阅读6-1　　　　　　　　　危机公关5S原则

5S原则是指危机发生后为解决危机所采用的5大原则，包括承担责任原则（shouldering the matter）、真诚沟通原则（sincerity）、速度第一原则（speed）、系统运行原则（system）、标准认证原则（standard）。

课堂讨论6-1

2017年9月28日，一篇题为《支付宝新文案，太狠了！》的文章称，支付宝联合16家基金公司推出了一组GIF海报，主题是：年纪越大，越没有人会原谅你的穷。随即有人指出该篇文案涉嫌抄袭，也有人评价文案"贫穷可耻"的三观不正。一时间，支付宝陷入公关危机。

当日下午2点，支付宝微信公众号发布声明，称该组广告并非支付宝的广告，与之撇清关系。公告发出后，有支持之声，也有人认为声明的"力度"不够，有打感情牌之嫌，应该不是出自律师之手。

支付宝的声明：

1.该组广告并非支付宝的广告，支付宝品牌从未参与任何策划、制作、发布活动；

2.该组广告在未经支付宝许可下，借用支付宝名义展开营销，我们已经要求相关方删除广告并消除影响；

3.我们一直都认为，人生不是一段文案，每个认真生活的人都应该被认真对待。以前是，现在是，未来也是！

请就此声明发表你的观点。

🔗 思政园地

随着市场竞争日趋激烈，营销策划在企业中的作用越来越重要，因此，出色的营销策划经理人更是成为众多企业追逐的对象。作为一个出色的营销策划经理人除了需要丰富的工作经验和专业知识外，还需要把握和做到"察、思、奇、杂、简、德、勤、信"八字要领。

"察"，即细察。荀子说："知道，察也。"讲的就是明白道理、掌握情况。任何一个营销策划，首先要做的便是踏勘、访谈、调查，尽可能摸清真实情况，掌握第一手资料。除了依靠专人调查外，自己还要身临现场，细查、深究。因为调查是一切营销策划的基础、源头，策划成功与否，取决于掌握的情况准不准、全不全、深不深。

"思"，即多思。孔子说："三思而后行。"做好一个项目的策划，不仅要三思，甚至要十思、百思、日思、夜思、冥思、苦思。事实证明，许多金点子、新创意，都是在掌握大量第一手信息情报后，在勤思中迸发出灵感火花的。思要全神贯注，不分心。作为职业经理人，还要善于纳集体之思，强调团队精神，把每个人的积极性都调动起来，以达到创新。

"奇"，即出奇。商场如战场，战场讲究出奇制胜。营销策划要遵循市场法则，因情循理，这便是"正"。但正不避奇，正中出奇，是制胜的法宝。古人曾说："奇正之变，不可胜尝也。""善于奇者，无穷如天地，不竭如江河。"由于市场是动态的，可以随之而变化，因此，任何时间的营销策划难题都是有办法克服的。

"杂"，即杂糅。营销策划要避免单一，讲究交融、贯通，做到边界渗透、资源整合。具体而言，要做好市场调查、行业背景分析、区域环境分析、讲究消费模式、洞悉消费心理、注重营销策略和企业发展战略。做策划方案，要避免严肃、艰涩、机械的文风，而要用语清新活泼、旁征博引。营销策划经理人除了精通专业之外，还要用各种知识武装自己，以便融会贯通、灵活应用、挥洒自如。

"简"，即求简。效率就是效益，而效率则取决于实施过程是否简便、快捷。显然，在追求效益的市场环境下，营销策划方案必须简洁、明了。诸如对市场前景、行业背景、竞争对手、功能定位、形态布局、营销策划、整合推广等都要有清晰的结论、量化的依据，使人一看就明了，就可以操作。营销策划的职业经理人，要有超强的理解感悟能力，追求简约、高效的工作作风。

"德"，即道德、操守。职业经理人既要有人品，还要有良好的操守。做营销策划，必须遵循这个行业的职业道德，操守要好。市场经济是法制经济和道德经济，职业经理人的道德操守和职业道德是安身立命之本，也是个人的无形资产和品牌，应加强维护，使之增值。

"勤"，即勤奋、专业。随着城市化进程的加快，"大鱼吃小鱼"的时代已不复存在，取而代之的是"快鱼吃慢鱼"。作为营销策划经理人必须适应市场变化需求，做到五勤：即手勤、腿勤、眼勤、耳勤、嘴勤，以提升专业水平，降低市场风险。

"信"，即诚信。讲究诚信、信誉，既是对营销策划的要求，也是做人的基本准则。营销策划经理人应以高度责任心对待所负责的项目，不可敷衍塞责、欺世盗名、形而上学、闭门造车，更不可"搞糨糊"。尽责而实现价值会使经理人感到心安理得，很有成就感，同时还会为自己赢得良好的信誉。

资料来源　佚名. 八个字教你做成功营销策划人 [N]. 经理日报，2006-11-05（2）.

项目概要

营销策划书，就是将营销策划的过程用文字记录下来，它是针对企业的经营活动事先作出规划和安排的应用性文书。营销策划书具有针对性、经济性、系统性、可行性等特点。营销策划书没有固定的格式，根据产品或营销活动的不同要求，其内容与格式编排上也有差别，一般包含标题、正文、落款三部分。

公关活动策划书，是指对某一时期内企业开展公关活动作出计划与安排的应用文书。它旨在宣传企业形象，沟通各界关系，为企业更好地获取经济利益和社会效益。公关活动策划书具有针对性、可行性和系统性的特点。

项目测试

一、简答题

1.简述营销策划的特点与作用。

2.简述营销策划书的结构。

3.公关活动策划书具有哪些特点？

4.简述公关活动策划书通常包含的要素。

二、写作训练

1.请参考以下资料撰写一份凤凰自行车校园营销推广方案。

活动背景：作为中华老字号之一的"凤凰"自行车拥有百年自行车领域制造经验，以高品质赢得广阔市场，家喻户晓，备受推崇，近年来不断引入民营资本，进行体制改革，时下将目光投向充满阳光活力的高校领域。

活动目的：

（1）传承中华老字号品牌，树立其在当代大学生中的品牌形象

（2）提升老字号"凤凰"自行车形象在校园的知名度、认可度，达到品牌市场推广的目的

（3）扩大凤凰自行车影响范围，推动其在大学生市场的发展。

（4）传播凤凰理念，更新"凤凰"在大学生心目中的品牌形象。

要求：营销方案的撰写要以数据为支撑，尽量不要使用大篇幅感性文字，内容须包括营销主题、营销形式、营销所需支持、营销预期结果等，其他内容不限。

2.在2016年央视"3·15"晚会上，央视曝光了"饿了么"网络订餐平台引导商家虚构地址、上传虚假实体照片，甚至默认无照经营的黑作坊进驻。有餐馆老板娘咬开火腿肠直接放到炒饭中，厨师尝完饭菜再扔进锅里。

当晚，饿了么通过官方微博作出回应：

致亲爱的消费者：

饿了么高度重视今晚央视"3·15"晚会报道的问题。我们紧急成立专项组，下线所有涉事违规餐厅，并连夜部署，核查全国范围的餐厅资质。

饿了么致力于推进中国餐饮业的数字化进程，网络外卖订餐属于新生业态，我们诚恳接受媒体及社会各界的引导和监督，百倍努力，为消费者提供安全放心的用户体验。

请对饿了么此次的危机公关文案作出评判。如果让你为此事撰写一篇公关文案，你会怎么写？

项目七

商务决策文书

学习目标

1.了解不同种类商务决策文书的特点；

2.熟悉不同种类商务决策文书的结构和写法；

3.掌握不同种类商务决策文书的写作要求；

4.能够根据实际需要规范地撰写具体商务决策文书。

顾名思义，商务决策文书是指企业为实现经营目标，对内部条件和外部环境进行分析，拟出经营方案，从中选择和实施理想方案这一前后相关联的活动过程中所使用的各种文书。本项目将介绍市场调查报告、市场预测报告和可行性研究报告的写作方法。本项目结构导图如下：

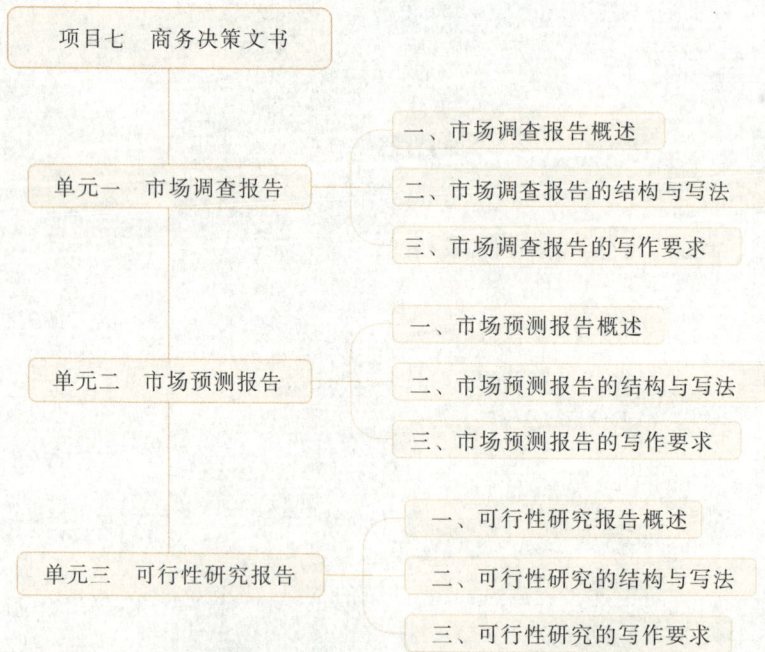

项目七　商务决策文书

单元一　市场调查报告
- 一、市场调查报告概述
- 二、市场调查报告的结构与写法
- 三、市场调查报告的写作要求

单元二　市场预测报告
- 一、市场预测报告概述
- 二、市场预测报告的结构与写法
- 三、市场预测报告的写作要求

单元三　可行性研究报告
- 一、可行性研究报告概述
- 二、可行性研究的结构与写法
- 三、可行性研究的写作要求

单元一　市场调查报告

【引例】　　《2020—2021年中国百货零售业发展报告》摘要

2021年3月底，在上海召开的"第十八届中国百货零售业年会"上，中国百货商业协会、冯氏集团利丰研究中心共同发布了《2020—2021年中国百货零售业发展报告》。

报告显示，2020年初突如其来的新冠肺炎疫情大大加快了中国百货企业的转型步伐，各环节数字化进程明显提速，百货企业积极拥抱社交电商和直播带货，并利用各类平台搭建私域流量。

疫情和居家隔离政策对依赖线下客流量的零售业影响巨大，百货业在疫情期间受到重创，百货企业营收和利润普遍大幅下滑。得益于中国疫情在2020年上半年得到有效控制，下半年消费持续恢复，各大百货商场陆续开始重新营业，同时百货企业通过在线渠道积极自救。从业绩看，超过七成百货企业的全年净利润为正。

疫情迫使百货企业加快开展线上线下融合的全渠道业务。根据中国百货商业协会和利丰研究中心共同发起的问卷调查，近九成受访企业表示已经开展线上业务，业务模式包括微信小程序/公众号商城、直播带货、团购服务、到家业务等。另外，66%的受访企业表示，与去年同期相比，线上业务销售额有明显提升。

此外，国内消费品市场规模不断扩大，消费结构也在发生着重大变化，消费者对提高生活质量类的消费需求不断增加。过去一年，奢侈品类商品业绩亮眼，带动高端百货企业业绩增长；化妆品成为百货企业主打品类，不少百货企业开始大力布局商场美妆区。

为配合顾客逐渐提升的质量类和体验类消费需求，行业调整改造升级趋势明显。不少百货企业在2020年重新调整空间利用，升级硬件水平，同时增加各类互动体验，如加大引进餐饮项目、艺文展览、儿童娱乐等。改造升级完成后，这些体验项目普遍为商场带来大量客流，同时增加了商场的人气。

展望未来，报告也针对百货业的发展，提出了系列政策建议：挖掘并重视百货店在城市的商业地标价值，加快数字化向深水区迈进，政府给予适当财政补贴激活消费，加强百货店在城市的商业调控规划，以及推进国有控股零售企业的混合所有制改革。

中国百货商业协会秘书长杨青松先生表示："百货业有丰富的线下场景，有多元的业务触点，特别是在品质消费和升级消费快速发展的阶段，市场有较为旺盛的需求，百货业仍有较大的市场发展空间。重要的是百货零售企业要不断提高自身的竞争力，包括提升数字化能力、增强商品力、深化供应链、提高营销效率等。"

资料来源　中国百货商业协会.《2020—2021年中国百货零售业发展报告》全文［EB/OL］.
［2021-05-18］. http://www.ccagm.org.cn/download/6161.html.

许多管理者并不一定亲自参与市场调研过程，但他们将利用市场调查报告进行业务决策，面对一份市场调查报告，最重要的在于解读，发现其背后揭示的、对自己的决策有用的指导信息。对市场调查报告的写作者而言，如何才能抓住重点，揭示调查的真相，呈现一份高质量的市场调查报告呢？本单元将介绍市场调查报告的写作知识。

一、市场调查报告概述

市场调查报告，是指运用科学的方法，对市场的历史和现状，包括商品的供求关系、购销情况以及消费情况等做深入细致的调查，预测市场的未来趋势，揭示其发展变化的规律，总结商品经营活动的经验教训，并提出相应的建议的书面报告。

市场调查报告是信息沟通的重要方式和途径，一份好的市场调查报告，能对企业的市场策划活动起到有效的导向作用，同时，对于各部门管理者了解情况、分析问题、制定决策、编制计划以及控制、协调、监督等各方面都能起到提供客观依据的作用。

市场调查报告的特点如下：

（1）真实性。真实性，就是尊重客观事实，一切靠事实说话。

（2）针对性。市场调查报告的针对性体现在撰写目的上，因此，从实际出发，有针对性地调查研究，总结经验，回答人们最关心的问题，提出现实生活中迫切需要解决的问题，是市场调查报告的关键所在。

（3）完整性。市场调查报告离不开确凿的事实，但又不是材料的机械堆砌，而是对核实无误的数据和事实进行严密的逻辑论证，抓住事物的本质和主要方面，得出结论的推理过程，这样才能让人信服。

市场调查报告主要有情况调查报告、经验调查报告和问题调查报告三种。情况调查报告是比较系统地反映本地区、本单位情况的一种调查报告；经验调查报告是通过分析典型事例，总结工作中出现的新经验和新做法，从而推动工作的全面开展；问题调查报告是针对某一方面的问题进行专项调查，查清真相，判断问题的性质和原因，确定造成的危害，并提出解决途径和建议。

二、市场调查报告的结构与写法

市场调查报告没有固定的统一格式，结构上一般包括标题和正文两部分。

1.标题

标题应概括全文的基本内容，做到准确、简洁、醒目。常见的标题有单行标题和双行标题两种。

（1）单行标题。通常由"调查对象名称+事由+文种"构成，如《2017年中国功能饮料行业市场报告》《大学生消费观调查报告》《滴滴专车司机满意度调查报告》；也可直接揭示调查结论，如《高档裘皮市场不温不火》《电信实名制喜忧参半》。

（2）双行标题。一般由正、副两行标题构成，如《皇帝的女儿不愁嫁——关于行业调整催生电商新市场的情况调查》《家和万事兴——市民家庭幸福要素调查》。

2.正文

正文一般由前言和主体两部分构成。

（1）前言。常见的写法有如下几种：交代调查活动的一般情况；写明调查目的、时间、地点、对象、范围、方式、结果等；介绍调查对象的基本情况；提出问题。

（2）主体。这是市场调查报告的核心部分，一般包括三个方面，也就是前面所述的三个要素或层次——基本情况、分析与结论、措施与建议，要在这里分别详细展开。

①基本情况。对调查结果的描述与解释，可以用文字、图表、数字加以说明。对情况的介绍要详尽而准确，为下一步做分析、下结论提供依据。

②分析与结论。对上述情况、数据进行科学的分析，找出原因及各方面的影响因素，透过现象看本质，得出关于所调查问题的明确结论。

③措施与建议。通过调查研究，在对市场状况有明晰深刻认识的基础上，针对市场供求矛盾和调查中发现的问题，提出自己的看法和相应的建议，供领导决策时参考。

三、市场调查报告的写作要求

1.以科学的市场调查方法为基础

科学的决策必须以科学的市场调查方法为基础。因此，要善于运用询问法、观察法、资料查阅法、实验法以及问卷调查等方法，适时捕捉瞬息万变的市场变化情况，以获取真实、可靠、典型、富有说服力的商情材料。在此基础上所撰写出来的市场调查报告，就必然具有科学性和针对性。

延伸阅读7-1

问卷调查也称问卷法，是设计者运用统一设计的问卷向被调查者了解情况或征询意见收集信息的调查方法。根据载体的不同，可分为纸质问卷调查和网络问卷调查。前者就是传统的问卷调查，通过分发、回收、分析纸质问卷来取得调查结论；后者就是用户依靠一些在线调查问卷网站或专用工具（如 App）来进行问卷设计、发放、回收和分析。目前国内提供这种服务的有问卷网（https://www.wenjuan.com）、问卷星（http://www.wjx.cn）、一调网（http://www.1diaocha.com）、微调查App 等。

2.以真实准确的数据材料为依据

数据材料是定性和定量研究的依据，在撰写市场调查报告时要善于运用统计数据来说明问题，以增强市场调查报告的说服力。

练一练7-1

请就全班同学手机 App 使用情况做一个小调查，将得到的合计值填入表7-1。

表7-1   **App使用情况调查表**

项目 性别	每天使用时间（合计）			常用类别（多选）			
	1小时以下	1~2小时	2小时以上	通信类	资讯类	游戏类	购物类
男生							
女生							

结论：

3.以充分有力的分析论证为杠杆

撰写市场调查报告，必须以大量的事实材料作为基础，包括动态的、静态的材料，表象的、本质的材料，历史的、现实的材料等，但写进市场调查报告中的内容绝不是这些事实材料的简单罗列和堆积，而必须运用定性和定量的方法对其进行充分有力的分析归纳，只有这样，市场调查报告所作出的市场预测及所提出的对策与建议才会获得坚实的支撑。

例文7-1   **直播电商购物消费者满意度在线调查报告**

一、项目背景

近年来，随着网购消费升级日益加速，消费领域新场景、新业态、新应用不断涌现。2016年开始，"直播+电商"成为一种新兴的网购引流方式，消费者对网红流量的关注度、商品的兴趣度和体验互动的认知度都有了不同程度的提升，越来越多地通过观看网络直播进行下单购物。

直播电商从萌芽起步到快速发展的同时，这一消费新模式也面临着维权新问题。中国消费者协会梳理消费者投诉统计后发现，一些主播带货时存在夸大宣传、引导消费者绕开平台私下交易等现象，部分消费者遭遇假冒伪劣商品、售后服务难保障情况，卖家与平台之间、直播平台与电商交易平台之间的关系复杂，导致消费者的知情权、公平交易权和合理维权诉求大打折扣，引发社会各界高度关注。随着《电子商务法》的实施，从事电子商务的经营主体必须办理相关营业执照并承担纳税义务，直播电商消费同样被纳入适用范围，这对商家行为产生了必要的约束。各大电商平台也陆续出台或调整管理规定，进一步规范平台直播活动、销售行为及商品服务，对维护平台交易秩序、保障消费者合法权益也起到了一定的作用。

为贯彻落实《电子商务法》，切实履行消协组织法定公益性职责，了解直播电商领域相关消费维权短板问题和消费者关切所在，敦促直播电商产业朝着更加健康、有序、创新的方向发展，中国消费者协会于2020年1月到3月组织开展直播电商消费者满意度调查和购物体验活动。

二、直播电商定义及调查实施说明

（一）直播电商相关概念说明

"直播电商"是一个广义的概念。直播者通过网络直播平台或直播软件来推销相关

产品，使受众了解产品各项性能，从而购买商品的交易行为，可以统称为直播电商。

直播电商既包括直播者为原有的电商企业利用直播推销产品，也包括娱乐型社交直播平台上直播者通过直播方式向其他平台的电商企业引流，或者直播者在平台上有自建或者合作商户，通过直播将受众吸引到其他非平台商户交易，甚至将受众引流到没有工商注册或平台注册的个人处进行私下交易。

直播电商平台，包括传统的电商平台开辟直播区域，如京东直播、淘宝直播等，也包括虎牙TV、斗鱼、抖音、快手直播等属于娱乐型社交直播的平台。

（二）直播电商购物在线调查执行

中国消费者协会于2020年2月组织本次直播电商购物消费者满意度调查，并委托第三方专业调查机构完成本次调查执行和样本回收工作。由于直播电商面对的消费者遍布全国，我们通过在线调查方式进行问卷调查时，对样本区域及年龄不做限定，进行自然渗透。最终，本次在线调查共收集到来自12个直播电商平台的消费者样本5 333份。

（三）直播电商购物受访者基本情况

1.受访人群分布

如图7-1所示，本次受访者来源以华东一带居多，西南、西北等地相对较少，其他省份样本分布相对均衡。

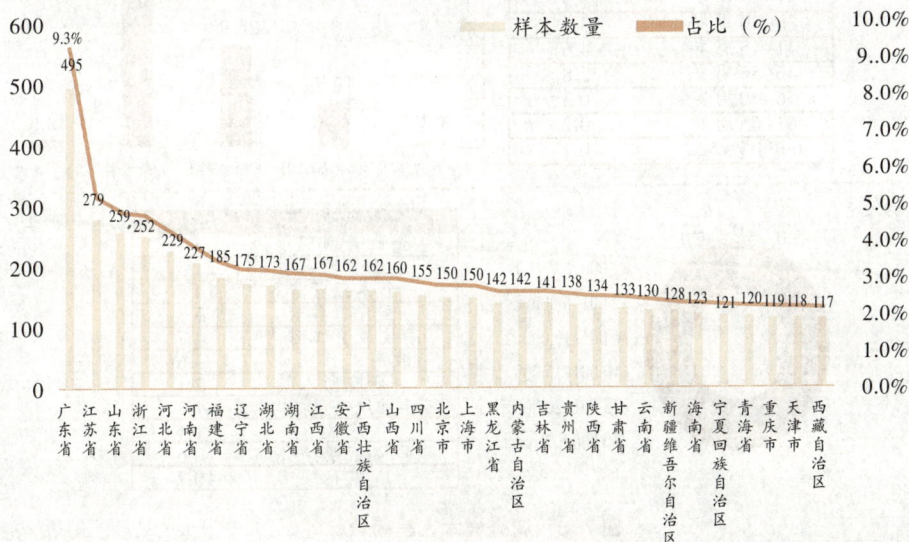

图7-1　调查样本来源分布情况

2.性别比例分布

从性别分布来看，男性受访者比例略高于女性受访者。其中，男性受访者占比58.1%，女性受访者占比41.9%。

3.年龄代际分布

如图7-2所示，从受访人群的年代划分来看，"80后""90后"是购物主力军，更值得我们关注的是"00后"比"70后"的人群购物要多3个百分点，可见年轻群体对直播电商购物这类新鲜购物模式接受程度更高一些。

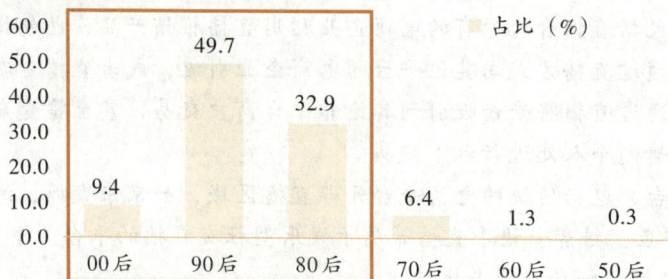

图 7-2　调查人群代际划分

4. 学历及收入情况分布

如图 7-3 所示，本次调查样本集中在大学专科和大学本科，占比 83.3%，个人月收入以 6 000~10 000 元收入水平居多，占比 38.7%，职业大多为企业上班族，共占比 55.7%。

年龄	占比
17 周岁以下	1.4
18~25 周岁	28.6
26~30 周岁	29.2
31~35 周岁	19.9
36~40 周岁	13.1
41~45 周岁	4.6
46~55 周岁	2.8
56~60 周岁	0.3
61~65 周岁	0.2
66 周岁以上	0.1

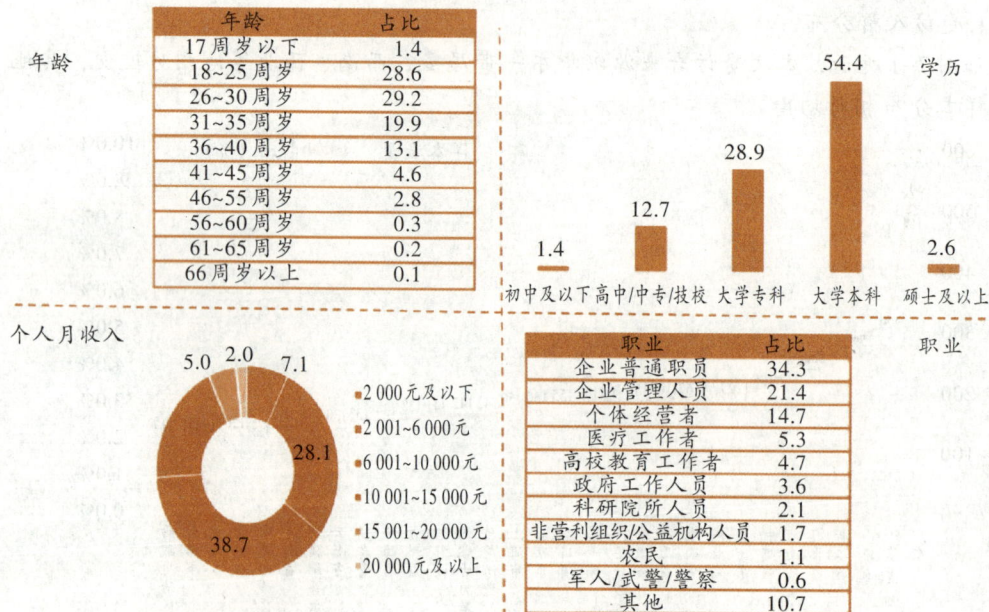

职业	占比
企业普通职员	34.3
企业管理人员	21.4
个体经营者	14.7
医疗工作者	5.3
高校教育工作者	4.7
政府工作人员	3.6
科研院所人员	2.1
非营利组织/公益机构人员	1.7
农民	1.1
军人/武警/警察	0.6
其他	10.7

图 7-3　调查样本人群画像标签

5. 消费观看直播内容及时长分布

从消费者观看直播时关注的内容来看，消费者最容易被"幽默搞笑类"和"兴趣生活记录类"内容所吸引，分别占比 45.9% 和 44.8%。"创意特效类"和"高颜值、帅哥美女类"内容的关注度也都超过 30%，可见消费者观看直播时更容易被"有趣"又"有颜"的内容吸引（见表 7-2）。

表7-2 直播电商购物群体关注内容偏好

观看直播关注内容	占比
幽默搞笑类	45.9%
兴趣生活记录类	44.8%
创意特效类	32.9%
高颜值，帅哥美女类	31.0%
才艺达人表演类	29.0%
名人明星类	25.7%
教学教育类	25.0%
户外旅游类	24.2%
游戏解说	19.9%
萌娃萌宠类	19.8%
其他	0.7%

从一周观看直播的时长调查结果来看，42.4%消费者观看直播时长为1～3个小时，24.9%消费者观看直播时长为4～6个小时。

三、直播电商购物消费满意度调查主要结果

（一）直播电商购物行为分析

1.直播电商购物驱动因素

（1）观看直播的主要原因是了解商品信息。调查数据显示，消费者选择观看直播最主要的原因是想通过直播了解某一商品的详细信息和商家做活动的优惠信息，分别占比49.5%和47.5%。约25%的受访者表示观看直播是因为无聊，想要打发一些时间。

（2）商品性价比和喜欢程度是购物决策关键因素。通过观看直播转化为购物行为的原因，排在前四位的是商品性价比高（60.1%）、展示的商品很喜欢（56.0%）、价格优惠（53.9%）、限时限量优惠（43.8%）。总体来看，能够吸引消费者决定购物的主要原因还是商品本身的性价比和价格优惠程度。

（3）"担心商品质量没有保障"和"担心售后问题"是消费者两大主要顾虑。虽然有很多消费者选择直播电商是比较看重商品性价比和价格优惠，但是也有一部分消费者并不喜欢直播电商购物，主要是担心商品质量没有保障和售后问题，分别占比60.5%和44.8%。

2.直播电商购物消费频率分析

（1）超半数消费者购物频率在每月一次及以上。从常用人群的购物频率来看，每月一次及以上占比一半以上，为55.2%；每1～3个月消费一次的占比35.6%。从数据反映出的趋势来看，消费者在三个月内有过一次及以上的购物频率占比高达90.8%，这说明消费者持续观看直播后尝试购物的可能性是逐渐增加的。

（2）消费者通过直播购买商品目标总体明确。从消费购物方式及目的来看，有52.5%的受访消费者表示在直播购物时属于半明确购物目标，以"逛+搜"的方式锁定

目标；32.0%的消费者是有明确购物目标，确定对象并决策购买；仅有15.5%的受访者无明确购物目标，作为消遣娱乐的方式来购买，这部分消费者受吸引而购物的情况将更可能发生。

3.直播电商购物行为偏好

从直播购物品类偏好来看，消费者在直播电商购买的品类大多为服装、日用品、美食、美妆，其中选择服装的消费者最多，占比63.6%（如图7-4所示）。

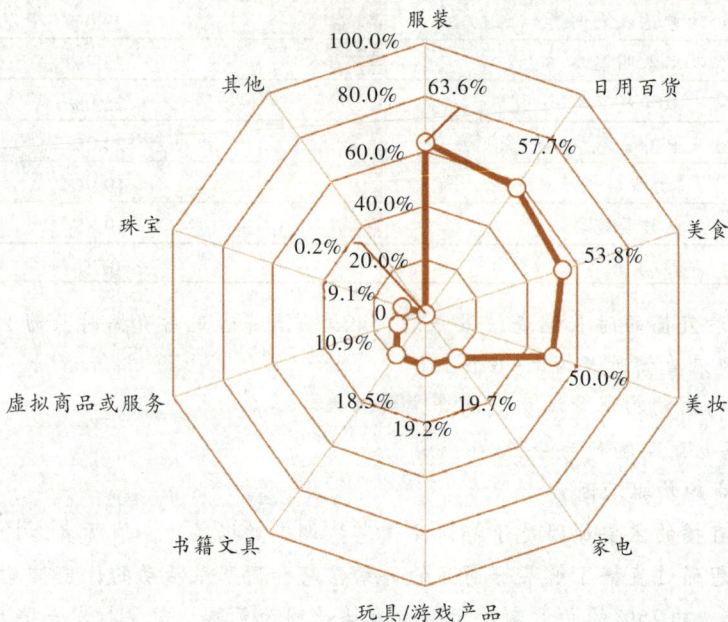

图7-4　直播电商购物群体品类偏好

（二）直播电商平台满意度及表现

1.直播电商相比于传统电商更被消费者所接纳

调查结果表明，喜欢直播电商和喜欢传统电商的受访者占比分别为42.6%和34.9%，还有约两成消费者表示不确定。不难看出，越来越多的消费者能够接纳直播电商这一形式。

根据受访者进一步反馈，大家之所以更喜欢直播电商购物，是因为社交直播间可以营造抢购氛围，增强社交性和互动性，使商品更加真实、直观，这三种原因共占比83.9%，另有15.4%消费者认为直播间营造的场景可以弥补体验感。

2.目前直播电商购物平台占有率分析

本次调查中，我们将直播电商分为两类：一类是传统的电商平台开辟直播区域，如京东直播、淘宝直播等；另一类是抖音、快手、斗鱼等娱乐型社交直播的平台新增电商业务。

调查数据显示，使用淘宝直播的消费者占比68.5%，经常使用淘宝直播的消费者占比46.3%，处于绝对领先优势；其次为抖音直播和快手直播，用户占比分别是57.8%和

41.0%，忠实用户占比分别是21.2%和15.3%（见表7-3）。

表7-3　　　　　　　　　　　　　直播电商购物平台占有率

直接平台		用户	忠实用户
传统直播电商	淘宝直播	68.5%	46.3%
	天猫直播	32.4%	5.0%
	京东直播	23.8%	3.5%
	拼多多直播	20.9%	3.4%
	蘑菇街直播	8.5%	1.9%
	小红书直播	19.5%	1.7%
	唯品会直播	12.0%	1.3%
社交直播电商	抖音直播	57.8%	21.2%
	快手直播	41.0%	15.3%
	虎牙直播	9.8%	0.2%
	斗鱼直播	12.1%	0.1%
	花椒直播	4.1%	0.0%

3.直播电商购物平台满意度

调查数据显示，受访者对于直播电商行业现状的整体感知满意度为79.2分，对于购物体验的整体满意度为81.9分，消费者认可度和满意度总体较好，但仍有较大的提升空间。对在直播电商购物体验的整体满意度是81.9分。

从消费者对各个平台的满意度评价来看，淘宝直播、天猫直播、京东直播等传统类直播电商购物满意度排名相对靠前，均在80分以上；抖音直播、蘑菇街和快手直播购物满意度排名相对居中；斗鱼、虎牙和拼多多直播满意度得分和排名相对靠后。

（三）直播电商购物全流程满意度

1.直播购物全流程满意度

按照直播购物流程中的不同环节，可以将之划分为宣传、直播、商品、支付方式、物流、售后等关键节点。针对不同节点调查了解消费者的满意度情况可以发现，消费者满意程度最高的是支付环节，为79.1分；满意程度最低的是宣传环节，为64.7分。总体而言，消费者对直播购物各个环节的满意度都未达到80分，对于虚假宣传和商品来源的担心情况相对突出。

2.直播电商购物平台出现的行为问题

从目前直播电商销售商品过程中出现的问题性质来看，主播夸大和虚假宣传、有不能说明商品特性的链接在直播间售卖，这两点被提到的次数比较多。将各个直播平台与出现的问题行为对照来看，快手平台直播间内推广的商品与购物车链接不一致问题相对较多，蘑菇街平台直播时出现的涉及广告极限词的情况较为明显。

从直播电商的支付渠道及方式来看，传统直播电商平台在平台内直接交易比较多，而社交直播电商平台大部分需要跳转到第三方平台来进行支付交易。值得注意的是，各直播电商平台中有过主播引导消费者绕过平台私下交易的情况，可能存在较大风险，消费者应当保持警惕。

（四）消费者维权认知与期待

1.直播购物中消费者维权情况

调查发现，有37.3%的消费者在直播购物中遇到过消费问题，但是仅有13.6%的消费者遇到问题后进行投诉，还有23.7%的消费者遇到问题并没有投诉。对遇到问题未投诉的消费者进一步调查后发现，近半数消费者认为"损失比较小，就算了"（46.6%）；比较突出的原因还有消费者觉得投诉处理流程可能会比较复杂或花时间，占比达18.1%；也有不少消费者认为投诉也没有什么用。这也表明消费者对于维护自身合法权益缺乏足够的耐心和信心。

从投诉渠道来看，消费者如果遇到纠纷，最直接的做法就是向直播平台管理者投诉或者向主播、经营者进行投诉；还有约23.8%的消费者会通过向消协组织进行投诉寻求支持。

2.消费者直播购物认知及风险意识

（1）消费者冲动消费比较严重。如图7-5所示，从直播购物遇到的问题来看，44.1%的受访者认为冲动消费比较严重，39.6%的受访者认为在观看直播时无法真实体验到商品。另外，购买商品维权也没有具体的法律文件约束，维权找不到客服或者经营者或者找不到证据链等问题均有存在。

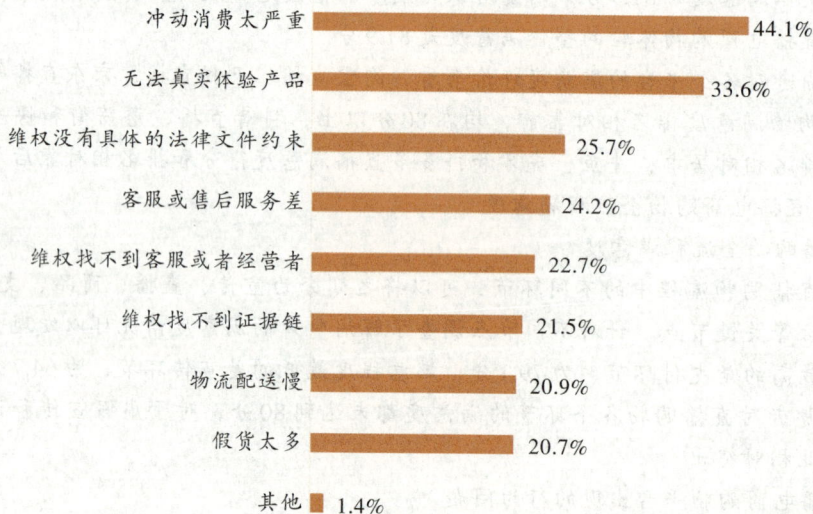

问题	占比
冲动消费太严重	44.1%
无法真实体验产品	33.6%
维权没有具体的法律文件约束	25.7%
客服或售后服务差	24.2%
维权找不到客服或者经营者	22.7%
维权找不到证据链	21.5%
物流配送慢	20.9%
假货太多	20.7%
其他	1.4%

图7-5 消费者认为直播购物存在的问题

（2）消费者风险意识相对薄弱。调查结果表明，58.1%的消费者认为直播购物风险一般，可能性或者损失不会太大，占比超过一半；28.0%的消费者认为直播购物风险较小，可能性或损失小；仅有8.6%的消费者认为风险较大，可能性或损失较大。整体而言，消费者风险意识相对薄弱，防范意识较低。

（3）主播角色认知存在争议。调查结果表明，近七成受访者认为当主播推荐时，如果喜欢就会购买；22.7%的消费者认为如果主播推荐，大多情况下会购买。

但从消费者对主播的认知来看，38.5%的消费者认为主播就是经营者，30.8%的消费者认为主播不是经营者，还有30.7%的消费者表示并不清楚主播是何种角色。这种对主播角色认知的不确定性，对消费者遇到消费纠纷后如何去维权将产生直接的影响。

（4）消费者意见、建议高频词汇表。本次调查中，我们梳理征集了消费者对直播电商行业现状的"吐槽"情况，最为突出的关键词是"夸大其词""假货太多""鱼龙混杂""货不对板"，是消费者对商品质量方面的集中反馈。结合调查相关数据，上述关键词也是消费者对直播电商购物过程中相对集中的关注点和情绪反馈（如图7-6所示）。

图7-6　消费者对直播电商行业现状不满意的关键词

四、总结与建议

随着"互联网+"经济特别是电子商务经济的持续快速发展，直播电商作为一种新型营销模式越来越被广大消费者接受和认可。为了更好地服务消费者，电商领域一直在不断变化进步，预计今后一段时期也将保持高速发展态势。本次调查发现，消费者对直播电商产业总体感受较好，"90后""00后"等消费新生代对这一模式较为认可。通过直播电商购物，消费者可以直观看到商品的信息展示、主播的体验讲解和分享以及商家的优惠折扣情况等，服装、日用品、美食、美妆等成为消费者选购的主要品类。与此同时，直播电商购物也存在一些消费风险，消费者容易受到直播氛围影响而冲动购物；由于信息不对称，消费者可能被夸大宣传或虚假信息所误导，购买到假冒商品和"三无"产品；消费者在遇到消费纠纷后，由于平台责任划分、对于主播是否就是经营者等问题缺乏清晰的认知，维权耐心和维权信心相对不足。结合本次调查的相关情况，为进一步做好直播电商购物领域相关监管工作，构建良好的网络购物市场交易秩序，更好维护消费者合法权益，中国消费者协会提出如下意见和建议：

（一）强化监管职责，引导直播电商行业健康有序发展

从现有制度体系来看，《广告法》《消费者权益保护法》《互联网广告管理暂行办法》以及2019年最新实施的《电子商务法》等相关法律法规均对网络交易中经营者的责任义务有所涉及，但是具体到直播电商行业中相关平台、经营者与主播的责任界定划分，尺度适用性等问题，特别是对于维护消费者合法权益的贯彻执行上还存在较多薄弱环节，有必要进一步明确。

（略）

（二）明确经营者责任义务，自觉强化诚信规范经营

调查结果表明，虽然消费者认可直播电商购物带来的良好体验和便捷生活的好处，但是也有部分消费者表示对商品质量没有保障和售后问题感到担忧，消费者遇到问题后也会与相关平台和经营者直接进行沟通反馈。因此，相关平台和经营者应当强化自身责任义务，切实提升消费者体验感和满意度，以实际行动消除消费者的顾虑。

（略）

（三）聚焦关键节点，加强对主播群体的规范管理

作为直播电商购物的关键角色，主播一边承接了经营者的销售任务，部分主播自身也参与到企业的经营活动中，另一边则通过网络直接面向广大消费者进行推销。本次调查发现，消费者会关注感兴趣的主播和直播内容，并受到主播的影响进行网购。但同时，许多消费者难以分清直播带货的主播和网络销售经营者的角色，对于主播需要承担的责任也并不清楚。因此，加强对主播群体的管理和规范很有必要。

（略）

（四）鼓励消费者参与，大力推进消费教育和维权宣传

"剁手一时爽，维权不敢想"。这可能是许多网购消费者面临过的尴尬处境，维权能力和意识不足、维权渠道不畅通、维权效果不理想，使得许多消费者遇到消费问题需要维权时望而却步，值得我们反思。保护消费者合法权益是全社会共同的责任，同样也离不开消费者群体自身的维权意识的提升和能力的增强。

（略）

资料来源　中国消费者协会. 直播电商购物消费者满意度在线调查报告［EB/OL］.［2021-05-12］. http：//www.cca.org.cn/jmxf/detail/29533.html.

简析：这份调查报告内容翔实、结构完整、指导性强。在结构上分为项目背景、直播电商定义及调查实施说明、直播电商购物消费满意度调查主要结果、总结与建议四个部分，层次分明，逻辑清楚；在分析方法上突出了"让数据说话"，以表格、图片（饼状图、折线图、散点图等）形式形象直观地向阅读者展现论证过程，增强了这份报告的说服力。

📖 例文 7-2　　　　　　　　　两淮煤炭市场价格变动情况调查

2016年以来，安徽省煤炭市场持续回暖，煤炭价格逐渐回升，特别是第三季度以来，煤炭价格涨幅较大。为做好煤炭价格监测和预警分析，近日，安徽省价格监测局调

研组赴淮南、淮北两个煤炭主产市对煤炭市场价格变动情况进行调查。现将调查情况报告如下：

一、煤炭价格变动情况

今年以来，同全国煤炭价格走势一致，安徽省煤炭价格出现明显回升，上半年企稳回升，进入第三季度后加快上行，但前三个季度平均价格仍低于去年同期水平。

环渤海煤炭价格指数：9月环指为542元/吨，较年初的历史低位每吨上涨170元，涨幅为45.7%；1—9月平均环指为417元/吨，同比每吨下降27元，降幅为6.08%。

淮南矿业集团公司：9月份商品煤售价400元/吨，较年初每吨上涨128元，比2011年每吨下降171元。1—9月商品煤售价315元/吨，同比每吨下降15元。

国投新集股份有限公司：9月份煤炭综合不含税售价为403.61元/吨，较去年底每吨上涨134.67元，涨幅为50.07%。

淮北矿业集团公司：10月下旬，煤炭不含税综合售价为415元/吨，比去年底每吨上涨109元，涨幅为35.62%。1—9月份，动力煤不含税售价358元/吨，同比每吨下降22元；精煤不含税售价547元/吨，同比每吨下降45元。

二、煤炭价格变动的主要原因

煤炭价格经历十年上升期于2011年达到价格高峰，从2012年开始由升转降，此后持续下降，直至2016年止跌企稳，于下半年出现明显上涨。引起煤炭价格上涨的主要原因如下：

（一）去产能政策支撑，行业供需环境阶段性有所改善

为扭转煤炭产能过剩问题，国务院在2月初印发《国务院关于煤炭行业化解过剩产能实现脱困发展的意见》（国发〔2016〕7号），随后陆续出台奖补资金、财税、金融、职工安置、国土、环保、质量、安全8个专项配套政策，从中央财政拿出1 000亿元，设立工业企业结构调整专项奖补资金，要求煤炭行业由原330天生产压缩至276天生产，减少煤炭产量16%，要求今年煤炭行业去产能2.5亿吨，并在7月份之后对煤炭行业去产能进行动态督察。各省政府也相继出台各自的去产能和减量化生产方案。安徽省经信委于今年4月份出台了《关于进一步规范煤矿生产经营秩序的通知》（皖经信煤炭函〔2016〕369号），对省内生产矿井的生产能力按照国家规定的276个工作日进行了重新核定。国家和地方相关政策的出台，有力推动了化解过剩产能工作，全国煤炭市场供需严重失衡的局面有所改善。（略）

（二）天气和运输共同影响，加剧市场供需偏紧格局

今年夏季，我国出现集中降水和大面积持续高温天气，造成"迎峰度夏"期间电厂存煤过度消耗。由于集中降水，水库忙于泄洪，水电出力减少，9月份水电同比下降11.4%，其中重庆、贵州、广西、湖北、湖南等水电大省（自治区、直辖市）同比下降幅度超过40%。

6月下旬至7月上中旬的集中降水造成长江、淮河水位偏高，水路中转不畅；而后7月下旬至9月份华东、华中连续高温，"两湖一江"水位下降较快，水路运输又再次受阻。9月以来，受公路"治超"政策影响，铁路需求增加，运力偏紧。运输不畅，助推

局部区域电力供应偏紧。

（三）一些下游行业对形势估计不足，导致恐慌心理

部分电力企业，用惯性思维看待下半年煤炭市场，对形势估计不足，甚至误判形势，"迎峰度夏"来临之际，仍有继续打压煤炭价格的想法，放任库存低位运行，高温和洪涝来临时才意识到供需形势已经反转，争抢资源的行为又助推了煤价快速上涨。部分电力企业，直到"迎峰度夏"前，仍然要求下属各个电厂的库存保持在低位；8月份"迎峰度夏"还未结束，又开始降低库存，错过了提高库存的有利时机，加剧了市场的恐慌心态。

（四）进口煤价连续上涨，助推国内煤价继续跟涨

目前，普氏澳大利亚风景矿优质主焦到岸价格报收254美元/吨，较月初214.5美元/吨上涨18.42%；较年初82.25美元/吨上涨208%。澳大利亚5 500大卡动力煤到南方港口价格为710元/吨，较年初每吨上涨350元。

三、企业经营情况

安徽省发改委的数据显示，前三季度省内四大矿业集团利润总额为11.6亿元，同比扭亏68.9亿元，其中煤炭业务亏损5.9亿元，亏损额同比减少56.7亿元，下降90.5%。调查显示，煤炭业务从8月份开始扭亏为盈，但前三季度总体仍处于亏损状态，具体情况如下：

产量：淮南矿业、国投新集煤炭产量分别为4 606万吨、1 190万吨，同比分别下降3.4%、12.63%。

销量：淮南矿业、国投新集煤炭销量分别为4 052万吨、1 122.6万吨，同比分别下降2.8%、上升6.91%。

成本：淮南矿业商品煤全部成本费用为324.79元/吨，比去年同期每吨下降63.29元，降幅为16.31%。

价格：淮南矿业商品煤销售均价为315元/吨，同比下降4.1%。

利润：淮南矿业集团盈利5.2亿元，同比减亏22.7亿元。其中煤炭业务亏损0.86亿元。国投新集实现利润4.09亿元，同比减亏16.98亿元。

四、后期煤炭价格走势预测

随着煤炭价格快速回升，2016年9月，国家发布了《关于适度增加部分先进产能投放 保障今冬明春煤炭稳定供应的通知》，提出有条件的矿井可适度增加部分产能。受政策回调、迎峰度冬季节性支撑、运力偏紧、下游用户补库等因素影响，预计第四季度安徽省煤炭价格将稳中略有波动，春节过后，市场会遇到下行压力，煤价回调的可能性增大。

五、存在的问题

（一）煤炭供需环境可能再次面临过剩压力

第四季度国内可按330个工作日增产的矿井，已由最初的74座增加至近1 000座；9月份全国日均煤炭产量环比8月份已增加5%，预计后期将继续增加，支撑迎峰度冬煤炭需求。

由于需求同比仍在下降，预计明年初供需环境面临过剩压力。由于政策实施的滞后性，增加的产量在春节前难以全部消化，春节后产能释放叠加需求下降，行业供需环境可能再次发生逆转，煤炭价格面临回调压力。

（二）工资收入下降，人才流失现象日趋严重

煤炭行业是劳动密集型行业，随着企业经济效益下滑，员工薪酬水平下降，越来越多的人才离开煤炭企业。2016 年 1—9 月，淮南矿业集团公司共流失专业技术人员 188 人，其中 2002 年以来毕业的大学生 170 人。淮北矿业集团采取外包、内退等方式，对人员进行减员分流。

（三）价格倒挂现象仍然存在

煤矿地质构造复杂，瓦斯、水、火等自然灾害隐患长期存在。随着矿井不断延伸开采，地温、地压越来越大，安全生产必要的投入不断增加，塌陷补偿费用上升，加上融资等成本刚性增长，煤炭成本居高不下。淮南矿业集团 2016 年虽采取了一系列降本措施，1—9 月份商品煤成本仍达到 325 元/吨，比 1—9 月份平均价格高 10 元左右。

（四）融资形势不容乐观

今年年初以来，金融机构对煤炭行业的贷款十分谨慎，煤炭企业资金压力巨大，后期随着去产能政策实施，煤炭企业产量下降，企业经营现金流减少，资产负债率不降反升，融资形势不容乐观。

六、促进煤炭市场稳定和煤炭产业发展的几点建议

（一）稳步推进供给侧结构性改革

今年以来国家推进供给侧结构性改革，制定的政策措施促进了煤炭等相关行业的发展。国家应保持政策的连续性，继续加大淘汰落后产能的工作力度，严厉打击非法产能。明年 2 月份迎峰度冬结束后，市场可能会出现下滑，要防止价格出现急跌，把煤炭价格控制在合理区间。

（二）研究出台推进煤电中长期协议合同模式的长效机制

煤炭价格大幅下跌，煤炭企业脱困压力增大，影响国家能源供应；而煤炭价格大幅上涨，下游火电等企业的成本压力又不能有效释放。国家应尽快研究出台推进煤电中长期协议合同模式的长效机制，严格执行长协价格，并制定相应的奖惩等保障政策，保障煤炭、钢铁、电力等企业的稳定发展。

（三）加强煤炭市场的供需引导

有关部门应加大省内煤炭供需市场引导，帮助煤炭企业巩固市场地位，稳定市场份额。按照就地就近、节约便利的原则，鼓励"皖企用皖煤、皖煤保皖电"。

（四）加强对煤炭价格的动态监测

建立和完善煤炭价格监测预警机制，加强对煤炭价格的动态监测。价格出现异动时，政府应提前进行调控，防止煤炭价格过度上涨或下跌。

资料来源 发改委价格监测中心. 两淮煤炭市场价格变动情况调查 [EB/OL]. [2017-11-14]. http://jgjc.ndrc.gov.cn/Detail.aspx?newsId=2645&TId=694.

简析：这是一篇行文流畅、专业性较强的市场调查报告。从整体上看，针对两淮煤炭市场价格变动情况，该报告分为煤炭价格变动情况、煤炭价格变动的主要原因、企业经营情况、后期煤炭价格走势预测、存在的问题以及促进煤炭市场稳定和煤炭产业发展的几点建议六个部分。所采用的调查方法科学合理，数据采集真实准确，论证分析充分有力，能够为煤炭产业的健康发展提供有益参考。

他山之石7-1　　　　市场调查报告撰写中的几个关键环节

市场调查报告是调查活动的最终结果，其质量高低与资料收集、整理和分析研究等的质量密切相关。所以，写好调查报告的关键不仅在于撰写环节，更在于调查的整个过程，包括调查访问阶段的信息收集、资料处理阶段的信息挖掘、撰写阶段的归纳总结以及统计图表的设计运用等。本文拟就以上几方面加以探讨。

一、调查访问阶段的信息收集

问卷调查是市场调查中收集信息的主要方式。由于问卷是一种高度结构化的调查表格，不可能深入表述某一问题及其原因，某些特殊问题无法在问卷中表示出来，因此有许多信息只有通过与被访者的交流才能获得。调查者在调查访问阶段应注意收集被访者反映和提供的相关情况，尤其是对调查主题的思想认识、感情流露以及预见性想法等；在指导被访者回答问卷时，更应注重与被访者进行交流，对交流得到的情况进行甄别、筛选、提炼和归纳，并及时整理成文字，以便撰写调查报告时有所依据。例如，在组织开展居民主要食品消费价格问卷调查时，尽管问卷内容涉及居民对价格的感知、感受以及承受能力，但问卷以外的交流更丰富，更能反映居民对价格波动的深层次认识和思考。比如，不同居住地区、不同职业的居民对消费价格有不同的认识，对这些鲜活的第一手素材应及时分析和归纳，它们对丰富调查报告的内容将起到至关重要的作用。在市场调查活动中，不仅要注重对问卷的整理和对数据的计算分析，还要结合调查阶段了解到的具体情况进行综合分析和归纳，既有定量分析，又有定性分析，才能使数据分析的结果所体现的信息更丰富、更鲜明、更有说服力。

二、资料处理阶段的信息挖掘

对问卷调查所得资料的处理主要是资料整理和计算分析。这一阶段不仅要对问卷调查所得资料中的数据进行汇总计算，还要对数据作理性思考，找出隐藏在数据中的信息，如趋势、特征及相关性等，归纳出调查对象及研究主题的整体特征、内在联系、发展规律等。从信息论的角度讲，数据（data）与信息（information）是两个不同的概念。从词义上理解，数据是进行统计、计算、科学研究或技术设计等所依据的数值。按照信息论的解释，数据是对客观事物进行观察以后记录下来的可以识别的符号，它可以是数字、文字或其他符号，也可以是图画、表格、活动图像等。信息是经过加工并对客观世界产生影响的数据，是对事物之间相互联系、相互作用状态的描述。数据是信息的符号表示，只有通过解释或处理才能成为有用的信息。因此，整理分析阶段的关键就是要从原始的、无序的，甚至是难以理解的数据中抽取或推导出新的数据，即新的信息，在对数据资料进行计算分析、思考和判断的基础上，对调查对象作出总体评价和综合特征的定义，归纳出意见和建议，编写出整理和分析小结。这个阶段对于调查报告来讲，是从定量分析到定性分析的质的飞跃，是撰写调查报告的关键。

三、撰写阶段的归纳总结

撰写调查报告就是对调查访问和资料处理两阶段成果的合成，但不是简单地将材料堆砌起来，而是要提出鲜明的观点、符合逻辑的结论、合理的建议。撰写阶段必须完成三个任务：

一是对比分析，即将前两个阶段相应的部分有机地结合起来，如人们对价格上涨的看法与上涨幅度的关联等；二是理性推理，即对前两个阶段的信息进行分析，归纳出结论、意见和建议等；三是撰写报告，即通过文字、图表等形式将调查研究的结果表现出来，尤其要注意格式的安排和统计图表的设计运用。

四、统计图表的设计运用

数据化是调查报告的最显著特点，尤其是市场调查报告，很大程度上用数字说话，没有数字和图表的调查报告一定是苍白无力的。有调查就会有大量的数据资料，如果仅用文字描述，不便于阅读和理解，而数字和图表可使表述更直观、明了、精确、深刻，使调查报告更有说服力和可信度。但是，经过数据调查和整理所获得的数据分析资料和图表，必须有选择地用在调查报告中，其作用是为了支持、佐证、解释、描述文字材料所阐明的观点，否则，再多的数据也没有意义。

1. 数据的使用。应把握两点：一是选择最能说明问题的数据，如最相关的数据、最能反映本质特征的数据、最新数据等；二是采用最贴切的数值表现形式，如绝对数与相对数、总量指标与平均指标等。恰当的数值表现形式可以使所说明的问题更鲜明、更生动、更直观、更通俗、更深刻。

2. 统计图表的运用。一篇有分量的市场调查报告必须有恰当的图形、表格作支撑，以充实正文中的关键信息。恰当的图表形象而且直观，能起到美化并吸引人的作用，但决不能把图表或图示硬塞进调查报告。一些调查报告存在这样一些问题，如只有图表没有数据分析与说明；图表用得太多，几乎所有的问句分析都有图示或表格；所选图示与显示的内容不相符等。

一般来讲，图表的使用应把握两点：其一，如果一两个数据就可以说明问题，就不要用图表；如果需要很多数据才能说明，就必须用图表显示，不但能使问题一目了然，而且节约篇幅。其二，一般情况下，对同一个问题，图与表只选其一。用图还是用表，从表面上看是调查报告的表达形式问题，其实质是内容表达的具体需要。以价格调查为例："您认为市场上价格涨幅最大的食品是什么？（1）粮食、（2）油脂、（3）肉禽、（4）水产、（5）鲜菜"，调查结果分别为：6.5%、20.6%、44.9%、4.6%和23.4%。

以饼状图表示，如图7-7所示。

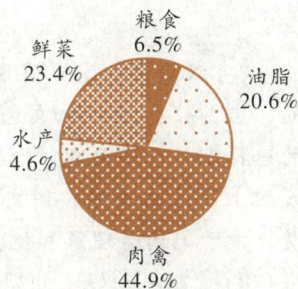

图7-7　饼状图示例

以柱形图表示，如图7-8所示。

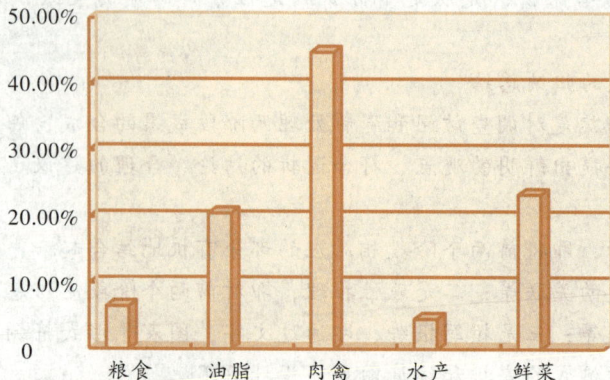

图7-8　柱状图示例

显而易见，柱形图就比饼状图的表现形式更有效，更能表达所要阐述的观点。

3.文字表述与图表的配合。对文字表述辅以图表显示，或对图表数据进行文字描述，无论哪一种情况，都存在一个文字表述与图表显示之间的衔接问题。值得注意的是，文字表述不是将图示或表格中的所有数据资料叙述一遍，这样做显然重复，而且不能起到突出重点的作用，应该是有重点地或者归纳性地予以表述。如关于私家车拥有情况调查报告中的一段（如图7-9所示）。

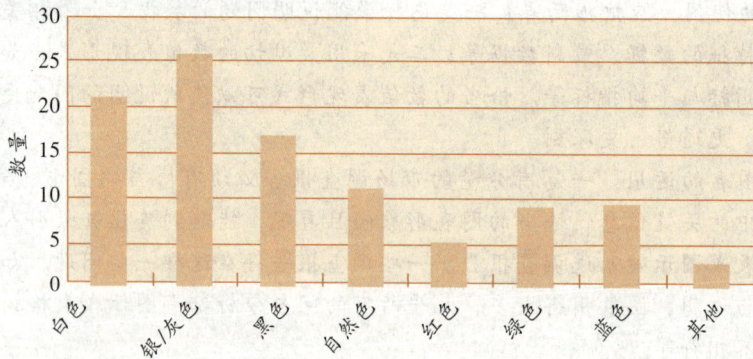

图7-9　每百辆车颜色分布图

"可以看出：（1）消费者对银/灰色的喜好有增无减，每百辆车中有26辆是银/灰色的，占首位；（2）银/灰色、白色和黑色仍然是主流，三种颜色共计64辆；（3）在色彩的选择上趋于多元化。"这样的描述既有总结性的概括，又有重点性的表述，形象的图示配上简洁的文字，图文交互，更能突出某些方面的资料，或强调某种关系和变化趋势，便于阅读者理解和把握。

资料来源　杨汉东. 市场调查报告撰写中的几个关键环节［J］. 秘书，2011（4）.

单元二　市场预测报告

【引例】　　　　　　　　　　货机市场预测

一、全球各地区航空货运市场现状

过去 50 年，全球航空货运量以平均每年 4.6% 的速度增长，中国的平均增速为 2.5%。影响全球航空货运业增长或下降的因素很多，其中，国内生产总值（GDP）是影响航空货运发展的关键因素，这种关系体现在 GDP 与货运吨公里（FTK）增长率两者历史的变化规律中——全球 FTK 增长率大约是 GDP 增长率的 2 倍（如图 7-10 所示）。

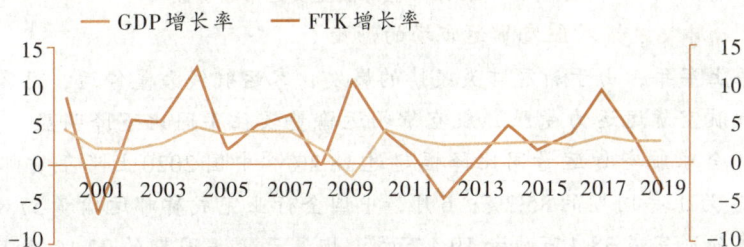

图 7-10　国内生产总值与吨公里变化趋势

2019 年，全球航空货邮运输量约为 6 120 万吨，以货运吨公里（FTK）衡量的全球货运需求相比 2018 年同比下降了 3.3%，但运力（ATK）实现了 2.1% 的增长。全球贸易仅增长 0.9%，贸易的疲软、制造业密集型经济体 GDP 增速放缓、商业与消费者信心下降以及地缘政治局势紧张等因素使得全球航空货物运输出现了负增长，货运量出现 2012 年以来的首次下降，创造了 2008 年金融危机以来的最大跌幅。

如图 7-11 所示，2019 年，以航空货运吨公里（FTK）计，亚太地区（含中国）以 33.8% 的比例占据最大份额；北美地区和欧洲紧随其后，占比分别达 24.4% 和 22.1%；中东地区尽管航空市场受地缘政治格局不稳定影响较大，航空货运占比仍达 11.9%；非洲和拉美地区货运量较小，占比分别为 1.9% 和 2.0%。中国航空货运市场 2019 年全行业完成货邮运输量达到 753.14 万吨，比上年增长 2.0%。国内航线完成货邮运输量 511.24 万吨，较 2018 年同比增长 3.1%，其中港澳台航线完成22.22 万吨，较去年下降 5.4%；国际航线完成货邮运输量 241.91 万吨，较 2018 年下降 0.3%。

同时，以顺丰为代表的快递航空公司成为中国航空货运市场未来发展的生力军。2019 年，中国 12 家运营全货机的航空公司中，机队规模最大的是顺丰航空（SF Airlines），共有 17 架货机，占全国货机机队的比例约为 35.3%，排名第二的是中国邮政航空（China Postal Airlines），占全国货机机队的比例约为 16.2%，中国南方航空（China Southern Airlines）和金鹏航空（Suparna Airlines）排名并列第三。

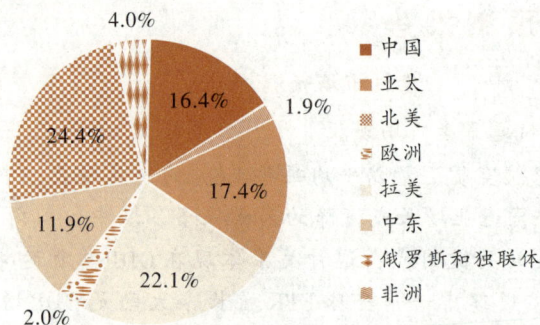

图7-11 2019年全球航空货运市场份额

二、新冠肺炎疫情对航空货运市场的影响

2020年上半年，由于新冠肺炎疫情的爆发，客运航线大量停运，且客机腹舱资源紧张导致航空货运运力受限，航空货物运输量较往年同比下降明显。根据IATA货运数据，全球航空货运量同比降幅超过18.2%。中国2020上半年货邮运输量为299.7万吨，为上年同期的85.2%；6月，中国全行业完成货邮运输量57.8万吨，国内国际航线分别完成38.4万吨和19.4万吨，恢复至上年同期的92.1%和98.6%。此次疫情下，航空货运在运输救援物资扮演重要角色，随着航空货运的反弹潜力不断积累，预计航空货运在短期内可以恢复并迎来新的发展契机。

2019年，全球货机机队规模达到2 014架，较2018年增长3.6%，其中窄体货机747架，中型宽体货机665架，大型宽体货机602架。受全球国际贸易紧张、地区政治不稳定、英国脱欧等因素的影响，全球航空货运市场受到一定影响，货机机队规模出现了自2015年以来的首次负增长（如图7-12所示）。

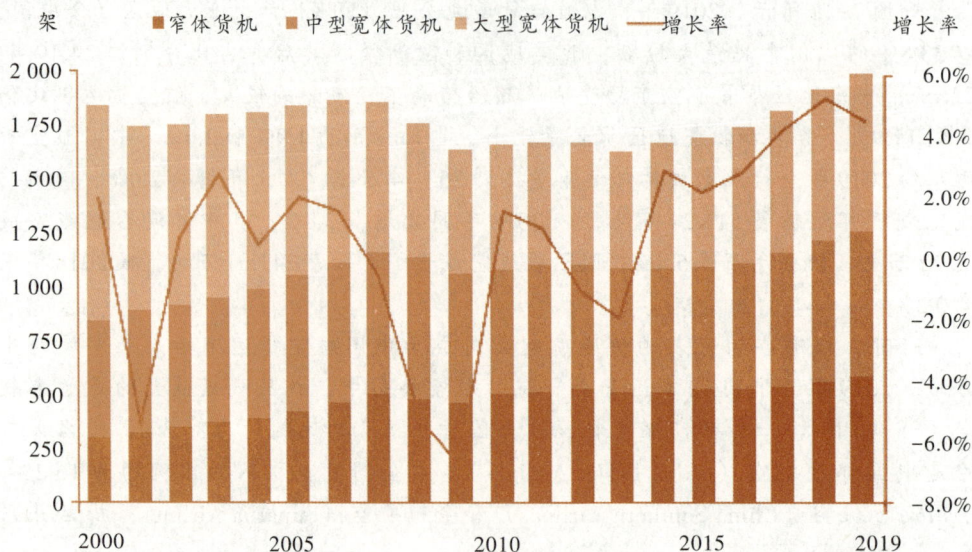

图7-12 全球航空货机发展趋势（2000—2019年）

三、未来二十年全球货机机队预测

如图7-13所示，预计未来二十年，全球航空货运市场周转量将保持每年2.6%的增速，到2039年，全球货机规模将达到3 369架，其中，窄体货机1 269架，中型宽体货机1 159架，大型宽体货机941架。在966架新货机交付中，窄体货机为8架，中型宽体货机为375架，大型宽体货机为583架。另外，将有1 959架客机通过客改货方式进入货运市场，其中客改货窄体货机为1 257架，中型宽体货机为592架，大型宽体货机为110架。从全球各地区来看，北美地区具有较强的竞争力，货机机队规模将达到1 402架；整个亚太地区（含中国）发展态势良好，中国货机机队规模未来二十年复合增长率将达14.6%，中国地区将超过欧洲地区成为全球货机机队规模第二大的市场，达659架；中东地区具有很强的发展潜力，未来二十年货机机队增长率达10.9%；欧洲、非洲、俄罗斯和独联体地区货机机队规模复合增长率均保持在7.3%左右，欧洲机队规模达436架，居第三位；拉美地区货机机队规模增长较为缓慢，增长率为5.8%。

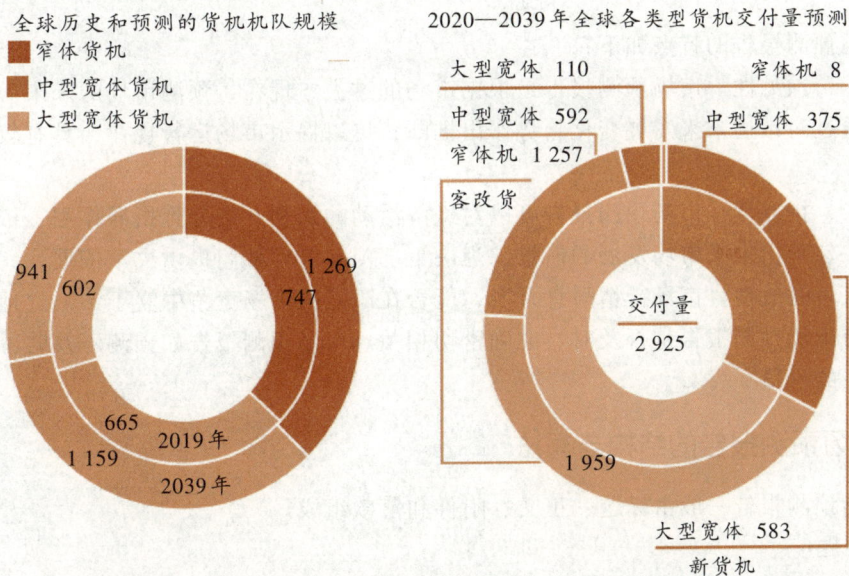

图7-13　全球历史和预测的货机机队规模以及2020—2039年全球各类型货机交付量预测
资料来源　摘自《中国商飞公司市场预测年报（2020—2039）》。

以上案例是中国商飞公司所做的市场预测年报中货机市场预测部分。借助大量的数据和图表来进行论述，让读者对未来全球货机市场特别是中国的货机市场发展情况有了一个基本认知。

一、市场预测报告概述

市场预测报告是一种特殊形式的调查报告。它是人们在对市场进行调查分析的基础上，利用各种信息资料，运用科学的方法和手段，对市场发展趋势作出的分析、预见和判断而形成的一类书面报告。其作用在于对未来的市场发展趋势及其规律进行预测，并提出有针对性的措施和建议，供决策者参考。

根据不同的划分标准，市场预测报告有不同的种类。

1.根据预测内容划分

根据预测内容的不同，市场预测报告可以分为生产趋势预测报告、市场变化预测报告和消费情况预测报告等。

2.根据预测范围划分

根据内容范围的不同，市场预测报告可分为宏观预测报告和微观预测报告。

3.根据时间跨度划分

根据时间跨度的不同，市场预测报告可以分为短期预测报告、中期预测报告和长期预测报告。

市场预测报告的特点如下：

第一，预见性。市场预测报告是根据市场的过去、现在，预测市场的未来。市场预测报告通过对市场未来发展变化趋势作出推断，可以揭示市场运行规律，具有较高的实用价值。

第二，指导性。市场预测报告可以对经济活动的顺利开展起到指导作用，依靠准确的信息，勾画出未来市场发展的前景，为决策部门和管理部门提供决策依据。

第三，时效性。市场行情瞬息万变，能否在激烈的市场竞争中立于不败之地、掌握主动，与市场预测报告是否及时、准确密切相关。市场预测报告如预测不及时，就会失去其存在的价值。

二、市场预测报告的结构与写法

市场预测报告一般由标题、正文、附件和落款组成。

1.标题

市场预测报告的标题通常由预测范围、预测对象、预测时间、文种等要素构成，例如《2019年上海市白酒需求量的预测》《2016—2022年中国汽车电子行业投资分析及前景预测报告》。省略式标题，可省略时间，也可省略范围，例如《上海市乘用车销售趋势预测》《洗涤用品市场预测》等。

2.正文

（1）前言。前言要简明扼要地提出预测的对象，交代市场预测报告的写作动因和有关情况，如时间、地点、对象、方法、目的、结果等。

（2）主体。市场预测报告的正文包括基本情况、分析预测、提出建议三项内容。基本情况部分主要运用资料和数据，对相关市场的历史和现状作简要的回顾和说明；分析预测部分是核心，通过定量或定性的方法重点预测市场需求总量和市场占有率，具体可以从销量、技术发展、生产成本、市场需求、产品更新换代、同行的发展状况等方面着手；提出建议部分要根据分析预测的结果，为决策者提出切实可行的、有价值的建议。

3.附件

附件包括有关的统计数据和问卷等。在正文结尾处应注明附件名称及份数。

4.落款

在正文下方写明报告的单位名称或作者姓名及日期，其作用在于备查。

三、市场预测报告的写作要求

1.明确预测对象和目标

要写好市场预测报告，必须选择好对象，明确预测目标。这样才能围绕对象和目标收集材料，进行市场预测。预测对象和目标一旦确定，预测报告的提纲也随之成立，诸如材料的收集、选择、使用，预测方法和工具的选用，报告的结构和组织安排等就有了准绳。

2.注重调查研究，充分占有资料

市场预测报告的写作必须以全面、完整的资料和数据为依据。充分占有资料，不仅要大量收集资料，而且要充分地分析和消化吸收资料，高度提炼和概括资料。这样才能使市场预测报告的撰写以事实为依据，保证预测结论的科学性和准确性。

3.进行科学的分析和预测

分析是科学预测的基础，预测是分析的结果。选用科学的分析工具和分析方法，有助于提高准确性和说服力。预测结果的表达必须严肃严谨，切不可夸大其词、随意发挥。

4.注重实效，结构合理

市场预测报告一般采用"提出问题—分析预测问题—解决问题"的结构形式，做到层次分明、结构合理。对报告中涉及的客观事实进行说明时，语言运用应准确、简洁，在呈现形式上可使用一些更为直观的图、表。

例文7-3　　　　　　　　　**2021年国际大宗商品价格将温和上涨**

2020年，国际大宗商品价格大幅下跌后持续小幅上扬，年底回升至年初水平。2021年，国际大宗商品市场不确定性因素更多，影响面更广，综合全球疫情发展、经贸关系、政治局势、天气变化等因素判断，全年国际大宗商品价格将震荡运行，总体将温和上涨。

一、2020年国际大宗商品价格先抑后扬

2020年，国际大宗商品价格主要受疫情发展变化、中美贸易协定、天气变化三大因素主导。一季度，新冠肺炎疫情持续扩大，全球商品需求大幅走弱，同时"OPEC+"减产谈判破裂，以原油为代表的工业品价格大幅下跌。5月开始，一些国家相继放松管制，市场需求逐步恢复，大宗商品价格普遍持续反弹。尤其是四季度，我国需求持续增长并积极履行中美贸易协定承诺，主产国出现干旱天气，原油、铁矿石、煤炭及部分农产品价格明显上涨。12月底，我中心编制的反映国际大宗商品价格水平的中价国际指数比4月底的最低水平上涨了81.8%，比年初略高0.8%。12月份，中价国际指数平均为65.60（2013年12月=100），与上年同期基本持平（如图7-14所示）。其中，铁矿石价格涨幅超过60%居首，大米、大豆、豆粕价格涨幅超过30%，铜、铝、玉米、小麦、棉花等价格上涨超过10%，原油价格仍低于年初水平。

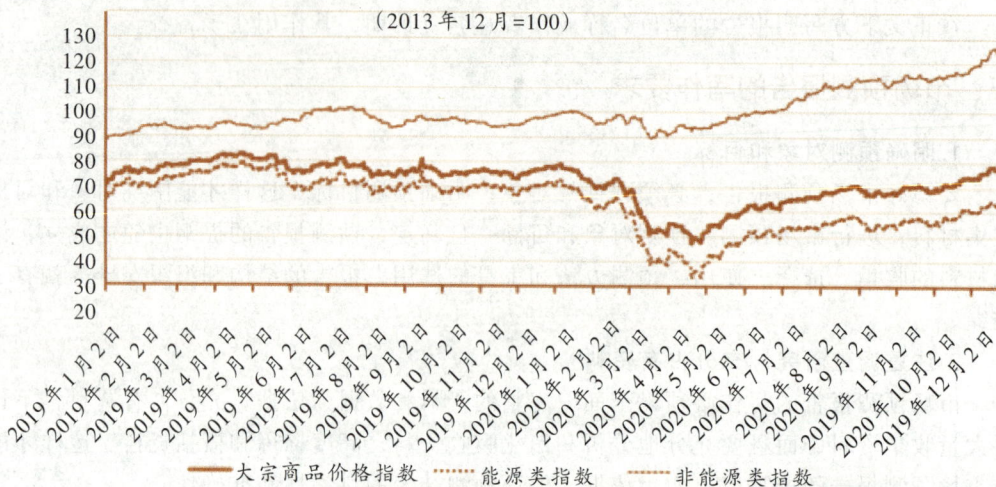

（2013年12月=100）

—— 大宗商品价格指数 ……… 能源类指数 ------ 非能源类指数

图7-14 国际大宗商品价格指数走势图

（一）国际油价先抑后扬，但仍大幅低于上年水平。1—4月，新冠肺炎疫情全球爆发导致需求锐减、仓储库容极度短缺，国际油价大幅下跌至近二十年来低位，其中4月20日纽约WTI原油5月合约临近交割前甚至跌至每桶-37.63美元的负值。持续极低油价促使沙特、俄罗斯等各方达成历史性最大力度减产协议。随着"OPEC+"减产逐步推进，同时，5月开始更多国家放宽疫情管制，石油需求预期得到改善，尤其是12月欧美疫苗积极推进，美国通过新版财政刺激政策，国际油价迅速回升。12月份，WTI、布伦特油价平均分别为每桶46.56美元、49.37美元，同比分别下跌20.8%、22.6%。

（二）铁矿石、有色金属价格先降后升，前者价格升至九年新高。前4个月，受疫情影响铁矿石价格总体呈震荡走势。5月份开始，我国铁矿石需求攀升，海外主要产钢国逐步复产，叠加巴西淡水河谷下调年度产量计划以及个别矿山因疫情影响停止生产，导致供给端出现回落，尤其12月，市场炒作升温，铁矿石价格上涨至2011年以来的高位。12月，普氏、上海钢联铁矿石价格（62%，青岛港，CFR）分别为158美元/吨、155美元/吨，同比分别大幅上涨67.1%、69.2%。

受疫情影响，前3个月有色金属价格持续下跌，4月份开始，市场需求逐步回暖，价格震荡上升。12月份，伦敦铜、铝期货价格分别为每吨7 776美元、2 039美元，同比分别上涨28.8%、15.5%。

（三）煤炭价格持续下降后小幅回升。前三季度，煤炭生产、运输、需求受到疫情影响，国际煤炭价格持续回落。四季度开始，我国对海外煤炭的进口需求明显增加，国际煤炭价格连续小幅回升。12月份，澳大利亚纽卡斯尔煤炭、南非煤炭出口离岸价分别为每吨75.6美元、87.3美元，同比分别上涨8.6%、4.1%。

（四）农产品价格强势运行，价格中枢明显抬升。2020年国际农产品市场主要呈现三大特征：一是农产品市场呈现疫情升水。疫情初期受金融等外围市场影响，农产品价格出现短暂小幅回调，但作为生活必需品，疫情反而提升了粮食等农产品的需求，期间多个粮食出口国还出台了控制粮食出口政策，推升了价格。二是我国需求对国际农产品价格产生了拉动作用。一方面，6月份以来，我国疫情得到明显控制，经济活动从疫情中迅速恢复，但美欧印度等海外国家疫情暴发，我国生猪存栏量大增，导致对国际市场玉米、大豆的需求明显提升。另一方面，我国积极履行中美贸易协定承诺，持续扩大美国农产品进口。三是天气变化推升粮食价格。二季度及四季度，美国、黑海地区、欧洲等粮食主产区都出现不同程度的恶劣天气，对粮食等农产品的种植、收获产生重要影响，进一步推升了价格。其中，大米、豆粕、大豆等价格涨幅较大。12月份，泰国和越南大米出口价格同比分别上涨26.2%、43.1%；芝加哥交易所大豆、豆油、豆粕期货价格同比分别上涨31.1%、20.9%、32.0%，小麦、玉米期货价格分别上涨9.6%、14.3%，洲际交易所棉花、白糖价格分别上涨11.8%、5.1%。

二、2021年国际大宗商品价格走势的不确定性增强

最近，一些国际机构对2021年全球经济发展作出了预测，普遍认为，2021年全球经济将逐步复苏，但复苏仍会不平衡。IMF认为，2021年全球经济将从2020年的萎缩4.4%大幅反弹至增长5.2%。近期高盛等一些国际机构认为，大宗商品将在2021年迎来牛市。我们初步判断，与往年相比，2021年国际大宗商品价格走势的不确定性因素更多，影响面更广。

一是全球疫情及其影响的持续时间难以预测。一方面，全球疫情尤其是海外疫情发展存在着较大的不确定性。当前，乐观的判断是，在4月份有更多的人接种疫苗后海外疫情会逐步缓解，也有分析认为要到7月份美国等海外国家疫情才会真正好转。全球疫情走向直接影响全球经济形势变化，同时，疫情进展情况也影响各国粮食生产、出口政策。另一方面，即使疫情明显缓解，海外国家的经济活动能否迅速恢复、需要多长时间恢复，也存在较大的不确定性。这对国际大宗工业品、粮食等农产品价格走势都将产生重要影响。

二是美国新总统拜登上台后，其政治、经贸政策存在着不确定性。一方面，拜登如何处理与中国、俄罗斯等大国之间的关系，如何处理中东乱局，在与OPEC等重要国际组织中秉承何种立场，将对原油、天然气等能源价格产生重要影响。另一方面，中美贸易协定、美国大规模货币和财政刺激政策等一系列重大问题如何发展，将影响美元走势及大豆、玉米等农产品价格。

三是中澳关系能否改善。2020年澳大利亚挑起事端，令中澳关系跌至新低点，这也对国际铁矿石、煤炭等产品价格产生了重要影响。2021年中澳关系的发展变化是国际铁矿石、煤炭价格的重要影响因素。

四是天气情况对农产品生产的影响仍有较大不确定性。美国气候预测中心认为，当前拉尼娜现象已经形成。拉尼娜现象通常会给美国、阿根廷和巴西带来干旱，影响玉米、大豆和小麦生长，不利于印度、泰国甘蔗的糖分积累，给澳大利亚、亚洲东南部大部分地区和中国带来大量降雨，这将对橡胶、棕榈油生产造成不利影响。近期，一些国际机构已经连续下调了2021年南美玉米、大豆产量，但拉尼娜现象对上述产品产量的影响程度仍需观察。上一次拉尼娜现象来临是2011年，该年联合国粮农组织发布的世界粮食价格指数上涨了近四成。

三、预计2021年国际大宗商品价格总体温和上涨

综合以上因素及大宗商品供求关系情况，我们初步判断，2021年国际大宗商品价格总体将呈先强后弱再强的震荡走势，全年水平将温和上涨。

（一）国际油价重心上移。从需求上看，当前国际机构普遍预计2021年全球原油需求将有明显反弹，国际能源署、OPEC预计2021年原油需求增长量达到570万～590万桶/日。

从供应上看，OPEC减产政策将对2021年油价形成托底支撑。据最新通过的减产协议，沙特自愿减产100万桶/日，俄罗斯和哈萨克斯坦产量略有提高，合计2月减产规模712.5万桶/日，3月为705万桶/日，4月产量将在下次会议确定。OPEC+的联合减产将对2021年油价提供底部支撑。同时，价格上行至一定水平后，美国页岩油生产、豁免减产的利比亚原油产量以及一些未达到减产目标的产油国的原油出口都将增加，将给油价带来压力。综合来看，预计2021年国际油价将在每桶40～60美元区间波动。

（二）铁矿石价格震荡回落。2021年全球铁矿石将供应增加。预计三大矿山到2021年年底将有1.53亿吨产能投产。巴西VALE矿难停产矿山将陆续复产。我国矿石产能预计提升，铁精粉产量增加约1 000万吨。从需求端看，2021年我国要围绕碳达峰、碳中和目标节点，实施工业低碳行动和绿色制造工程，压缩粗钢产量，确保粗钢产量同比下降，国内铁矿石需求增速有望回落。海外国家对钢铁需求将有一定幅度增加，预计基本恢复至2019年水平，即增加7 500万吨左右。综合来看，2021年供给增量将略高于需求增量，铁矿石库存将有小幅增加，价格将高位震荡回落。

（三）煤炭价格小幅上升。从供应上看，2020年受疫情影响国际煤炭供应过剩达到近年来最严重的程度，国际各大矿山纷纷制订减产计划，2021年世界煤炭产量将出现小幅下降。从需求上看，各国经济逐步恢复将带动煤炭消费的缓慢增长，尤其是国际煤炭价格相对国内煤炭仍有比较优势，我国煤炭进口需求仍将增长，全球煤炭供过于求的局面可能得到一定程度缓解，国际煤价将有所抬升。

（四）农产品价格继续温和上升。当前，国际粮食价格总体处于2014年以来的低位，价格上具备上升的空间和动能。从供需关系上看，2020/21年度全球粮食供需关系将继续好转，具备价格上升的基础。最近，联合国粮农组织（FAO）连续第3个月下调了2020/21年度全球谷物产量预测值，全球谷物用量略高于产量；2020/21年度全球谷物期末库存预计为8.664亿吨，库存/用量比将下降到30.7%，创下5年新低，比上年度降低了1.1个百分点。

2021年国际农产品市场应着重关注玉米、大豆市场。受前期天气影响，巴西、乌拉圭和阿根廷等南美国家玉米播种面积、作物单产潜力将低于预期，乌克兰玉米出口潜力下降，玉米供应将主要集中在美国市场，而目前有机构预测2021年美国玉米播种面积仅略微高于2020年。从需求上看，我国的生猪存栏量从2018年非洲猪瘟疫情中持续恢复，玉米需求旺盛。全球玉米市场供需关系偏紧，价格上升空间较大。

大豆市场中，巴西大豆在播种时遭遇干旱天气，阿根廷大豆主产区干旱情况目前仍未得到有效缓解，未来南美大豆产量有较大可能会大幅下调。从需求上看，我国豆粕需求大幅增长，成为全球大豆需求增长的主要因素。据美国农业部估计，2020/21年度我国大豆进口量预计将达到1亿吨。总体来看，预计2021年前期大豆价格仍可能延续上行走势，进入8、9月份后，受新年度产量增加影响，大豆价格将震荡略降。

资料来源　国家发展改革委价格监测中心. 2021年国际大宗商品价格将温和上涨［EB/OL］.［2021-05-11］. http://jgjc.ndrc.gov.cn/Detail.aspx?newsId=10177&TId=696.

单元三　可行性研究报告

【引例】

海南神农大丰种业科技股份有限公司
关于使用部分超募资金投资设立子公司的可行性研究报告

第一章　项目概况

一、项目简介

海南神农大丰种业科技股份有限公司（以下简称"神农大丰"）为增强杂交水稻种子特别是两系杂交水稻种子的"育、繁、推"经营能力，加快公司品种研发和结构调整的步伐，继续做大做强杂交水稻种子业务，拟使用部分超募资金在湖南投资设立子公司——湖南立耘种业科技股份有限公司（暂定名，以下简称"新设子公司"）。新设子公司的注册资本为3 000万元人民币，神农大丰和海南神农大丰投资有限公司（以下简称"神农投资"）以现金出资的方式分别投资2 850万元和150万元，分别持有新设子公司95%和5%的股权。

二、新设子公司的基本情况

新设子公司拟定注册资本为3 000万元，神农大丰和神农投资分别持有新设子公司95%和5%的股权；注册地拟设在湖南长沙；主营业务为农作物种子的选育、生产和销售。

第二章　投资方案及投资效益分析

一、投资总额

新设子公司的注册资本为3 000万元人民币，神农大丰和神农投资以现金出资的方式分别投资2 850万元和150万元，分别持有新设子公司95%和5%的股权。

二、资金来源

神农大丰拟用超募资金2 850万元，以现金出资的方式投资设立子公司。

三、投资用途

投资主要用于满足《农作物种子生产经营许可管理办法》（农业部令2011年第3号）对申请领取种子生产许可证和经营许可证的条件要求，主要用于：（1）购置种子生产加工经营所需设备，如净度分析台、置床设备、电泳仪、电泳槽、样品粉碎机、发芽箱、酸度计、高压灭菌锅、磁力搅拌器、恒温水浴锅等；（2）建设检验室、仓库、晒场或者相应的种子干燥设施设备；（3）配备专职的种子生产技术人员、贮藏技术人员和经省级以上人民政府农业行政主管部门考核合格的种子检验人员；（4）符合种子生产规程要求的隔离和生产条件；（5）满足农业部规定的其他条件要求。

四、投资效益分析

根据新设子公司的生产经营规划，未来三个经营年度新增经济效益估算情况如下：

经营年度	销售金额（万元）	净利润（万元）
2013—2014	1 000	50
2014—2015	1 500	200
2015—2016	2 500	400

预计新设子公司未来三年可实现新增净利润分别为50万元、200万元和400万元，年投资回报率分别为1.67%、6.67%和13.33%。

第三章　项目实施的必要性与可行性

一、项目背景分析

（一）水稻种子市场需求量巨大

种子是农业科学技术和其他投入要素发挥作用的载体，是决定农作物产量和质量的关键因素。水稻是世界上食用人口最多、历史最悠久的农作物，全球25亿以上人口主食大米。亚洲是最主要的水稻生产与消费区，全世界90%以上的稻米产自亚洲，在亚洲各国的农业发展与社会文明史上，水稻占有十分重要的地位。

水稻是我国最重要的粮食作物之一，我国对杂交水稻种子的市场需求巨大。我国水稻品种为常规水稻和杂交水稻，杂交水稻具有明显优势，杂交水稻自推广以来得到了快速发展。目前，我国有20多个省份播种杂交水稻，总面积占到国内水稻面积的55%左右，生产国内70%左右的水稻。2009年我国种子市场规模为336.5亿元，受国家政策扶持、市场竞争环境的改善等因素的共同影响，今后10～20年间我国种子行业将进入加速发展阶段，以高于过去10年的平均速度发展，预计到2030年我国种业市场总量将达到1 860亿元以上。我国杂交水稻种子的市场份额由2002年的40亿元提升到2009年的72亿元，预计到2030年杂交水稻市场价值将达到392亿元。

国内杂交水稻种子和杂交玉米种子的普及率大幅提高是过去10年种子市场快速扩张的主要动力，杂交水稻种子和杂交玉米种子年均增长率超过10%。为提高农作物单产，保证国家粮食安全，国家必然不断推动杂交种子普及率的提高，我国种子市场将会出现更快的发展局面。

（二）国家相关政策变化与行业发展趋势

《中华人民共和国种子法》实施后，我国种业经营实行了较严格的资格准入制度，由指令经营转变成许可资格经营，标志着我国种业发展进入市场化阶段。对比发达国家的种业发展历史，我国种业市场化时间短，市场机制、法律环境及企业运营能力还不成熟，产业整体仍处于中低级阶段。目前我国的种子行业还存在市场集中度低、投入少、缺乏科技创新能力等问题，科研投入少，投入效率低，成为中国种子产业发展的制约因素。种子行业小公司构架、小规模生产、小区域经营、无序竞争，具备"育、繁、推一体化"经营能力的公司较少，这使中国水稻种业缺乏核心竞争力。

为确保国家粮食安全，国家十分重视种业的发展，出台了一系列政策措施，进一步规范种子管理，加大对种业的扶持力度，维护公平、有序的市场竞争环境和企业发展环境，为今后种子行业加速发展创造了积极条件。2010年的中央1号文件提出，"要切实把加快良种培育、做大做强种业作为战略举措来抓"。国务院颁布《关于加快推进现代农作物种业的发展意见》，提出了以"育、繁、推一体化"种子企业为主体推动种子企业兼并重组等系列政策。农业部颁布《农作物种子生产经营许可管理办法》，种子生产经营企业门槛进一步提高，申请种子经营许可证的企业注册资本不低于3 000万元，并对研发能力、品种、仓储加工等多方面都有具体的要求。上述政策措施的出台给中国种业提供了一个良好的发展机遇，由于种子产业巨大的经济效益和其对农业发展的特殊战略意义，我国把种子产业放在国家战略性、基础性的核心产业的突出位置，是促进农业长期稳定发展、保障国家粮食安全的根本。目前，我国种子行业发展呈现出三大趋势：一是行业集中度逐步提高；二是高新技术和高端人才成为未来种业竞争的焦点；三是兼并重组成为行业发展的方向，种子公司向规模化、集团化、国际化发展。

二、项目实施的必要性

湖南是我国水稻种植大省，水稻种植面积、产量均居全国第一。湖南、江西、湖北等处于长江中下游地区，是我国水稻主产区，水稻种子市场容量巨大，尤其是杂交稻种子。同时，上述地区水稻种植类型多样，早籼、晚籼、中籼种植面积均较大，具有一定的区域代表性。目前杂交水稻的育种方法已经从利用细胞质不育系的"三系法"发展到利用光（温）敏核不育的"两系法"。长江中下游地区属亚热带季风湿润气候，气候温和，热量充足，雨量充沛，季节分明，无霜期长，冬冷夏热，四季分明，因此，在上述地区发展两系杂交水稻，有着较为明显的地域和气候优势。随着两系杂交水稻配套体系的日益成熟，两系杂交水稻的推广面积呈逐步增大、市场占有率呈逐步提高的趋势已日益明显。展望未来，长江中下游乃至整个南方稻区，两系杂交水稻育种技术的研究与应用将进一步深入，两系杂交水稻品种的推广面积和市场规模将进一步扩大。公司通过自身各项竞争优势与资源的运用进一步加强两系杂交水稻品种的选育、生产与销售已势在必行。新设子公司将作为神农大丰在湖南等地区着重发展杂交水稻种子特别是两系杂交水稻种子的品种研发、生产加工和营销网络的重要载体，并为神农大丰提高研发创新能力、加快品种结构调整、继续做大做强杂交水稻种子业务承担重要的战略发展任务。

三、项目实施的可行性

依据新设子公司的发展规划，新设子公司将依托神农大丰完善的经营管理制度和丰富的行业发展经验，设置较为完备的组织结构和健全的内部管理制度；依托神农大丰现有储备丰富的人力资源基础，同时大力引进高素质专业人才，以此构建一支较高水平的科研、生产、销售和财务等经营管理团队；依托神农大丰完备的生产加工基地和仓储设施以及成熟的营销网络优势，构建稳定的生产加工资源和通畅的营销网络渠道；同时，新设子公司将在充分利用神农大丰现有科研开发资源的基础上，积极寻求与国内外知名农业科研院所和育制种专家多种形式的研发合作，并逐步建立和完善自身的研发创新体系。新设子公司将基本上具备"育、繁、推一体化"经营条件，并具备顺利运营的政策、管理、人才等各方面的必要条件。

第四章　项目实施计划

一、项目管理

子公司设立之后，将逐步完善公司治理体系和组织结构，并依托神农大丰储备丰富的人力资源基础和外部高素质人才的引进充实公司生产经营班子。同时，将依据神农大丰相关管理制度建立和完善各项管理制度，并对制度执行情况进行检查和有效监督，实施有效激励约束，通过对目标责任完成情况的考核，以确保公司发展规划和经营目标的有效实现。

二、新公司的业务定位

新设子公司将以建成"育、繁、推一体化"的现代种业公司为目标，增强杂交水稻种子特别是两系杂交水稻种子的"育、繁、推"经营能力，促进神农大丰在湖南等地区杂交水稻种子市场的渗透与扩张，强化新品种选育，完善制种基地及营销网络建设，完善组织管理制度，加紧人才引进培育，形成研发优势、品种优势、基地优势、渠道优势、人才优势和文化优势，实现公司长期可持续发展，保持业务和盈利持续增长，回报投资者。

三、组织架构及制度建设

（一）组织架构

新设子公司将建立完善的公司治理结构和组织结构。股东会是新设子公司的最高权力机构，董事会是新设子公司的决策机构，监事依法履行监督检查职责，总经理负责公司日常的经营管理工作。新设子公司的业务部门暂设市场营销部、生产供应部、科技开发部、财务部、办公室等部门。新设子公司的管理层将根据业务发展和市场变化对公司组织结构及业务部门进行适应性调整。

（二）制度建设

新设子公司将在借鉴神农大丰完善的经营管理制度的基础上，根据自身实际建立有效的运行模式和管理机制，建立和完善科学的决策机制、激励机制，进一步完善各项生产经营制度，并落实到公司管理的各个方面，做到有效控制风险，确保公司健康运行。

四、人才队伍建设

新设子公司将根据业务发展的需要，逐步增加对员工的培训投资，提高员工整体素质；通过外部引进和内部培养充实公司的管理、研发、营销等各类人才，并以此组建一支专业、高效的管理运营团队；建立和完善有利于创新的激励体系，建立合理的薪酬体系，为员工提供完善的福利待遇；创建和发展以"种子的信仰"为核心的创新型企业文化，为公司发展建立一支结构合理的人才队伍。

第五章 项目风险及控制

一、项目实施风险

近年来，国家对种业发展日益重视，对种业的扶持力度不断加大，本项目是基于目前国家的产业政策、国内外市场环境及公司的实际情况作出的。尽管该项目的实施将有助于神农大丰建立完善的研发创新体系、品种结构体系和生产销售体系，有利于进一步提升神农大丰的科研成果转化能力、盈利能力和"育、繁、推"综合竞争能力，但由于在项目实施及后期生产经营过程中可能会由于市场供求变化、产业政策调整、技术更新、人才短缺等因素导致项目不能按计划完成或无法达到预期收益。

二、产品质量风险

种子在生产加工过程中由于人为因素、技术因素或气候因素等会造成种子水分、净度、发芽率、纯度达不到标准等种子质量问题，可能引起较大的社会影响及相应的经济索赔。虽然公司设立以来严格质量管理，建立健全了质量管理体系，制定实施了高于国家标准的质量标准，2005年通过了ISO9001：2000国际标准质量管理体系认证和UKAS认证，同时公司通过培训不断提高员工的质量意识，但如果未来由于公司管理不善等原因造成种子质量出现重大问题，将对公司的生产经营造成一定的风险。

三、自然灾害风险

公司主要从事杂交水稻种子的选育、制种、销售和技术服务。由于种子的生产必须在特定的自然生态环境下进行，受旱、涝、冰雹、霜冻、台风等自然灾害及病虫害的影响较大。如果公司的制种基地突遇严重自然灾害或重大病虫害，将严重影响种子的产量和质量，对公司的生产经营带来不利影响。

四、市场竞争风险

目前我国现有的种业市场竞争比较激烈，我国种子行业市场集中度低、投入少、缺乏科技创新能力，相对于欧美发达国家，我国种业仍处于发展的初级阶段，具备"育、繁、推一体化"经营能力的公司较少，能力较弱，未来如果公司不能在技术创新、品种研发、市场网络布局和加强技术服务等方面有所突破，将面临被国内外先进种业公司不断挤压的市场竞争风险。在控制市场风险方面，将采取以下主要措施：（1）加强市场调研，有效把握市场的运行规律和发展趋势，抓住市场机遇，实现公司的可持续发展；（2）提高公司品种研发能力，适时推出新品种，加强种子生产加工管理，保证种子质量，完善营销服务体系建设。

五、管理运营风险

新设子公司建立后，神农大丰的资产规模和经营规模将不断扩大，使得公司组织结构和管理体系趋于复杂化，公司的经营决策、风险控制的难度增加，对公司管理团队的管理水平及驾驭经营风险的能力带来一定程度的挑战，对公司的内部管理、生产组织、售后服务等都提出了更高的要求，对在管理、技术、营销、生产等方面的中高级人才的需求将日益增加。如果公司在业务运作过程中不能实施有效控制和持续引进高素质人才，将对公司的高效运转及管理效率带来一定风险。

第六章 项目结论

通过综合评估，我们认为该项目顺应国家产业政策和市场竞争的发展趋势，紧跟杂交水稻育种技术的发展要求，符合神农大丰中长期发展战略，有助于神农大丰建立完善的研发创新体系、品种结构体系和生产销售体系，有利于进一步提升神农大丰的科研成果转化能力、盈利能力和"育、繁、推"综合竞争能力，有良好的发展前景和经济效益，对神农大丰发展成为"拥有大科研、大基地、大网络、高速成长的世界级水稻种业企业"有着重要和积极的推动作用，具备顺利实施的政策、管理、人才等必要条件，投资具有良好的可行性。

海南神农大丰种业科技股份有限公司

2012年11月9日

资料来源　神农大丰.关于使用部分超募资金投资设立子公司的可行性研究报告［EB/OL］.［2018-01-09］. http://app.finance.ifeng.com/data/stock/ggzw/300189/14172352.

　　这是一份海南神农大丰种业科技股份有限公司关于使用部分超募资金投资设立子公司的可行性研究报告，报告分为六章，具体为项目概况、投资方案及投资效益分析、项目实施的必要性与可行性、项目实施计划、项目风险及控制和项目结论。通过项目综合评估，最终得出该项目具有良好的可行性的结论。本项目中我们将学习可行性研究报告如何撰写以及撰写可行性研究报告时应注意的事项。

一、可行性研究报告概述

　　可行性研究报告是从事一种经济活动之前，对拟进行的新项目进行具体、深入、细致的全面分析、技术论证和经济评价，以求确定其在技术上先进合理，经济上有效益的最优方案和最佳时机，为企业决策提供依据的书面报告。

　　按照不同的标准，可行性研究报告可划分为不同的类型。下面以按用途来划分为例，介绍可行性研究报告的种类。

1.用于企业融资、对外招商合作的可行性研究报告

　　这类研究报告通常要求市场分析准确、投资方案合理，并提供竞争分析、营销计划、管理方案、技术研发等实际运作方案。

2.用于银行贷款的可行性研究报告

　　商业银行在贷款前进行风险评估时，需要项目方出具详细的可行性研究报告。另外，在申请国家的相关政策支持资金、工商注册时往往也需要编写可行性研究报告。

3.用于境外投资项目核准的可行性研究报告

　　企业在实施"走出去"战略，向国外投资时，需要编写可行性研究报告或项目申请报告。

　　可行性研究报告具有如下特点：

　　第一，论证的科学性。写作可行性研究报告要运用大量科学、准确的数据资料，阐明拟建项目在技术和经济运行方面依据的理论的科学性，论证过程也要科学、严谨。

　　第二，内容的综合性。可行性研究报告在研究方法上要围绕影响建设项目的工作因素进行全面、系统的分析，最终得出令人信服的结论。

　　第三，行文的论证性。可行性研究报告一般应从经济、技术、财务、市场营销等方面进行综合论证，并就法律政策、环保等方面限制得出结论或评价。

二、可行性研究报告的结构与写法

　　由于分析的对象不同，项目的性质不同，可行性研究报告的内容安排也有所不同，但总体来说，其在写作上还是有规律可循的，一般由四部分组成：封面与标题、正文、签署和附件。

1.封面与标题

　　完整的可行性研究报告应有封面，包括项目名称、项目主办单位、成文日期，有的报告还有项目负责人和主要参与人的署名。大型项目可行性研究报告必须要有目录。

　　可行性研究报告的标题有两种写法。

（1）公文式标题。它具体包括以下三种形式：

第一种，单一性标题。只写文种名称，如《可行性研究报告》。

第二种，两要素标题。由项目名称和文种组成，如《清洁能源项目可行性研究报告》《新建大兴安岭鄂伦春民用机场项目可行性研究报告》。

第三种，三要素标题。由编写单位、项目名称和文种组成，如《青岛市自来水公司关于管道改造项目的可行性研究报告》《山东菲明电器有限公司关于开展新式充电设备研发的可行性研究报告》。

（2）文章式标题。有些可行性研究报告把论证得出的结论作为标题，如《三星岩水电站工程宜早日开工》等。这是一种变通形式的标题，为了表述更加清楚，有时也附加一个副标题。

2．正文

在可行性研究报告的开头部分，主要介绍该报告的来龙去脉。要求写明项目名称、项目主办单位及负责人、可行性研究单位名称、可行性研究的技术负责人/经济负责人及参加人等。开头部分最常见的写法是在什么时间、什么地点、用什么方法、由谁负责进行什么项目的可行性研究等内容。文字要求简洁明了，篇幅不宜过长。

主体部分是对所申报项目的必要性、可能性和技术经济指标的具体分析论证，最终得出是否可行的结论；要求运用全面、系统的分析方法，以经济效益为核心，围绕影响项目的各种因素，运用大量的数据资料论证拟建项目是否可行。主体部分包括概论、供求预测、技术论证、经济分析和结论五个部分。

（1）概论。概论要提出可行性研究项目的依据、目的及研究的结论。

（2）供求预测。供求预测主要写国内、国外市场的供求状况及发展趋势。在研究和写作供求预测时，要运用科学的方法和确凿的数据，力求预测准确可信。

（3）技术论证。技术论证要运用资料、数据来说明以下几个问题：能源、原材料的供应；厂址条件及交通状况；技术、设备与环保；生产组织及人员培训。通过技术论证作出可行或不可行的结论。

（4）经济分析。这部分内容主要包括：投资估算、收益估算、投资回收估算。投资估算，即项目所需的全部资金的估算，分为固定资产投资、流动资金投资两部分；收益估算，即估算成本、售价、销量、利润等；投资回收估算，主要是对投资回报率的高低、回报年限的长短等的分析。在进行经济分析时，要翔实地估算出项目所需总资金，也要估算出项目实施的各个部分和不同时间中所需资金的具体比例。要正确估算固定资产和流动资产，有针对性地分析项目的资金来源、筹措方式及贷款偿还方式。

（5）结论。结论是在供求预测、技术论证、经济分析的基础上，对项目作出的综合评价。评价结论有三种：非可行性结论、可行性结论、弥补性结论。结论切忌模棱两可，含糊其辞。

3．签署

落款处标明完成可行性报告的报告者、报告日期。

4.附件

为了结论的完整性需要，往往还要加上一些附件，主要包括不能写在正文内的各种论证材料、实验数据、调查数据、计算图表、附图等，以增强可行性研究报告的说服力。

三、可行性研究报告的写作要求

可行性研究报告的专业性、综合性、逻辑性都很强，具有特殊的规律性。编制项目的可行性研究报告除了需遵守一定的程序，使用特定的文本，严格按照编写提纲组织结构，遵从文从字顺、观点与材料统一、层次分明、结构合理等写作原则之外，必须符合下述一些基本要求：

1.符合党和国家的路线、方针、政策、法规

党和国家的路线、方针、政策、法规是我们一切工作的依据，是我们进行一切宏观决策和微观决策的前提和基础，可行性研究报告的编制一定要注意这一点。

2.实事求是，符合实际

可行性研究报告的各种基础数据、基础材料，所使用的分析研究方法，必须真实可靠，有据可查，严禁为了达到某种目的随意编造，盲目估计，偏离现实。

3.讲求效率，注重实效

项目可行性研究是一项十分复杂的系统工作，一般所需时间较长，尤其是一些科技含量高或新技术、新发明项目及一些大型项目。但就一些小型项目而言，则应尽可能快速完成，以便把握时机，抢抓机遇，尽快实施。

4.深浅适度，繁简得当

可行性研究报告应当具备指导项目、工程实施和经营管理实践的功能，是投资项目实施的行动纲领，因此要求有一定的深度，以满足项目实施的需要。另外，繁简得当也很必要。

例文7-4

山东水利工程总公司关于引进战略投资者、组建

山东水总建设集团有限公司的可行性分析报告

加快推进国有经济布局和结构的调整，坚持有进有退、有所为有所不为的方针，是省国资委确定的"公司改革战略"的基本要求。山东水利工程总公司引入战略投资者山东水务发展有限公司，能够充分利用双方各自的优势和资源，实现强强联合，组建山东水总建设集团有限公司，是改变山东水利工程总公司现有公司体制模式、转换经营和管理机制，增添企业活力的重要举措。

一、山东水利工程总公司企业现状

山东省国有资产投资控股有限公司权属企业山东水利工程总公司是一家具有水利水电工程施工总承包一级、市政公用工程施工总承包二级、土石方工程专业承包一级、基础工程专业承包一级等多项施工资质的国有独资企业。注册资本10 235万元，员工665

人，山东水利工程总公司下设8个职能部室，4个直属生产单位、3个全资子公司和3个参股公司。国家"十二五"规划阶段是水利事业建设大投入、大发展的黄金时期，抓住这一历史机遇对企业的生存和发展弥足珍贵。目前山东省拥有水利施工资质的单位有200多家，水利建筑施工市场竞争日趋激烈、企业利润一再摊薄。因此，重组和再造是企业提升市场竞争力、做大做强的迫切要求，也是企业生存与发展的必由之路。

二、组建山东水总集团有限公司的必要性分析

为扩大山东水利工程总公司经营规模，提高市场占有率，进一步提升核心竞争力，实现企业做大做强的既定目标，拟借助战略投资者的资源及产业优势，从资产规模、产业结构、市场定位和公司治理等方面进行企业再造。组建后的山东水总建设集团有限公司将集水务开发、项目施工及管理于一体，其市场效益、经营效益和社会效益将得到很大的提升。

三、与战略投资者合作的可行性分析

山东水务发展有限公司是2009年由山东省政府批准成立的公益性大型国有独资公司，注册资本为49亿元。山东水务发展有限公司作为战略投资者首先具有较好的资质条件，不仅能为山东水利工程总公司注入流动资金，更能带来先进的管理理念，促进山东水利工程总公司企业结构的调整升级，并且可以对山东水利工程总公司现有经营状况和盈利模式进行整合改革，使之成为集水务开发、工程项目施工及管理于一体的大型企业集团，实现做大做强的既定目标。经与山东水务发展有限公司多次协商，新的公司拟以有限公司的形式设立，名称暂定为：山东水总集团有限公司。出资方分别为山东省国有资产投资控股有限公司和山东水务发展有限公司。在新公司中，山东省国有资产投资控股有限公司以山东水利工程总公司现有净资产作为持有的50%的股权，山东水务发展有限公司投资额度以货币现金出资，将持有另外50%的股权。

四、组建山东水总集团有限公司效益分析

据山东水务发展有限公司披露，山东省水利2011—2015的五年规划主要以城市河道景观建设、改善人畜卫生用水和水土保持等项目为主，预计总投资超过100亿元。以城市河道景观建设为例：山东省共规划用40亿元的资金建设68条城市河道景观，每条城市河道景观的工程费用大约在5 000万元至10 000万元人民币之间。整个工程建设费用由山东水务发展有限公司融资开发和建设管理。因此，在"十二五"期间，仅凭此项规划实施，每年就可为新公司带来约2亿元至4亿元的市场份额，净利润将增加300万元至500万元人民币。

五、组建山东水总集团有限公司优势分析

1.扩大公司资产，为公司进一步发展奠定坚实的经济基础。新公司成立后，山东水务发展有限公司按照约定将向山东水总建设集团有限公司注入资金，增资扩股后的新公司注册资本金将比现有规模扩大一倍，能够有效地增强企业抵御市场风险的能力。

2.建立现代企业管理制度，公司在企业管理上迈向新的台阶。新公司组建后，将按照现代企业管理体制要求，建立起适应市场经济的现代管理制度，使企业进一步增强驾驭市场风险能力，企业的生存和发展有了体制保障。

3.扩展经营范围，使公司发展成为大型综合性企业集团迈出坚实一步。目前山东水利工程总公司是经营范围单一的水利电力施工企业，新公司成立后，公司将致力于由单一施工企业向集水务开发、工程项目施工及管理于一体的企业集团发展，使公司真正成为山东省水利行业的龙头企业，实现做大做强的既定目标。

4.提高市场占有率，公司经济效益大幅提高。根据《山东省人民政府办公厅关于山东水务发展有限公司组建及运营管理实施意见的复函》（鲁政办字〔2009〕201号）文件精神，山东水务发展有限公司的主要职能是负责中央和省政府确定的重点水利建设项目的投融资工作。因此，作为山东水务发展有限公司控股的新公司无疑具有得天独厚的条件，凭借山东水利工程总公司过硬的技术实力和良好的社会声誉，相信新公司的市场份额将会逐年增加，公司效益将会大幅度提高，实现国有资产保值增值的任务。

5.企业形象得到大幅度提升。山东水务发展有限公司不仅能为山东水利工程总公司带来雄厚的资金支持，更重要的是能够促进企业实现经营跨越、技术跨越、产品跨越、管理跨越和市场跨越；能够推动企业调整优化产业结构，有效整合资源，开拓国内外市场，转变企业发展模式，加速壮大优势产业，增强企业核心竞争力；企业在创造更高的经济效益的同时也注重创造更好的社会效益，为构建和谐社会作出较大的贡献。

六、组建山东水总集团有限公司潜在风险分析

1.职工稳定风险分析

企业员工是国有企业稳定发展的基石，也是合作过程中的切身利益关联方。他们不同的态度决定合作是否能够顺利实施。通过对合作后公司前景、职工身份待遇等广大职工特别关注的问题细致耐心地进行讲解和分析，消除了公司职工的困惑情绪。

2.法律风险分析

山东省国有资产投资控股有限公司和山东水务发展有限公司将严格按照《公司法》的要求合作组建山东水总集团有限公司。

山东省国有资产投资控股有限公司和山东水务发展有限公司将严格按照协议约定，出资及时、足额到位。

经上述综合分析可以看出：山东省国有资产投资控股有限公司以权属企业山东水利工程总公司现有资源与山东水务发展有限公司强强联合，组建新的股份制企业——山东水总集团有限公司，不仅能够促使老企业焕发勃勃生机，更能为新企业和谐稳定、持续发展起到重要的保障作用。因此我们认为，由山东省国有资产投资控股有限公司与山东水务发展有限公司共同组建山东水总集团有限公司，是必要的，也是可行的。

资料来源　佚名.组建山东水总集团有限公司请示及附件［EB/OL］.［2018-02-21］. http://wenku.baidu.com/view/e4d55fdcb14e852458fb570a.html.

简析：这是一份山东水利工程总公司关于引进战略投资者，组建山东水总建设集团有限公司的可行性分析报告，报告分为六个部分，分别为山东水利工程总公司企业现状、组建山东水总集团有限公司的必要性分析、与战略投资者合作的可行性分析、组建山东水总集团有限公司效益分析、组建山东水总集团有限公司优势分析和组建山东水总集团有限公司潜在风险分析。报告考虑问题全面，逻辑严密，推理严谨，通过不到

3 000字简要地说明了由山东省国有资产投资控股有限公司与山东水务发展有限公司共同组建山东水总集团有限公司，是必要的，也是可行的。

例文7-5 关于在辽宁葫芦岛市丘陵地区推广种植油用牡丹的可行性报告

2015年度，葫芦岛市牡丹产业协会、葫芦岛市牡丹产业协会油用牡丹专业委员会在"调整优化农林业种植结构，增加农民收入，促进农村经济发展"课题研究中，对油用牡丹这一新型种植品种进行了调研。通过对葫芦岛市栽培种植的相关作物、树种做了大量的比较分析，我们发现油用牡丹具有突出的优势：

一、油用牡丹最适合在我市丘陵山区栽植

油用牡丹是多年生木本落叶小灌木，其种子含油量高且营养丰富，被誉为"世界上最好的食用油"。据调查，在我国1 300多种牡丹中，油用牡丹只有两种，即凤丹牡丹和紫斑牡丹，这两种牡丹都具有抗干旱、耐瘠薄、抗严寒、耐庇荫等特点。抗干旱：连续八个月不降雨旱不死，年降雨量350毫米仍结籽150～200千克。耐瘠薄：油用牡丹不挑地，有土就能生长，只要不是盐碱地或下雨积水的涝洼地都可栽植。抗严寒：凤丹牡丹在-25℃到-28℃的低温下能正常生长；紫斑牡丹在-35℃到-40℃不发生冻害。耐庇荫：木本牡丹就是林冠下生长的灌木，都具有耐庇荫的习性，油用牡丹在其上层遮光56%的环境下，生长依然茂盛。从油用牡丹上述特点看，我市的所有丘陵山地，包括荒山、荒沟、荒坡、滩涂，以及耕地中的山地、二坡地、宜林地中的疏林地、林间空地、退耕还林地、果树行间等，都适合栽植。

二、油用牡丹产量高，牡丹籽油价格贵，能大幅度增加农民收入

油用牡丹生长比较缓慢，宜适度密植。山地、二坡地亩栽2 500～3 000棵。栽后第二年可结籽50～75千克，每年以50千克产量递增，5年便进入了丰产期。在粗放管理的情况下，亩产200～250千克。平肥地栽植油用牡丹，产量一般多在300～400千克。牡丹籽油营养丰富，价格昂贵，所以牡丹籽收购价格较高。据调查，连续3年，其收购价格都在每千克25元以上。按保守价格每千克20元计算，山坡地每亩可获3 000～5 000元的效益，即使在干旱的年景，在种植玉米等大田作物绝收的情况下，油用牡丹仍可有3 000元左右收益，平肥地则更多。

三、油用牡丹，一年栽植，可连续收获30～40年

油用牡丹是长寿木本灌木，树龄最长的有近千年，丰产期30～40年，是名副其实的铁杆庄稼。除牡丹籽可回收外，牡丹花瓣、花蕊也具有较高经济价值，可深加工成高级化妆品和牡丹花蕊茶。就连牡丹枝干，打碎加工后也可做成丹菇培养基。油用牡丹根是中药丹皮，倒茬时可亩收获丹皮价值3万元至5万元。除第一年需买苗栽植和需要两次浇水投入外，以后几乎没有投入，系粗放管理。前两年注意除草，以后注意防治发生的叶斑疫就可以了。当然，为了籽实饱满增加产量，如有条件也可以施肥和灌溉。总之，油用牡丹适应栽植环境的能力很强，只需一年投入栽植，就可收获几十年。

四、我市去年秋季已经引进栽植油用牡丹，目前长势喜人

据了解，去年秋季，我市一些农户从山东、河北购进数十万棵2～3年生油用牡丹

苗木，在连山区、建昌县农村多处栽植，到目前长势良好。连山区山神庙村上塔沟，在山坡上和果树行间去年秋天栽植油用牡丹20多亩，只是在栽苗时浇了一次水，成活率在95%以上，长势喜人。在今年干旱少雨，坡地玉米绝收的情况下，油用牡丹抽出新枝15~20厘米。寺儿堡村乌云山脚下，去年秋天在没有表土层的冷土地上栽植近30亩油用牡丹，成活率达85%，长势良好，三年生苗都开花结荚，已近成熟。实践证明，油用牡丹在我市可以平安度过严寒冬季而不发生冻害；在遭遇今年干旱少雨，坡地大田绝收的情况下，其成活、生长均未受到明显影响。

五、油用牡丹栽植是国务院专门下发文件推广的富民项目

原林业部已退休的副部长李育才经过多年的培育、研究、探索，发现油用牡丹非常具有推广价值，能够造福于民。经严格的科学检测，牡丹籽油含有的不饱和脂肪酸高达92%，特别是含有对人体健康非常有利的α-亚麻酸高达43%，是橄榄油的64倍。鉴于油用牡丹产量高、出油率高（18%~20%）、营养价值高、经济效益高和我国食用油短缺的实际情况，结合油用牡丹适生地域广阔的生物学特性，李育才同志向中央领导报送了发展推广油用牡丹的请示。国务院办公厅于2014年12月26日下发了《关于加快发展木本油料产业发展的意见》（国办发〔2014〕68号文件），提出到2020年建成800个油茶、核桃、油用牡丹木本油料重点县，面积增加8 000万亩，实现年产木本食用油150万吨。目前全国25个省在推广油用牡丹，河北省与我市毗邻的秦皇岛市建起3 000亩油用牡丹种苗基地，为全国推广种植油用牡丹提供种苗。

六、在我市丘陵山区推广种植油用牡丹，是事关国计民生的大事，具有多方面的重要意义

第一，可以解决我国食用油短缺问题，确保我国食品安全和国人健康。我国食用油缺口高达60%，对外部市场依赖程度高。油用牡丹产量高、油质好，推广发展油用牡丹可以减少对外部市场的依赖，是保证我国食品安全和国人健康的重要选择。

第二，可以作为丘陵山区贫困农民脱贫致富且不返贫的好项目。我市偏远丘陵山区乡镇一些农民比较贫困，政府多年来一直下力气帮扶，有的一时脱贫但极不稳定，返贫情况多有发生。推广种植油用牡丹，既能实现丘陵山区农民脱贫致富，又能有效地避免返贫情况的发生。油用牡丹在干旱年份仍能结籽150千克以上，亩收入2 000~3 000元，若是正常年景，亩收入可稳定在4 000~5 000元。油用牡丹丰产期长，可连续收获30~40年，这就从根本上解决丘陵山区贫困农民长期以来不能脱贫和重新返贫的问题。

第三，可以作为解放农村劳动力，促进土地流转，实现农业现代化的重要措施。油用牡丹可以进行粗放管理，与大棚等设施农业不同，无须多占用劳动力，也无须付出大的劳动强度。特别是进入丰产期后，只要看护好即可，油用牡丹由于本身枝叶中含有皂质特性，很少发生病虫害。有条件的种植户可以施些绿肥、农家肥。总之，种植油用牡丹，可以将一部分农村劳动力从土地上解放出来，从事其他产业经营，促进和加快农业现代化进程。

第四，可以改善生态环境，美化家园。丘陵山区坡地集中连片地栽植油用牡丹，到了牡丹花盛开的季节，展现在人们面前的是一片花的海洋。这可以从根本上改善农村的

生态环境，并有望打造成牡丹花旅游产业，为我市农村经济发展增添新的内容，注入新的活力。

此外，油用牡丹在丘陵山区大面积栽植，提高了灌木植被的覆盖率，有效地发挥防止水土流失、蓄养水源、调节气候、净化空气、美化环境的综合社会效益。

七、民间悄然兴起，需要政府助力

由于油用牡丹具有对生长环境条件的高度适应性和产量大、附加价值高的突出优势，一些农民已经看出了这是一个巨大的商机。在我市建昌县、连山区等地农村，已经悄然兴起引进栽植油用牡丹的热潮，并相继成立了专业合作社和行业管理协会等群团组织，形成了"公司+合作社+农户"的经营模式。

据调查，葫芦岛市中天原生态健康管理公司及其下属企业葫芦岛市城投生态农业专业合作社正在开展油用牡丹产业的推广工作，并与北京上禾牡丹产业开发有限公司就油用牡丹在辽西地区发展展开了全方位合作。

然而，引进推广油用牡丹种植工作并非一帆风顺，确实遇到了不少困难，突出的困难是缺少政策支持和资金配套。丘陵山区农民渴望脱贫致富，看好油用牡丹项目，很想栽植，但苦于缺少资金不能如愿。由于政策原因，我市农民栽植油用牡丹还尚未享受植树造林、农业、木本油料、退耕还林的扶贫资金等方面的国家政策补贴，因此制约了油用牡丹产业在我市的发展。建议政府在丘陵山区乡镇试点种植油用牡丹，并将栽植油用牡丹面积纳入林业和扶贫等国家政策的补贴扶持范围，助力油用牡丹产业在我市健康快速发展。

葫芦岛市牡丹产业协会

葫芦岛市牡丹产业协会油用牡丹专业委员会

2016年5月

🔗 **思政园地**

1930年，毛泽东在江西寻乌开展了20多天的社会调查，并写下《寻乌调查》和《反对本本主义》两篇光辉著作。在《反对本本主义》一文中，毛泽东开宗明义地提出了"没有调查，没有发言权"的著名论断。

"没有调查，没有发言权"是一句流传广泛、影响深远的口号。毛泽东在文中对当时党和红军存在的教条主义、本本主义，进行了尖锐的批评，强调离开实际调查，就要产生唯心的阶级估量和唯心的工作指导，其结果不是机会主义，便是盲动主义。因此"没有调查，没有发言权""注重调查！""中国革命斗争的胜利要靠中国同志了解中国情况"。

这个论断后来成为中国共产党人一切从实际出发、深入群众、理论联系实际的行动口号。

进入新时代，习近平总书记进一步深化了调查研究的思想，赋予了调查研究以时代意义，提出"调查研究是谋事之基、成事之道。没有调查，就没有发言权，更没有决策权"。

项目概要

市场调查报告，是指运用科学的方法，对市场的历史和现状，包括商品的供求关系、购销情况以及消费情况等做深入细致的调查，预测市场的未来趋势，揭示其发展变化的规律，总结商品经营活动的经验教训，并提出相应的建议的书面报告。市场调查报告没有固定的统一格式，结构上一般包括标题和正文两部分。市场调查报告的写作要求：以科学的市场调查方法为基础；以真实准确的数据材料为依据；以充分有力的分析论证为杠杆。

市场预测报告是一种特殊形式的调查报告。它是人们在对市场进行调查分析的基础上，利用各种信息资料，运用科学的方法和手段，对市场发展趋势作出的分析、预见和判断而形成的一类书面报告。其作用在于对未来的市场发展趋势及其规律进行预测，并提出有针对性的措施和建议，供决策者参考。市场预测报告一般由标题、正文、附件和落款组成。

可行性研究报告是从事一种经济活动之前，对拟进行的新项目进行具体、深入、细致的全面分析、技术论证和经济评价，以求确定其在技术上先进合理，经济上有效益的最优方案和最佳时机，为企业决策提供依据的书面报告。可行性研究报告由于分析的对象不同，项目的性质不同，内容安排也有所区别，但总体来说，其在写作上还是有规律可循的，一般由四部分组成：封面与标题、正文、签署和附件。

项目测试

一、简答题

1.什么是市场调查报告，它有哪些特点？

2.撰写一份科学严谨的市场调查报告，其要求有哪些？

3.简述市场预测报告的特点和写作要求。

4.什么是可行性研究报告？它具有哪些特点？

5.你认为可行性研究报告的写作要求有哪些？

二、写作训练

1.请组织一个3～5人的调查小组，就校园周边餐饮商家的经营状况（经营规模、品种、客流、环境、卫生等）进行调查，并写一份市场调查报告。

2.学校周边超市的很大一部分营业收入来自学生的消费，受寒暑假等季节性因素影响，其营业收入会有较明显的波动。请调研一下你经常光顾的超市的营业收入构成情况，就其寒暑假期间的经营情况撰写一份市场预测报告。

3.在各高校校园中，无论是老师还是学生都有打印与复印的需求，并且这一类需求是相对稳定和持续的。请以本校为例，综合考虑各种因素，做一份开设一家打印复印店的可行性报告。

项目八

商务法律文书

学习目标

1. 了解不同种类商务法律文书的特点；
2. 熟悉不同种类商务法律文书的结构和写法；
3. 掌握不同种类商务法律文书的写作要求；
4. 能够根据实际需要规范地撰写具体商务法律文书；
5. 培养学法、懂法、守法、用法的职业素养。

    法律文书是国家司法机关、诉讼当事人（包括自然人和法人）和诉讼参与人，在诉讼过程中为提起诉讼、进行诉讼、处理诉讼而制作的具有法律意义或法律效力的各种文书。

    依照法律规定，刑事诉讼、民事诉讼和行政诉讼都必须以法律文书的形式加以记载和确认。所以，法律文书是由法律规定产生的，是进行诉讼活动的工具和手段。法律文书包括依法写作的诉讼文书、执法文书和民用非诉讼文书等。

    本项目主要介绍商务活动中使用频率较高的授权委托书、起诉状、答辩状和仲裁申请书的写法。本项目结构导图如下：

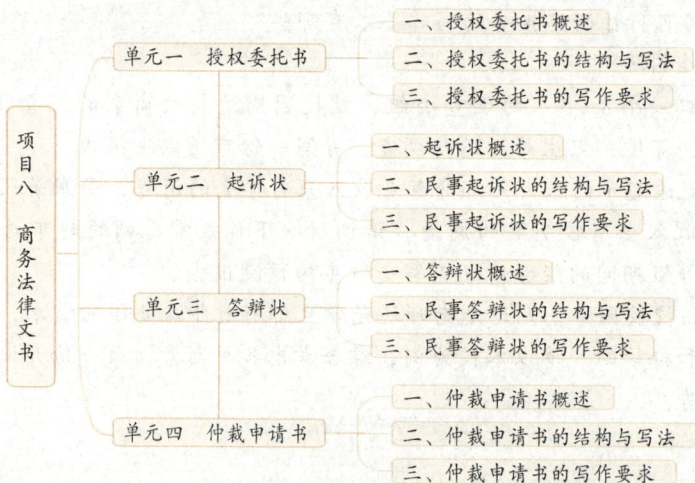

```
                                          ┌─ 一、授权委托书概述
                      单元一  授权委托书 ──┼─ 二、授权委托书的结构与写法
                                          └─ 三、授权委托书的写作要求

                                          ┌─ 一、起诉状概述
项  商                单元二  起诉状 ──────┼─ 二、民事起诉状的结构与写法
目  务                                    └─ 三、民事起诉状的写作要求
八  法
    律                                    ┌─ 一、答辩状概述
    文                单元三  答辩状 ──────┼─ 二、民事答辩状的结构与写法
    书                                    └─ 三、民事答辩状的写作要求

                                          ┌─ 一、仲裁申请书概述
                      单元四  仲裁申请书 ─┼─ 二、仲裁申请书的结构与写法
                                          └─ 三、仲裁申请书的写作要求
```

单元一　授权委托书

【引例】

授权委托书

华能国际电力股份有限公司：

　　兹委托_____先生（女士）代表本单位（或本人）出席 2016 年 11 月 30 日召开的贵公司 2016 年第二次临时股东大会，并代为行使表决权。

　　委托人持普通股数：

　　委托人股东账户号：

　　委托人签名（盖章）：　　　　　　　受托人签名：

　　委托人身份证号：　　　　　　　　　受托人身份证号：

　　委托日期：　　年　月　日

　　备注：

　　委托人应在委托书中"同意"、"反对"或"弃权"意向中选择一个并打"√"，对于委托人在本授权委托书中未作具体指示的，受托人有权按自己的意愿进行表决。

　　资料来源　华能国际电力股份有限公司董事会. 华能国际电力股份有限公司关于召开 2016 年第二次临时股东大会的通知［N］. 上海证券报，2016-10-15.

　　民事主体可以通过代理人实施民事法律行为。代理人在代理权限内，以被代理人名义实施的民事法律行为，对被代理人发生效力；被代理人对代理人的代理行为，承担民事责任。民事法律行为的委托代理，可以用书面形式，也可以用口头形式。书面委托代理的授权委托书应当载明代理人的姓名或者名称、代理事项、权限和期间，并由委托人签名或者盖章。

一、授权委托书概述

　　授权委托书是当事人把代理权授予委托代理人的证明文书。它可分为民事诉讼代理的授权委托书和民事代理的授权委托书。

　　民事诉讼授权委托书是民事诉讼当事人为把代理权授予委托代理人而制作的一种法律文书。当民事诉讼当事人要提起诉讼，但感觉自己缺少法律知识或诉讼经验，想请律师作代理人时，首先要与律师所在的律师事务所签订民事诉讼委托代理协议，然后出具民事诉讼授权委托书，表明自己授予律师的权利范围。

　　民事代理的授权委托书是非诉讼性的委托代理文书，由被代理人委托代理人在一定权限范围内作出民事法律行为，如委托他人出卖、管理房屋等。它同样是根据被代理人的授权而成立的文书。委托人委托的代理权限应当具体明确，不能笼统含糊。

二、授权委托书的结构与写法

民事诉讼授权委托书包括名称、委托人与受托人的基本情况、正文、结尾四部分。

1.名称

委托书名称应写明"授权委托书"。

2.委托人与受托人的基本情况

其包括姓名、性别、年龄、民族、籍贯、职业、工作单位和住址。如果委托人是法人，则应写明法人的全称、地址、法定代表人姓名等。

3.正文

（1）委托事项。写明案件名称，如继承案或经济合同纠纷案等。

（2）说明授予代理人的权限范围。这是代理人实施代理行为的有效依据，委托人写时或律师代书时一定要写明确。在民事诉讼代理中，委托代理权分为两种：①一般委托，即委托代理人只能代当事人履行一般的诉讼行为，如代写诉状、出庭、收集和提出证据、辩论、申请财产保全、证据保全等。②特别委托，即除委托代理人履行一般的诉讼行为外，还委托代理人施行某些重大的涉及委托人实体权利的诉讼行为，如委托代理人代当事人承认、变更、放弃诉讼请求；提起上诉或反诉；与对方当事人和解等。如果是特别委托，必须具体写明委托事项，否则在司法实践中按一般委托对待。《最高人民法院关于适用〈中华人民共和国民事诉讼法〉若干问题的意见》第69条规定："授权委托书仅写'全权代理'而无具体授权的，诉讼代理人无权代为承认、放弃、变更诉讼请求，进行和解，提起反诉或者上诉。"

（3）写明委托的期限和起止时间。

4.结尾

委托方和被委托方签字盖章，并注明具文时间。

民事代理授权委托书也由以上四部分组成，需要注意的是：如果是一次性有效的委托，应当规定实施某一特定行为的权限；如果是专门委托书，应当规定在某一时期内实施同一行为的权限（如某企业委托某人出卖产品的委托书）；如果是全权委托书，应当规定由于经营财产所产生的各种法律行为的权限（如全权代理处理房产的委托书）。

三、授权委托书的写作要求

授权委托书在写作过程中需要确认以下事项是否完整：

（1）注明文书名称。

（2）委托人、受委托人的基本情况。

（3）委托事项：写明委托人因何原因委托何种事项。

（4）授权范围：明确一般委托还是特别委托。

（5）委托人签名或盖章。

（6）委托日期。

例文8-1

委托人：吴××，男，××岁，××省××市人，汉族，××市工商银行××区办事处主任，住本市××路××号

受托人：郑××，××市××区法律顾问处律师

为追索中国农业银行××区办事处拖欠我处的建筑工程垫款，我处已向××市××区人民法院提起诉讼。现自愿委托××市××区法律顾问处郑××律师及我处张××同志为本案诉讼代理人。代理人全权代表我处出庭诉讼，并有放弃或变更诉讼请求、进行和解及提起上诉的权限。

特此授权。

> 委托人：××市工商银行××区办事处（章）
> 法定代表人：吴××（章）
> 受托人：张×× 郑××（章）
> ××××年××月××日

简析：该委托书语言准确、简洁，符合委托书基本要求，将委托双方的相关情况和委托事项交代得很清楚。最后落款处一定需要双方的签字或盖章并注明时间。

例文8-2

授权委托书

委托单位：				
法定代表人：（负责人）			职务：	
受委托人：	姓名：		工作单位：	
	职务		联系电话：	
	姓名：		工作单位：	
	职务：		联系电话：	

现委托上列受委托人作为我方代理人，办理坐落在＿＿＿＿＿＿房屋的租赁登记备案及申报纳税手续。

委托单位：（盖章）

法定代表人： （签名或盖章）
（负责人）

年　月　日

资料来源　南京市房地产市场交易管理中心提供。

简析：此授权委托书是表格形式的，无论是常见的文字形式还是这种表格形式，它们的构成要件及写作要求都是相同的。

他山之石8-1　　　　授权委托书中常见的问题及对策

授权委托书是当事人向法院声明委托他人代为参与并办理诉讼事宜的法律文书，不向法院提交授权委托书或者代理权限不明的委托书，就不能证明委托关系成立，法院便不能确认该"代理人"的诉讼行为产生的法律效力。但是笔者在实践中发现许多授权委托书存在着不规范、不严谨的问题，特别是在法庭审理的一些法律工作者代理的民商事案件中这种现象较为常见，这不仅干扰了法院正常的审判秩序，而且极有可能侵害当事人的合法权益。

存在问题的具体表现：一是没有授权委托书。二是代理人代为签名。授权委托书上委托人签名并非当事人所签，而是代理人刻意使用不同笔迹代签，立案审查时往往较难辨别。三是代理权限不明确。一些授权委托书笼统写着"一般代理""全权代理"。四是篡改授权委托书，主要是擅自增加"代为领取案件款""受委托人"等事项。

解决问题的对策建议：一是强化责任意识。立案人员、审判人员在立案审查、诉讼过程中应进一步增强责任意识，严格审查授权手续，正确处理与律师、法律工作者的关系，坚决抵制人情案、关系案，维护司法公信。二是强化释明义务。对一些文化水平不高的当事人（如农村妇女、孤寡老人等），或涉及重大财产利益的案件，立案人员、审判人员应主动释明一般代理和特别授权的区别，以确定委托书的授权范围与当事人的意思表示是否一致。三是强化实质审查。变形式审查为实质审查，即立案时要求当事人与代理人同时到场，在立案人员见证下签订授权委托书，或者在受委托人处明确受委托人人数。如当事人确实无法到场的，应通过电话、传真等途径，核实授权委托书的真实性。四是强化监管力度。司法局应加强对律师、法律工作者的监督管理，出台加强授权委托书管理的规章制度。一旦发现有伪造、代签委托书现象的，加大惩罚力度；情节严重的，依法追究刑事责任。

资料来源　于志丽. 授权委托书中常见的问题及对策［N］. 江苏法制报，2012-11-20（C）.

单元二　起诉状

【引例】

北京首都创业集团有限公司（下称"首创集团"）发布公告称，公司于2021年6月10日收到上海电气通讯技术有限公司（下称"上海电气子公司"）的民事起诉状。

民事起诉状称：2019年1月30日至6月27日期间，上海电气子公司与北京首都创业集团有限公司贸易分公司（下称"首创集团贸易分公司"）签订多笔产品购销合同，合同标的为量子数据链多业务通信基站或形状网络数据链通信机，合同总额为13.09亿元。

上海电气子公司请求判令首创集团贸易分公司支付货款本金合计11.93亿元及违约金；请求判令首创集团承担联代付款责任。

公告显示，首创集团目前正在开展诉讼相关准备工作。

资料来源　首创集团. 已收到上海电气通讯公司的《民事起诉状》[EB/OL]. [2021-06-22]. https://wallstreetcn.com/livenews/1992376.

通俗地说，民事诉讼就是指当事人合法权益受到侵害时，可以通过打民事官司，达到制裁民事违法行为，保护自己的合法权益的目的。当事人提起民事诉讼，自然少不了起诉状，本单元将介绍起诉状的结构与写法。

一、起诉状概述

起诉状是当事人向人民法院提出诉讼请求，要求人民法院予以司法保护，依法作出裁定或判决所使用的书状。起诉状是最常用的"兴讼"文书，具有引起第一审程序发生的作用，特别是在民事诉讼程序中，其开始都需要有起诉行为，没有起诉就没有第一审民事诉讼程序的发生。

按性质的不同，起诉状可分为民事起诉状、刑事自诉状、行政起诉状、反诉状等。民事起诉状是公民、法人、其他组织等为启动民事诉讼程序而书写并向管辖法院提交的诉讼文书。根据《民事诉讼法》以及《最高人民法院关于印发〈人民法院民事裁判文书制作规范〉〈民事诉讼文书样式〉的通知》（法〔2016〕221号）的相关规定，制作民事起诉状应当遵循法定的基本规则方为有效。

下文将以民事起诉状为例进行介绍。

二、民事起诉状的结构与写法

根据我国《民事诉讼法》和最高人民法院《民事诉讼文书样式》的有关规定，民事起诉状的基本格式由五部分组成，即标题、诉讼当事人事项、诉讼请求、事实和理由、附项。

1.标题

标题统一为"民事起诉状"，不可简化为"起诉状"，也不可笼统地写为"民事诉状"或错写为"起诉书"，且标题应居中、醒目。

2.诉讼当事人事项

诉讼当事人事项主要指原告、被告自然情况。自然人要列出姓名、性别、年龄、民族、工作单位、住址。法人或其他组织要列出名称、住所地、法定代表人或负责人姓名、职务，填写要准确，特别是姓名（名称）栏不能有任何错字。地址要尽量翔实，具体到门牌号。最好注明邮编及通信方式。委托诉讼的，还应写明委托代理人的姓名、单位、职务。

3.诉讼请求

本部分主要写明请求解决的诉讼标的，即请求法院依法解决原告一方要求的有关民事权益争议的具体问题。要写得明确、具体，如要求损害赔偿、偿还债务、履行合同以及要求与被告离婚、给付赡养费、继承遗产等。请求应合情合理、切实可行。

4.事实和理由

（1）事实部分：首先，应写明原、被告民事法律关系存在的事实，如婚姻关系、合同关系、赡养关系、近亲属关系、雇佣关系等。法律关系明确，即为叙述案情做好了铺垫。然后，主要写明被告侵权行为的具体事实或当事人双方权益争执（或纠纷）的具体内容，以及被告一方所应承担的责任。要注意把双方发生权益争执的时间、地点、原因、情节、事实经过，以及其他能说明问题的东西具体说明。一般应按时间顺序，客观真实地写明案情，要抓住重点，详述主要情节和因果关系，尤其要着重把被告侵权行为所造成的后果和应承担的责任以及当事人双方争议的焦点和分歧写清楚。如果原告在纠纷中有一定过错而应负一定责任，也应实事求是地写明，以便法院全面了解事情真相，分清是非。事实写清楚后，还要提供能证明所控事实的各种证据（包括证人证言、书证、物证、视听资料等），证人的姓名、职业、住址，证据的来源和交验的证据等。

（2）理由部分：主要根据上述事实和证据，写明认定被告侵权行为或违法行为的性质所造成的后果以及应承担的具体责任，并说明理由。然后还要写明所提请求的法律依据是什么。

这部分写完，正文即结束。接着可行文如下："据上所述要求请依法判决。此致××人民法院。"在起诉状尾部，当事人是自然人的，要由本人签字，是法人或其他组织的，由法定代表人或负责人签字并加盖单位公章。日期要填写准确。

5.附项

这部分写明下列事项：

（1）本状副本×份。

（2）物件×件。

（3）书证×件。

附于起诉状正本的依据，如手抄件或复制件，应注明"经查对，抄件与原件无异，正本在开庭时递交"等字样。

三、民事起诉状的写作要求

民事起诉状是提起诉讼的当事人指控对方当事人违反民事法律或者阐明有争议的民事权益，维护自身民事权益的诉讼申明，是人民法院进行审理的凭证。它对双方当事人来说涉及切身利益，具有直接利害关系，因此在写作时要注意以下要点：

（1）弄清有无过错和过错的程度。分清是非，是制作民事起诉状的首要前提。

（2）弄清纠纷和争议事实。分清责任，是写作民事起诉状的立论基础。弄清事实就是要全面了解情况，尊重事实和法律，靠证据说话。

（3）弄清纠纷和争议的性质，正确运用法律条文是写作起诉状的关键。

（4）符合文书基本格式的要求，是写作民事起诉状的重要条件。

例文 8-3　　　　　　　　　　　　　　　　**民事起诉状**

原告：杨××，男，1963年6月12日出生，汉族，务农，现住××市××区××街道12组97号。

被告人：李××，男，1964年3月12日出生，汉族，务农，现住××市××区××街道18组12号。

诉讼请求：

（1）李××返还杨××欠款18 000元人民币；

（2）诉讼费××元由李××承担。

事实与理由：

2015年4月1日，李××因经营资金紧张向杨××借款18 000元用于周转，写下借条并约定6个月后一次还清欠款，利息按照银行利息支付。

到期后，李××以没钱为由拒绝归还。

证据和证据来源，证人姓名和住址：

（1）李××所写欠条一张。

（2）见证人王某，××市××区××街道司法所长。

此致

××市××区人民法院

附件：本诉状副本1份

起诉人：杨××

2016年3月5日

资料来源　朱孔阳，潘有华. 应用文写作实用教程［M］. 大连：东北财经大学出版社，2016.

例文 8-4　　　　　　　　　　　　　　　　**民事起诉状**

原告周×山，女，1994年8月10日生，汉族，住××××××。

法定代理人周××，系周×山父亲，住址同上。

法定代理人李×，系周×山母亲，住址同上。

被告赵×乾，男，1994年4月11日生，身份证件号码：×××××××××××××。

被告赵××，男，1966年8月27日生，赵×乾法定监护人，住××××××。

被告丁×文，女，1966年2月1日生，赵×乾法定监护人，住址同上。

诉讼请求：

1.判令第一被告以本人财产赔偿原告各项损失（其中已确定的损失1 088 572.13元，其余损失待鉴定后确定）；

2.判令第二、第三被告连带赔偿第一被告赔偿不足部分。

事实和理由：

2010年4月25日18时许，被告赵×乾从家中携带装入矿泉水瓶中的汽油至原告周×山家中，周×山母亲下跪苦苦哀求其放过周×山和家人，赵×乾口头表示答应并离开。赵离去不久再次返回周家。因周×山不答应与其交往，赵×乾从包里取出汽油将其泼洒到周×山身上并点燃。周×山的母亲将周×山身上的火扑灭，随即拨打110报警。

医院诊断，周×山全身烧伤面积20%，身体多部位Ⅱ度烧伤，双手功能受限。周×山在住院期间做了一次气管及创面切开手术，4次自身取皮植皮手术。经北京××司法鉴定所参照《道路交通事故受伤人员伤残评定》对周×山的伤残等级进行鉴定，周×山构成两处五级伤残、两处九级伤残。今后周×山还将面临漫长的治疗和康复训练，以及多次整容修复手术。赵×乾的犯罪行为给原告周×山造成了终身残疾和巨大的身心伤害，赵××和丁×文作为赵×乾的法定监护人，应对未成年人的犯罪行为承担民事赔偿责任，因此三被告依法应承担民事赔偿责任。据此，特提起民事诉讼，请求法院支持原告的诉讼请求。

　　此致
白鹭区人民法院
　　附件：损失明细清单1份

起诉人：周×山

2011年×月×日

资料来源　朱孔阳，潘有华. 应用文写作实用教程［M］. 大连：东北财经大学出版社，2016.

他山之石8-2　　　　民事起诉状如何准确表述当事人的基本信息

准确表述当事人的基本信息关系到当事人的诉讼主体资格是否合法、管辖法院如何确定、起诉能否被法院依法受理等重要问题。本文以《中华人民共和国民事诉讼法》及相关规定为依据，集中整理了民事起诉状在表述当事人的基本信息方面，应当把握的基本规则，以飨读者。

一、当事人的称谓

1.在民事起诉状中，不得将"原告"表述为"原告人"、将"被告"表述为"被告人"。

2.被告提起反诉的，在本诉称谓后用圆括号注明其反诉称谓，写明"反诉原告（本诉被告）""反诉被告（本诉原告）"，不得表述为"反诉人""被反诉人"。

3.在民事起诉状中，原则上不得直接列明第三人。如果认为案件处理需要追加第三人参加诉讼的，应当在案件受理后，在审判阶段单独向法院提出申请追加。如果法律或受案法院规定应当将第三人在民事起诉状中列明的，从其规定。有独立请求权第三人或者无独立请求权第三人，均写明"第三人"，对第三人无须冠以或括注"有独立请求权"或"无独立请求权"。

4.当事人的名称在诉讼前变更的，在此部分直接写变更后的全称。具体如何变更的情况可以在事实与理由部分写明，在此部分不写。

5.审查确定当事人的名称时，必须确保当事人在证据上使用的名称、印章中体现的名称与其法定名称（即有效的居民身份证或登记注册文件上载明的名称）保持一致，如果不一致，则应当提供相应的依据，以确认三者系同一民事主体。

6.在本部分中，当事人的名称应当使用全称，不能使用简称。在"事实和理由"部分，如果当事人或者案件中涉及的法人或组织名称过长且多次提及的，可在该部分第一次出现的全称后加圆括号注明"以下简称×××"。使用简称应注意以下几点：（1）简称应当清楚、得当、规范，体现当事人的行业特点，避免引起歧义。当事人起有字号的，简称可表述为"字号+组织形式"；没有起字号的，表述为"行业+组织形式"。例如，"北京市华夏商贸有限公司"，可简称"华夏公司"，不宜简称"商贸公司"；"上海市建筑有限公司"，可简称"建筑公司"，不宜简称"上海公司"；又如"中国建设银行股份有限公司吉林省分行"可以简称"建行吉林分行"。（2）有些组织可以使用约定俗成的简称。如"长春市工商行政管理局"，可简称"长春市工商局"。（3）简称不宜表述为"以下称×××"或者"下称×××"。同时，简称不必加引号。（4）简称应当保持全文前后一致，避免出现全称与简称、原告与被告、甲方与乙方、供方与需方等称呼混用现象。

二、当事人的排序

在民事起诉状中，先列"原告"，后列"被告"，再列"第三人"。原被告有多人的，按照其在争议的法律关系中的主从地位先后列明。不得使用"原（被）告一""原（被）告二"的表述方式。第三人有多人的，有独立请求权的第三人列于无独立请求权的第三人之前。另外，诉讼参加人的诉讼地位后面用冒号隔开，诉讼参加人的各项基本信息之间用逗号隔开。

三、自然人的表述

当事人是自然人的，写明其姓名、性别、出生年月日、民族、工作单位和职务或职业、住所。

1.姓名、性别、出生年月日、民族、住所依居民身份证确定，如居民身份证确定的姓名与常用名、曾用名等不一致的，在姓名之后用括号注明常用名、曾用名等。

2.外国人写明国籍，无国籍人写明"无国籍"；港澳台地区的居民分别写明"香港特别行政区居民""澳门特别行政区居民""台湾地区居民"。

3.根据案件的具体情况，可以在当事人的住所之后写明当事人的联系方式、居民身份证号码。

4.自然人的出生年月日不能写成"年龄"，应规范表述为："××××年×月×日出生"，"出生"不能简称为"生"。

5.自然人的工作单位和职务或职业能够查明的，应规范、具体表述。例如，对起有字号的个体工商户，其职业应表述为"系××（字号）业主"；没有起字号的，其职业直接表述为"个体工商户"，不宜写"经商"或"个体户"。再如，"老师"应表述为教师，"农民"应表述为务农等。

四、法人的表述

当事人是法人的，写明法人名称、住所。法人名称和住所依有关职能部门有效的登记注册文本确定。住所之后直接写地址，并另起一行写明法定代表人的姓名、职务。

1.作为当事人的法人被吊销营业执照的，此部分仍以登记注册文本确定的名称为当事人，但在事实与理由部分应写清吊销营业执照的事实。法人被注销前已经成立清算组织的，以清算组织作为当事人。

2.当事人如为解散清算企业法人，则写明清算组负责人，不写法定代表人；如为破产清算企业法人，则写明破产管理人，不写法定代表人。

3.法定代表人的职务前不写法人名称，可用"该公司""该支行"之类词语替代，如"法定代表人：张××，该公司董事长。"

4.根据案件的具体情况，可以在法定代表人的职务之后写明其联系方式、居民身份证号码。

5.根据案件的具体情况，可以在法人的住所之后写明其注册号和组织机构代码。

五、其他组织的表述

当事人为不具备法人资格的组织的，写明其名称、住所。名称、住所依有关职能部门有效的登记注册文本确定。住所之后直接写地址，并另起一行写明代表人的姓名、职务（必要时可写明联系方式）。注意，这里使用的是"代表人"的称谓，不使用"负责人"的称谓，理由在于"负责人"在诉讼中的表述不准确。同时，亦不能写为"诉讼代表人"，以免与代表人诉讼制度中的诉讼代表人相混淆。另外，作为当事人的其他组织被吊销营业执照的，此部分仍以登记注册文本确定的名称为当事人，但在事实与理由部分应写清吊销营业执照的事实。根据案件的具体情况，可以在其他组织的住所之后写明其注册号和组织机构代码。

六、合伙组织的表述

当事人为个人合伙组织的，以全体合伙人为当事人（共同诉讼人），写法同自然人的写法；有依法核准登记的字号的，在自然人的住所之后注明该字号和其住所，字号和住所依有关职能部门有效的登记注册文本确定。住所之后直接写地址。全体合伙人推选诉讼代表人的，另起一行写明诉讼代表人的姓名和职务。

七、个体工商户的表述

当事人为个体工商户的，以营业执照上登记的经营者为当事人，写明该经营者的姓名、性别、出生年月日、民族、住所。姓名、性别、出生年月日、民族、住所依居民身份证确定；起有字号的，以营业执照上登记的字号为当事人，写明该字号和住所，字号和住所依有关职能部门有效的登记注册文本确定，在住所之后注明该字号经营者的姓名、性别、出生年月日、民族、住所。

八、当事人住所的表述

1.当事人是自然人的，住所写为"住××（具体地址）"；实际地址与居民身份证上载明的住址不一致的，住址写为"住（居民身份证上载明的住址），现住（当事人提供的现地址）"。自然人的住所应具体写明。其中，居住城市的，应具体写明所在的省、市、街（或道、路、巷）号码，有小区或大厦的，写明具体的幢、单元和房号；居住农村的，则具体写明省、县、镇、村等。如果当事人均住同省的，可以省略"××省"字样。

2.当事人是法人或者其他组织的，住所写为"住所××××（主要办事机构所在地）"。法人或其他组织的住所一般应与其营业执照或其他身份证明材料载明的住所一致；住所变更，尚未办理变更登记的，可以同时列明。

3.当事人住址或住所在市辖区的，写为"××省（自治区、直辖市）××市××区（具体地址）"。

4.当事人住址或住所在市辖县、市辖县级市的，写为"××省（自治区、直辖市）××县（市）（具体地址）"，不写所在地级市（地区）。

5.如有两个以上当事人住址相同，应当分别写明，不能用"住址同上"代替。

6.当事人在民族自治地区的，应注意写明自治区的全称，不能用简称。

7.当事人尤其是原告的住所、联系方式、通信地址等，一般应当保证法院能够及时联系到当事人，以及能够确保当事人收到法院送达的法律文书。

九、诉讼代表人的表述

多数人诉讼，推举出诉讼代表人的，当事人的基本情况一节写"×××（等××人），基本信息见附表"即可。诉讼代表人的人数为2~5人，每位代表人可以委托1~2人作为诉讼代理人。各个具体的代表人姓名等基本信息，按照当事人是自然人的基本信息内容写明。

十、诉讼代理人的表述

1.当事人是无民事行为能力或者限制民事行为能力人的，另起一行写明法定代理人的姓名、性别、出生日期、民族、职业、工作单位、住所、联系方式，并在诉讼地位后括注与当事人的关系。

2.当事人及其法定代理人有委托诉讼代理人的，写明委托诉讼代理人的诉讼地位、姓名。（1）委托诉讼代理人是当事人近亲属的，在诉讼地位后括注其与当事人的关系，写明住所。（2）委托诉讼代理人是当事人本单位工作人员的，写明姓名、性别及其工作人员身份，不写该诉讼代理人的民族、出生年月日及住址等其他信息。例如，"委托诉讼代理人：×××，男/女，该公司（或厂、村委会等）工作人员（可写明职务）"。（3）委托诉讼代理人是律师或者基层法律服务工作者的，写明姓名、律师事务所或法律服务所的名称及律师执业身份或基层法律服务工作者执业身份。例如，"委托诉讼代理人：×××，××律师事务所（或××法律服务所）律师（或基层法律服务工作者）"。（4）委托诉讼代理人是当事人所在社区、单位以及有关社会团体推荐的公民的，写明姓名、性别、住所及推荐的社区、单位或有关社会团体的名称。（5）有两名委托诉讼代理人的，应分写两行，其排列顺序为：近亲属或者本单位工作人员在前，其他委托诉讼代理人在后；均为外单位的委托诉讼代理人，特别授权的写在一般授权之前；律师和基层法律服务工作者同为委托诉讼代理人的，律师写在基层法律服务工作者之前。（6）律师助理、实习律师一般不能独立担任委托诉讼代理人，须与主办律师为同一律师事务所，可以共同担任委托诉讼代理人，此时，可以写为"委托诉讼代理人：×××，××律师事务所实习律师"。（7）"委托诉讼代理人"后一般不必括注是特别代理或者一般代理。（8）委托诉讼代理人为当事人共同委托的，可以合并写明。

3.表述当事人与其近亲属之间的关系，应使用正式规范的书面称呼，不宜使用昵称。例如，"系原告张××之兄"，不宜写"系原告张××之哥哥"。

资料来源　徐忠兴. 民事起诉状如何准确表述当事人的基本信息［EB/OL］.［2018-02-14］. http://www.zhongguofazhi.org/content_3269049.html.

单元三　答辩状

【引例】

答辩状

答辩人：广西××房地产开发有限公司

法定代表人：郑××

住所地：南宁市滨河路1号火炬大厦

因广西YY电器有限公司（以下简称YY公司）诉答辩人租赁合同纠纷一案，答辩人认为《租赁合同》未成立也未生效，并且因为租赁商铺未经验收而无法交付，直接导致《租赁合同》无法继续履行。而YY公司不顾广西××房地产开发有限公司（以下简称××公司）已撤销该铺面的租赁要约，隐瞒事实真相补盖该公司公章，恶意向法院提出诉讼，基于如上原因答辩人作出如下答辩意见：

第一，《租赁合同》至今没有成立，也没有生效。

订立书面合同需要双方签字盖章后才成立，合同内容符合法律规定，并且没有违反法律行政法规的强制性规范，已经成立的合同才发生法律效力。本案中截至××公司在撤销订立租赁合同的要约之前，YY公司都拒绝盖章作出愿意承租的承诺，直接导致《租赁合同》没有成立。

（略）

第二，由于本案诉争的商铺尚未通过验收，依法不能交付使用，所以《租赁合同》未生效。同时即便是YY公司事后在《租赁合同》盖章，也因为交付行为违反国家法律法规强制性规定，直接造成合同自始都没有法律效力。

本案诉争的北湖北路10号××国际公馆2层超市，至今未通过综合验收，这一点YY公司是知晓的，在YY公司提供的格式合同《租赁合同》的附件中，YY公司也要求××公司必须提供《消防验收合格证明》。但鉴于××公司无法提供，直接导致租赁的商铺不能交付使用，也正因为如此YY公司才拒绝在《租赁合同》上盖章，所以说YY公司是知晓的。

（略）

第三，《租赁合同》因铺面未经验收无法交付直接导致合同无法继续履行。

合同继续履行的前提条件是《租赁合同》生效且××公司有违约行为。但在本案中《租赁合同》既未成立，也未生效，更谈不上继续履行。况且租赁合同本身就是非常典型的协作型合同类型，任何一方也不能强制、强迫对方履行合同。

本案中××公司考虑到商铺不能交付，及时撤销了给YY公司的租赁要约，并多次电话通知YY公司交还《租赁合同》原件，但YY公司不但拒绝交还合同原件，为了打击有意向承租的国美公司的利益，还恶意在《租赁合同》上补盖公章并起诉至法院，其行为非常恶劣，有违诚信、互助的从商基本道德，对这样不讲诚信的商家，××公司是无论如何也不会与之合作的。

第四，YY公司明知该商铺未经验收无法交付，在××公司撤销了该出租商铺的要约后，仍然恶意签订合同，造成本《租赁合同》无法履行的过错方在YY公司，其应该承担全部责任。

（略）

鉴于如上理由，我们认为《租赁合同》未成立也未生效，并且因为租赁商铺未经验收而无法交付，直接导致《租赁合同》无法继续履行。而YY公司不顾××公司已撤销该铺面的租赁要约，隐瞒事实真相补盖该公司公章，恶意提起诉讼，因此恳请人民法院依法驳回其全部诉讼请求！

此致

南宁市西乡塘区人民法院

答辩人：广西××房地产开发有限公司

2011年7月6日

资料来源 黄宇. 某知名家电销售企业诉房地产公司之答辩状［EB/OL］.［2018-05-22］. http://www.lawtime.cn/article/lll031671136103172230oo85000.

以上案例表明，广西××房地产开发有限公司针对广西YY电器有限公司的诉讼请求，根据事实和法律进行回答和辩驳，认为《租赁合同》未成立也未生效，并且因为租赁商铺未经验收而无法交付，直接导致《租赁合同》无法继续履行，进而请求人民法院依法驳回其全部诉讼请求。本单元中我们将了解答辩状的写作方法。

一、答辩状概述

答辩状是案件审理过程中，被告（人）、被上诉人、被申请（诉）人针对起诉状、上诉状、再审申请或申诉书的诉讼请求，根据事实和法律进行回答和辩驳的书状。答辩状按照诉讼性质不同，可分为民事答辩状、刑事答辩状和行政答辩状；按照诉讼程序不同，可分为一审答辩状、二审答辩状和再审答辩状。

民事答辩状是民事案件中被告对原告的起诉予以答复和辩驳的一种书状。民事答辩状与民事起诉状是相对的，是对民事指控的申诉、辩解和反驳。提出答辩状是法律赋予处于被告地位的案件当事人的一种诉讼权利，一种自我保护手段，但它不是诉讼义务，是否行使这种权力由当事人自己决定。《中华人民共和国民事诉讼法》（以下简称《民事诉讼法》）第125条和第167条规定：不提出答辩状的，不影响人民法院审理。民事答辩状属于应诉文书，是富有针对性和驳辩性的法律文书，它对于全面披露案情真相，保护答辩人的合法权益有重要作用。

下文将以民事答辩状为例进行介绍。

二、民事答辩状的结构与写法

民事答辩状与民事反诉状的写作目的相似，其写作目的主要是削弱对方诉讼请求的根据，减免答辩人的民事责任。民事答辩状适用于民事诉讼的所有程序；民事答辩状的说理以驳论方式为主，立论方式为辅。

民事答辩状因答辩主体和诉讼程序的不同，可分为不同类型，但在结构上大同小异，一般由以下三个部分组成：

1.首部

首部包括标题、答辩人身份事项。标题统一写作《民事答辩状》。

2.正文

正文包括三个层次：

（1）案件来源和案由。一般写成"因……提起……一案，现提出答辩如下"。

（2）答辩的主要内容。首先写明被告人认定的事实和证据；其次写明对民事指控的回答和反驳；最后阐述是否接受指控的理由和法律根据。

（3）答辩请求。在阐明答辩理由的基础上，向人民法院提出要求、主张和建议，如驳回原告起诉、部分驳回起诉要求等。

3.尾部

尾部依次写明致送人民法院的名称及附送的答辩状副本数（与对方当事人人数相当）、证据名称及件数、答辩人签字、日期等。

三、民事答辩状的写作要求

写作一份高质量的民事答辩状，对于被告而言是极为重要的。

（1）正确提出和论证答辩理由。首先，要做好答辩准备。要全面审查对方诉状内容，寻找争议的关键，列出可辩事项，确定答辩重点。其次，要针对对方诉状的诉讼请求进行回答和辩驳。

（2）概括答辩理由和请求。为了加强答辩效果，最后要在驳辩的基础上，综合答辩内容要点，提出明确的答辩请求。

（3）符合规范，层次分明，语言准确、得体。

📖 **例文 8-5**　　　　　　　　　　　　　　**民事答辩状**

答辩人：××人民医院

住址：××市××路七号

因×××要求××人民医院人身损害赔偿一案，现提出答辩意见如下：

1.答辩人与×××之间不存在直接的合同关系。答辩人2016年×月×日与××第二建筑安装工程公司订立了一份口头合同，由××第二建筑安装工程公司负责把答辩人的一个高压电表柜拆除，×××是受××第二建筑安装工程公司的委托来拆除高压电表柜的，与答辩人之间不存在直接合同关系。

2.×××的伤害赔偿应由××第二建筑安装工程公司负责。其一，根据我国法律和有关司法解释规定，××第二建筑安装工程公司对其职工在履行合同的范围内所受到的伤害应负责任，×××的伤害并不是由于合同客体以外的事物造成的。其二，受××第二建筑安装工程公司委托的×××在拆除高压电表柜的过程中，存在着严重违反操作程序的行为，未尽一个电工应尽的职责。

3.答辩人对×××伤害赔偿不应承担责任。根据我国法律的规定，从事高度危险作业的人致他人损害的，应负赔偿责任。而本案中答辩人与××第二建筑安装工程公司订有合同，高度危险来源已通过合同合法地转移给××第二建筑安装工程公司。××第二建筑安装工程公司成为该危险作业物的主体，×××在操作过程中受到伤害，这是××第二建筑安装工程公司在履行合同过程中，合同客体造成自己员工的伤害行为，与答辩人无关。

综上所述，××人民医院为不适合被告，请贵院依法驳回原告起诉。

此致

××市中级人民法院

答辩人：××人民医院
2016年×月××日

资料来源 朱孔阳，潘有华. 应用文写作实用教程［M］. 大连：东北财经大学出版社，2016.

例文 8-6 <center>**民事答辩状**</center>

答辩人：××市××××房地产开发总公司代表何××

案由：上诉人张××因房屋拆迁一案，不服××市××区〔2014〕民字第101号的判决，提出上诉。现答辩如下：

答辩理由：为了适应本市商业发展的需要，我公司于2012年12月向市城建规划局提出申请报告，要求拓宽新建百货大楼前面场地150平方米，市城建局于12月25日以市城建字〔2012〕71号批文同意该项工程。同年在拓宽场地过程中，需要拆迁租住户张××一户约18平方米的住房，但张××提出的要求过于苛刻。几经协商，不能解决。答辩人不得已于2014年7月11日起诉至××市××区人民法院。××市××区人民法院于2014年8月以〔2014〕民字第101号判决书判处张××必须于2014年9月底前搬迁该屋，并由市房地产开发总公司提供不少于原居住面积的房屋租给张××居住，但张××仍无理取闹。据此，答辩人认为张××的上诉理由是不能成立的。

1.张××说我们拓宽新建百货大楼前面的场地是未经批准的，这是没有根据的。一审法庭曾审查过房地产开发总公司要求拓宽新建百货大楼前面场地的报告和市城建局城建字〔2012〕71号的批文，并当庭概述了房地产开发总公司的报告内容，还全文宣读了市城建局的批文。这些均有案可查。张××不能因为要求查阅市城建局的批文未获准许，而否认拓宽工程的合法性。

2.张××说我们未征得她本人同意，与房主×××订立房屋拆迁协议是非法的。这更无道理。张××租住此屋，只有租住权，并无房屋所有权。所有权理当归属房主×××。我们拓宽场地，拆毁有碍交通和营业的房屋，理当找产权人处理，张××无权干涉和过问。

应当指出，对于张××搬迁房屋一事，我们已作了很大的让步和照顾。我们答应她在搬迁房屋时提供离现居住房屋500米的××新建宿舍大楼底层朝南房间一间，计20平方米，租给她居住。而张××还纠缠不清，漫天要价，扬言不达目的决不搬迁。

综上所述，答辩人认为××市××区人民法院的原判决是正确的，合法而又合情合理，应予维持。

此致
××市中级人民法院

答辩人：××市××××房地产开发总公司

代表：何××

2015年4月25日

资料来源　佚名. 民事答辩状范文 [EB/OL]. [2018-05-14]. http://www.66law.cn/topics/msdbzfw/.有删节.

简析：这份民事答辩状是被上诉人的答辩，先说明拓宽新建百货大楼前面的场地是经市城建规划局批准的；再陈述上诉人不服判决，提出的上诉理由是站不住脚的。这就为下面的答辩奠定了基础。理由部分，将上诉状的无理和歪曲事实的主要方面扼要地叙述出来；然后提出根据，列条论证，讲明道理，驳斥上诉人的无理要求；最后提出答辩请求，即要求二审法院维持原判。总之，这份答辩状针对性强，目的明确，表述清晰，文字简洁，格式正确，可供借鉴。

他山之石8-3　　　　怎么写民事答辩状

怎么写民事答辩状呢？笔者想从三个方面来谈这个问题。

一、什么是民事答辩状

民事答辩状是民事纠纷诉讼中被告人或被上诉人，收到人民法院送达的起诉状或上诉状副本之后，在法定期限内，针对起诉的事实和理由或上诉的请求和理由，进行回答和辩解的法律文书。

民事答辩状有一审和二审之分。一审民事答辩状是民事起诉案件被告人针对原告人的起诉作出回答和辩驳的书状；二审民事答辩状是民事上诉案件被上诉人针对上诉人的上诉作出回答和进行辩驳的书状。

我国《民事诉讼法》规定，民事、经济纠纷案件的被告人或被上诉人应于收到人民法院发送的起诉状或上诉状副本后15日内向人民法院提出答辩状。属于追索赡养费、抚养费、抚恤金和劳动报酬的民事案件，被告人应在收到人民法院发送的起诉状副本后7日内向人民法院提出答辩状。

答辩是诉讼程序所规定的应诉行为，也是法律赋予被告人或被上诉人的合法权益。民事答辩状有助于人民法院查清民事案件事实，全面分析案情，最终正确判决案件，以此维护法律的尊严。

二、民事答辩状的结构与写法

在具体介绍民事答辩状的结构与写法之前，先看下面的民事答辩状。

民事答辩状

答辩人：齐××，女，46岁，汉族，××省××市人，××公司××厂工人，住××市××街32号院，电话：×××××××

因原告刘××诉我继承纠纷一案，现提出答辩如下：

1.我对公婆尽了主要的赡养义务，依法有权继承遗产。

我于××××年嫁到刘家后，就承担了家中的主要家务。××××年、××××年丈夫、公公相继去世，我的精神受到严重打击。由于当时婆婆年老体弱，小姑子刘××尚需人照顾，我操持起了繁重的家务，使一家3口和睦相处，生活美满。××××年原告出嫁后，我与婆婆相依为命，对婆婆照顾周到。为了使婆婆能安度晚年，我一个人承担了全部家务，包括房屋的修缮等重体力劳动。由于不忍婆婆一人独立生活，我一直守寡未嫁。××××年底，婆婆病逝，我一人操办料理后事。原告在起诉中诬告我虐待婆婆，对婆婆未尽赡养义务，与事实不符。

事实上，倒是原告对自己的母亲从未尽过义务。原告结婚时，婆婆和我共同张罗操办。原告婚后只顾自己的幸福快乐，对其母亲的生老病死漠不关心，从不过问。婆婆刚一去世，原告就来找我吵闹，要求由她一人继承全部房产，表现得十分不道德。原告的所作所为和我对待婆婆的真实情况，街坊邻居都是了解的，我这里有邻居刘××、王××、李××等人出具的证词作为证明。

根据《中华人民共和国继承法》第12条的规定，丧偶儿媳对公婆尽了主要赡养义务的，应作为第一顺序继承人，有权继承公婆的财产。

2.我应分得房产的大部分。

在对房产的分割问题上，我与原告同属于法定的第一顺序继承人，享有同等的继承权，但根据权利义务相一致的原则，应考虑继承人对死者生前所尽义务的多少。我对公婆负担了全部赡养责任，尽了全部义务，理所当然应当继承遗产的绝大部分。因此，我要求继承北屋1间和东屋2间，共计90.6平方米，其余北屋2间（共计54平方米）由原告继承。

总之，第一，原告父、兄死后，我承担了养家的重担；第二，我对婆婆尽了全部赡养义务；第三，我曾出资对房屋做了必要的修缮。请人民法院查明事实，根据《中华人民共和国继承法》权利和义务相一致的原则，对我的继承权加以确认和保护，并驳回原告无理的诉讼请求。

此致

××市人民法院

附件：

1.本答辩状副本×份

2.刘××、王××、李××等人签名出具的证词1份

答辩人：齐××

××××年×月×日

下面以这篇民事答辩状为例，具体阐述其结构和写法。

民事答辩状的结构由首部、正文和尾部三个部分组成。

（一）首部

首部包括标题和答辩人的基本情况两项内容。

1.标题。标题可以写成"答辩状"或"民事答辩状"。如果是二审，可写成"民事被上诉答辩状"。例文是针对原告的起诉而进行的答辩，因此标题为"民事答辩状"。

2.答辩人的基本情况。答辩人是公民的，应写明姓名、性别、年龄、民族、籍贯、职业或职务、单位或住址等内容。答辩人是法人或其他组织的，应写明名称、所在地址、法定代表人姓名、职务、电话等。例文就是按照这样的要求介绍了答辩人的基本情况。

（二）正文

正文包括答辩事由、答辩理由和答辩请求三项内容。

1.答辩事由。写明对何人起诉或上诉的何案提出答辩。一审答辩状一般表述为"因×××所诉关于××纠纷一案，现提出答辩如下"或"××××年×月×日，收到原告×××的起诉状副本，现就起诉状所述各点答辩如下"。二审答辩状一般表述为"因×××不服原审判决而上诉一案，现提出答辩如下"或"××××年×月×日，接到上诉人×××的上诉状副本，现就上诉的请求和理由答辩如下"。例文是针对原告的起诉提出的答辩，所以答辩事由写为"因原告刘××诉我继承纠纷一案，现提出答辩如下"。

2.答辩理由。这是答辩状的主要内容所在，或者说是答辩状的关键部分。这项内容要根据起诉状或上诉状的内容来确定，要针锋相对地逐项反驳原告在起诉中提出的请求事实和理由，或者针对上诉人在上诉状中提出的上诉请求和理由进行答辩，并相应地提出相反的事实、证据和理由，以证明自己的理由和观点是正确的，提出的意见和要求是合理的。

在具体写作中，一审答辩状和二审答辩状的写作目的和方法略有不同。一审答辩状的写作目的是对原告的起诉进行反驳；二审答辩状的写作目的是要求二审法院维持一审裁判，驳回上诉。答辩可根据不同的案情采用不同的写法。

对方情况不实的可以重点采用叙述的方法叙述真实情况；对方超过法定诉讼有效期限的，重点分析原告的起诉或上诉超过有效期限，已经丧失实体诉权的理由；对方资格不合格的，则重点分析其资格问题。但值得注意的是，写答辩理由时，对对方诉状中的真实材料、正确的理由和合理合法的请求，也应给予概括肯定，不能诡辩。

例文的答辩理由非常明确，就是"我对公婆尽了主要的赡养义务，依法有权继承遗产"。围绕这一理由，例文针对原告在起诉状中"虐待婆婆，对婆婆未尽赡养义务"的诬告着重从两个方面进行了辩解。一方面是针对原告的虚假事实，予以驳斥："原告出嫁后，我与婆婆相依为命，对婆婆照顾周到。为了使婆婆能安度晚年，我一个人承担了全部家务，包括房屋的修缮等重体力劳动。由于不忍婆婆一人独立生活，我一直守寡未嫁。婆婆病逝，是我一人操办料理后事。"另一方面针对原告隐瞒、歪曲事实，予以补充："事实上，倒是原告对自己的母亲从未尽过义务。原告结婚时，婆婆和我共同张罗操办。原告婚后只顾自己的幸福快乐，对其母亲的生老病死漠不关心，从不过问。婆婆刚一去世，原告就来找我吵闹，要求由她一人继承全部房产，表现得十分不道德。"对原告虚假事实的驳斥和隐瞒、歪曲事实的补充，又以邻居刘××、王××、李××等人签名的证词作为证明，这就使答辩事实清楚，理由充分，有理有据，说服力强。接着又正确地引用了法律，有力地证明了答辩人继承遗产的合理合法："根据《继承法》第12条的规定，丧偶儿媳对公婆尽了主要赡养义务的，应作为第一顺序继承人，有权继承公婆的财产。"

3. 答辩请求。在提出事实、法律方面的答辩，充分阐明答辩理由的基础上，明确提出自己的答辩主张，即对原告诉状中的请求是完全不接受，还是部分不接受，并请求人民法院依法作出公平合理的判决或裁定。

例文中的"答辩请求"是"我应分得房产的大部分"，即"北屋1间和东屋2间，共计90.6平方米，其余北屋2间（共计54平方米）由原告继承"。写明答辩请求后，例文又对以上答辩的主要内容和情节进行了归纳和强调，最后恳请人民法院公平判决此案："请人民法院查明事实，根据《继承法》权利和义务相一致的原则，对我的继承权加以确认和保护，并驳回原告无理的诉讼请求。"

（三）尾部

尾部包括致送机关、附件和答辩人签名、日期三项内容。

1. 致送机关。写为"此致""×××人民法院"。要分两行写，"此致"独占一行空两格写，"×××人民法院"独占一行顶格写。例文的写法在格式要求上是正确的。

2. 附件。写明本答辩状副本的份数，物证、书证的名称和件数。例文就写明了这两项内容。

3. 答辩人签名、日期。在右下方写明"答辩人：×××"，注明时间"年、月、日"。例文的写法就是如此。

三、写民事答辩状应注意的问题

（一）要实事求是

人民法院判案的依据是事实。如果原告人或上诉人无理，就一定会歪曲事实，或者隐瞒事实真相。答辩状对此最有力的反驳，就是实事求是地揭示出事实真相。原告或上诉人有时采用避重就轻、为我所用的办法陈述事实，答辩状要准确进行揭露，把不利于对方的事实突出出来。如果原告人或上诉人反映的事实真实，答辩状也应该承认，决不可强词夺理，无理狡辩。

（二）要熟悉法律

判案要以法律为准绳。写答辩状首先要熟悉法律条文，并且能熟练运用法律条文，使答辩状里的理由和主张建立在合法的基础之上。

（三）要抓住关键

一个案件不管它涉及多少人，时间跨度有多大，多么烦冗复杂，总有一个或几个关键环节。答辩状的撰写者，要研究事实，分清主次，避开枝节，抓住案件中争执的焦点，在关系到胜败的关键问题上下功夫，有目的地进行辩驳，进而牢牢掌握主动权。

（四）要有针对性

答辩就像打靶，对方在起诉状或上诉状中列出的事实和理由就是答辩状"射击"的目标。要始终针对对方提出的事实和理由进行辨析和反驳，切忌抛开对方提出的问题另做文章。

资料来源　魏勇. 怎么写民事答辩状［J］. 应用写作，2015（2）.

单元四　仲裁申请书

【引例】 **用人单位默认双重劳动关系　应当承担相关责任**

王某于2009年7月5日起在某超市从事理货员工作，双方签订了2009年7月5日至2014年5月31日的劳动合同，双方约定每月工资为1 600元。在某超市工作的同时，王某又于2011年12月1日起至今在某市环卫所从事环卫工作。

与某超市的劳动合同到期后，王某告知某超市，其将到某市环卫所工作，在超市的工作只是兼职。某超市遂与王某签订了内容与原劳动合同一致，时间从2014年6月1日至2016年5月31日的劳务协议，每月工资仍为1 600元。2016年4月13日，某超市以王某不胜任工作为由，解除与王某的劳务协议，且认为双方不是劳动关系，不予支付经济补偿。

王某向劳动人事争议仲裁委员会申请仲裁，请求裁决某超市支付违法解除劳动合同赔偿金22 400元（1 600元/月×7个月×2倍）、额外1个月工资1 600元。

最终，仲裁委员会裁决某超市支付王某违法解除劳动合同赔偿金22 400元（1 600元/月×7个月×2倍）、驳回申请人的其他仲裁请求。

资料来源　周琴. 四川公布劳动人事争议仲裁案例［EB/OL］.［2018-01-27］. https://www.toutiao.com/i6493059542547431950/.

以上案例表明，当劳动者与用人单位发生用工纠纷时，劳动者可以通过申请劳动仲裁的形式维护自身的合法权益。《中华人民共和国仲裁法》规定，当事人申请仲裁，应当向仲裁委员会递交仲裁协议、仲裁申请书及副本。

一、仲裁申请书概述

仲裁申请书，是指平等主体的公民、法人或其他组织之间发生合同纠纷，一方当事人根据双方当事人事前达成的仲裁协议将已经发生的争议提请仲裁机构仲裁，以保护自己权益的法律文书。

下列纠纷不能仲裁：

（1）婚姻、收养、监护、扶养、继承纠纷；

（2）依法应当由行政机关处理的行政争议。

当事人采用仲裁方式解决纠纷，应当双方自愿，达成仲裁协议。没有仲裁协议，一方申请仲裁的，仲裁委员会不予受理。

当事人达成仲裁协议，一方向人民法院起诉的，人民法院不予受理，但仲裁协议无效的除外。

仲裁实行一裁终局的制度。裁决作出后，当事人就同一纠纷再申请仲裁或者向人民法院起诉的，仲裁委员会或者人民法院不予受理。裁决被人民法院依法裁定撤销或者不予执行的，当事人就该纠纷可以根据双方重新达成的仲裁协议申请仲裁，也可以向人民法院起诉。

二、仲裁申请书的结构与写法

仲裁申请书应当载明下列事项：

（1）当事人的姓名、性别、年龄、职业、工作单位和住所，法人或者其他组织的名称、住所和法定代表人或者主要负责人的姓名、职务；

（2）仲裁请求和所根据的事实、理由；

（3）证据和证据来源、证人姓名和住所。

仲裁申请书的结构如下：

仲裁申请书

申请人：

地址：＿＿＿＿＿＿＿＿＿ 电邮：＿＿＿＿＿＿＿

电话：＿＿＿＿＿＿＿＿＿ 传真：＿＿＿＿＿＿＿

法定代表人：＿＿＿＿＿＿ 职务：＿＿＿＿＿＿＿

代理人：＿＿＿＿＿＿、＿＿＿＿＿＿

代理人联系方式：＿＿＿＿＿＿＿

（提示：如有两个以上的申请人，请按照上述格式分列第一申请人、第二申请人，依此类推）

被申请人：

地址：＿＿＿＿＿＿＿＿＿ 电邮：＿＿＿＿＿＿＿

电话：＿＿＿＿＿＿＿＿＿ 传真：＿＿＿＿＿＿＿

法定代表人：＿＿＿＿＿＿ 职务：＿＿＿＿＿＿＿

代理人：＿＿＿＿＿＿、＿＿＿＿＿＿

代理人联系方式：＿＿＿＿＿＿＿

（提示：如有两个以上的被申请人，请按照上述格式分列第一被申请人、第二被申请人，依此类推）

仲裁依据：（仲裁条款或仲裁协议）

仲裁请求：

1.

2.

……

事实与理由：

……

此致

×××仲裁委员会

申请人：×××（盖章）

法定代表人：_____（签字）

年　月　日

三、仲裁申请书的写作要求

制作并使用仲裁申请书应当注意以下事项：

（1）当事人申请仲裁依法应当符合下列条件：①有仲裁协议；②有具体的仲裁请求和事实、理由；③属于仲裁委员会的受理范围。

（2）制作仲裁申请书的法定条件是：①必须是合同纠纷；②必须依据仲裁协议提出申请；③应当向仲裁委员会提出申请。

（3）如果仲裁申请人委托代理人办理仲裁事项，应当向仲裁机构提交书面委托书。

（4）在涉外仲裁申请书中，应当写明申请人所依据的仲裁协议，即当事人订立仲裁协议的时间、地点、对所发生的争议同意仲裁的意见，以及由哪个仲裁机构仲裁等。

（5）在仲裁申请书中，应当写明申请人指定的仲裁员的姓名或委托仲裁委员会指定仲裁员的意见。

例文 8-7　　　　　　　　　　　　**仲裁申请书**

申请人：北京×××家具有限公司

地址：北京市×××县×××乡

法定代表人：李××　职务：董事长

委托代理人：刘××，×××律师事务所律师

被申请人：×××国×××家具中国制作销售中心

地址：×××市×××区×××路×××号

法定代表人：郑××　职务：总经理

案由：购销合同纠纷

仲裁请求：

1.被申请人返还申请人货款×××万美元；

2.被申请人承担仲裁全部费用。

事实和理由：

2016年7月，申请人与被申请人订立家具生产机械设备购销合同，约定被申请人于2016年12月31日前供给申请人该国产木制家具生产设备一套，申请人分别于同年7月31日之前和收到设备之日支付被申请人该套设备款的60%和40%，共计×××万美元。此后，双方各自分别履行了上述约定。

2017年1月，申请人在对上述设备安装调试后得知，该套生产设备的国际公平市场

价格只有××余万美元，远远低于被申请人在订立合同时的报价，遂委托北京进出口商品检验局对该套生产设备进行价值鉴定，鉴定结果表明，该套生产设备属于全新状态时的公平市场鉴定总金额为××万美元。被申请人在申请人购买这套生产设备时索取的货款明显高于其实际价值。

为公平解决这套设备的款额问题，减少申请人经济损失，申请人多次以友好的态度与被申请人协商，希望在确保被申请人合法利润的前提下由被申请人退回多付的部分货款，但被申请人以"合同已经履行完毕""设备价款系双方约定的"为由予以拒绝。

为使申请人与被申请人之间的争议得到公正的解决，确保申请人的合法利益，特依据申请人与被申请人之间订立的仲裁协议向仲裁机构提出仲裁申请，请依法仲裁。

证据和证据来源：

1.购销合同书，由争议双方共同订立；

2.生产设备明细表，被申请人提供，申请人核查签收；

3.生产设备付款单据，被申请人给付；

4.鉴定证书，北京进出口商品检验局提供。

此致

中国国际经济贸易仲裁委员会

申请人：北京市×××家具有限公司
2016年×月×日

🔗 思政园地

将禁令、规范、公文、契约和讼案等铭刻于青铜器或石碑上，公布彰显，以备查考，以垂久远，是中国古代法制文明的一个重要传统。用坚实恒久的材料铭刻法律事项，所追求的是被刻载之事的庄严、永恒、公开、权威、警示。古代法律碑刻是中国本土化特征鲜明的原生史料群，是了解古代法律规范构成、法律实施情况的重要载体。

金石纪法传统由"铭金"和"刻石"组成，"铭金"是中国秦汉以前法制传承的重要方式，主要体现为西周时的"器以藏礼"、春秋时的"器以布法"、战国时的"物勒工名"、秦汉时的"刻诏行法"等。"刻石"是对"铭金"法的进一步发展，经历了秦汉"铭功纪法"和"碑以明礼"、唐宋金元"碑以载政"、明清"碑以示禁"等几个重要发展阶段。铭刻载体从青铜到碑石，从早期偶见的与法律相关的刻石，到体系化、规范化的公文碑、私约碑、禁令碑、规章碑、讼案碑等，"刻石纪法"历经了上千年的发展和积淀。

推荐阅读：李雪梅.金石纪法：法制传承的重要方式［N］.学习时报，2018-01-22（A3）。

项目概要

　　授权委托书是当事人把代理权授予委托代理人的证明文书。它可分为民事诉讼代理的授权委托书和民事代理的授权委托书。民事诉讼授权委托书包括名称、委托人与受托人的个人基本情况、正文、结尾四部分。

　　起诉状是当事人向人民法院提出诉讼请求，要求人民法院予以司法保护，依法作出裁定或判决所使用的书状。按性质的不同，起诉状可分为民事起诉状、刑事自诉状、行政起诉状、反诉状等。民事起诉状的基本格式由五部分组成，即标题、诉讼当事人事项、诉讼请求、事实和理由、附项。

　　民事答辩状是民事案件中被告对原告的起诉予以答复和辩驳的一种书状。民事答辩状因答辩主体和诉讼程序的不同，可分为不同类型，但在结构上大同小异，一般由以下三个部分组成：首部；正文；尾部。写作一份高质量的民事答辩状，对于被告而言是极为重要的，其要求如下：正确提出和论证答辩理由；概括答辩理由和请求；符合规范，层次分明，语言准确、得体。

　　仲裁申请书，是指平等主体的公民、法人或其他组织之间发生合同纠纷，一方当事人根据双方当事人事前达成的仲裁协议将已经发生的争议提请仲裁机构仲裁，以保护自己权益的法律文书。仲裁申请书应当载明下列事项：当事人的姓名、性别、年龄、职业、工作单位和住所，法人或者其他组织的名称、住所和法定代表人或者主要负责人的姓名、职务；仲裁请求和所根据的事实、理由；证据和证据来源、证人姓名和住所。

项目测试

一、简答题

1.授权委托书一般包括哪几个部分？

2.授权委托书在写作过程中需要确认哪些事项必须完整？

3.什么是民事起诉状？它由哪些部分组成？

4.什么是民事答辩状？简述民事答辩状的写作要求。

5.什么是仲裁申请书？仲裁申请书中应载明哪些事项？

二、写作训练

1.王强是济南天翼科技有限公司参与莱芜市工人文化宫录音棚设备器材采购项目的谈判代表，请你以公司名义为其出具一份法定代表人授权委托书。

2.2017年8月17日，天天快递官方发布声明称，已起诉京东，要求其停止不正当竞争的行为并赔偿损失，并称法院已立案受理。

天天快递称，京东涉嫌利用其电商平台的支配地位，干预商户与天天快递进行交易，并限定与其指定经营者交易，构成不正当竞争，同时也侵犯了商户及消费者的自由选择权。京东的该等行为，与我国《反不正当竞争法》《消费者权益保护法》等现行法律规定是相违背的。

此前的8月11日，京东正式通知卖家：将于2017年8月21日终止与天天快递、百世快递的合作，卖家通过天天快递和百世快递发送商品的物流信息将无法在京东平台上展示。

值得注意的是，天天快递和百世快递的股东中，均有京东在电商业务上的直接竞争对手。

天天快递于2017年年初以42.5亿元被苏宁物流收购，而阿里是苏宁的第二大股东，此外，阿里巴巴和阿里旗下的菜鸟网络，均是百世集团的股东。

以下是天天快递声明全文：

2017年7月19日，京东突然向平台商户发布通知，关闭天天快递服务接口，要求商户停用天天快递。8月11日，京东公开宣布：8月21日起终止与天天和百世的合作。

天天快递作为中国排名前十的快递公司，成立23年来，已经为京东平台数万商户提供了长达5年的物流服务；根据国家邮政局公布的2017年相关数据，在天天快递的申诉率大幅下降，服务质量也稳步提升的情况下，京东刻意贬低天天快递，发出通知要求电商平台商户禁止使用天天快递，并要求商户使用其指定的物流供应商。

京东的前述行为涉嫌利用其电商平台的支配地位，干预商户与天天快递进行交易，并限定与其指定经营者交易，构成不正当竞争，同时也侵犯了商户及消费者的自由选择权。京东的该等行为，与我国《反不正当竞争法》《消费者权益保护法》等现行法律规定是相违背的。

鉴于此事件影响重大，天天快递已决定通过法律途径维权，正式起诉京东，要求停止不正当竞争的行为并赔偿损失。现法院已正式立案受理。

我们强烈谴责京东扰乱市场秩序、侵犯商户和消费者权利的行为，呼吁所有市场主体一切以商户、客户和消费者的合法权益为重，谨慎行使平台权力，还市场一个平等、公正、公开的环境。

资料来源　贾昆. 苏宁天天快递对京东发起民事诉讼 法院已正式立案受理［EB/OL］．［2018-02-05］．http://stock.hexun.com/2017-08-18/190490884.html.

请根据以上材料写一份民事起诉状。

3.2015年××月××日，上海××××公司收到×××县人民法院送达的起诉人为广州××××有限公司的民事起诉状副本、证据副本、诉讼权利义务告知书、应诉通知书等文书。原告广州××××有限公司提出的诉讼理由、证据及请求如下：

（1）被告上海××××公司派人到原告广州××××有限公司赊购商品形成欠款×××万元（含相关利息），请求法院判令被告向原告支付拖欠款项及本案诉讼费用。

（2）相关证据如下：

①仅加盖了"上海市××××公司"公章的金额为×××万元的欠条，没有任何经办人员或财务人员或单位领导的签字，没有购物明细。

②该欠条下半部分的还款记录仅有部分个人签字，没有加盖还款单位公章。

③原告提供了由个人签字的记载日期为2010年和2011年的×张"销货清单"。

上海××××公司领导对此诉讼很重视，经查阅财务档案了解到：上海××××公司从来都没有原告所诉的财务档案或欠款记录；前几任单位领导更换进行财务交接时也从来都没有原告所诉债务的交接手续；原告和上海××××公司没有签订过采购合同；上海××××公司严格遵循财务制度和报销流程，不可能指派工作人员到没有签订挂账协议的公司随意挂账；公司从未授权任何人到原告处赊购商品，也没有收到销货清单上的任何商品。

另外，上海××××公司的公章名称为"上海××××公司"而非"上海市××××公司"。

请根据以上材料为上海××××公司写一份民事答辩状。

4.参照单元四"引例"中王某的遭遇描述，为其写一份仲裁申请书。

主要参考文献

[1] 戴萍. 商务应用文写作教程 [M]. 北京：中国商务出版社，2007.

[2] 方有林，肖晓明. 商务应用文写作 [M]. 上海：同济大学出版社，2007.

[3] 蒋刘妹，李余璧. 职场应用文写作教程 [M]. 合肥：安徽大学出版社，2010.

[4] 邱飞廉. 职场应用写作 [M]. 北京：中国人民大学出版社，2011.

[5] 张立章. 企业实用文书写作与范例 [M]. 北京：北京交通大学出版社，2011.

[6] 黄高才. 常见应用文写作暨范例大全 [M]. 北京：中国人民大学出版社，2012.

[7] 程大荣，潘水根. 企业经营文书写作 [M]. 杭州：浙江大学出版社，2013.

[8] 丁会仁. 企业商务文书全集 [M]. 北京：中国法制出版社，2013.

[9] 傅宏宇. 财经应用文写作 [M]. 北京：北京大学出版社，2013.

[10] 张卿. 商务应用文写作 [M]. 北京：科学出版社，2013.

[11] 郭冬. 秘书写作 [M]. 3版. 北京：高等教育出版社，2014.

[12] 赵慧敏. 中小公司商务文书大全 [M]. 北京：化学工业出版社，2014.

[13] 苗瑞. 企业应用文书写作规范与实例 [M]. 北京：中国电力出版社，2015.

[14] 綦雁，谢蕊霞. 职场写作与口才 [M]. 重庆：西南师范大学出版社，2015.

[15] 邱宣煌. 财经应用文写作 [M]. 5版. 大连：东北财经大学出版社，2016.

[16] 宋卫泽. 职场沟通与写作训练教程 [M]. 北京：机械工业出版社，2016.

[17] 苏欣. 商务应用文实训 [M]. 3版. 北京：对外经济贸易大学出版社，2016.

[18] 叶益武. 打造职场写作"达人"：公文的拟制与办理完全指导手册 [M]. 北京：企业管理出版社，2016.

[19] 张瑞年，张国俊. 应用文写作大全 [M]. 北京：商务印书馆，2016.

[20] 朱孔阳，潘有华. 应用文写作实用教程 [M]. 大连：东北财经大学出版社，2016.

[21] 鲍玉成. 微信软文营销实战技巧 [M]. 北京：化学工业出版社，2017.

[22] 郭莉，郝丽霞. 经济应用文写作 [M]. 北京：清华大学出版社，2017.

[23] 李笑. 商务文书写作实用手册 [M]. 2版. 北京：经济管理出版社，2017.

[24] 庄庆威. 金牌文案：文案策划与活动执行 [M]. 北京：清华大学出版社，2017.

[25] 李改霞，等. 文案写作与活动策划：理念、技巧、方法与实战 [M]. 北京：清华大学出版社，2017.

[26] 朱雪强. 吸金广告文案写作训练手册 [M]. 北京：民主与建设出版社，2018.

[27] 杨锋. 秘书实务 [M]. 3版. 北京：中国人民大学出版社，2020.

[28] 张小乐. 实用商务文书写作 [M]. 4版. 北京：首都经济贸易大学出版社，2020.

附录一

党政机关公文处理工作条例

第一章　总则

第一条　为了适应中国共产党机关和国家行政机关（以下简称党政机关）工作需要，推进党政机关公文处理工作科学化、制度化、规范化，制定本条例。

第二条　本条例适用于各级党政机关公文处理工作。

第三条　党政机关公文是党政机关实施领导、履行职能、处理公务的具有特定效力和规范体式的文书，是传达贯彻党和国家的方针政策，公布法规和规章，指导、布置和商洽工作，请示和答复问题，报告、通报和交流情况等的重要工具。

第四条　公文处理工作是指公文拟制、办理、管理等一系列相互关联、衔接有序的工作。

第五条　公文处理工作应当坚持实事求是、准确规范、精简高效、安全保密的原则。

第六条　各级党政机关应当高度重视公文处理工作，加强组织领导，强化队伍建设，设立文秘部门或者由专人负责公文处理工作。

第七条　各级党政机关办公厅（室）主管本机关的公文处理工作，并对下级机关的公文处理工作进行业务指导和督促检查。

第二章　公文种类

第八条　公文种类主要有：

（一）决议。适用于会议讨论通过的重大决策事项。

（二）决定。适用于对重要事项作出决策和部署、奖惩有关单位和人员、变更或者撤销下级机关不适当的决定事项。

（三）命令（令）。适用于公布行政法规和规章、宣布施行重大强制性措施、批准授予和晋升衔级、嘉奖有关单位和人员。

（四）公报。适用于公布重要决定或者重大事项。

（五）公告。适用于向国内外宣布重要事项或者法定事项。

（六）通告。适用于在一定范围内公布应当遵守或者周知的事项。

（七）意见。适用于对重要问题提出见解和处理办法。

（八）通知。适用于发布、传达要求下级机关执行和有关单位周知或者执行的事项，批转、转发公文。

（九）通报。适用于表彰先进、批评错误、传达重要精神和告知重要情况。

（十）报告。适用于向上级机关汇报工作、反映情况，回复上级机关的询问。

（十一）请示。适用于向上级机关请求指示、批准。

（十二）批复。适用于答复下级机关请示事项。

（十三）议案。适用于各级人民政府按照法律程序向同级人民代表大会或者人民代表大会常务委员会提请审议事项。

（十四）函。适用于不相隶属机关之间商洽工作、询问和答复问题、请求批准和答复审批事项。

（十五）纪要。适用于记载会议主要情况和议定事项。

第三章　公文格式

第九条　公文一般由份号、密级和保密期限、紧急程度、发文机关标志、发文字号、签发人、标题、主送机关、正文、附件说明、发文机关署名、成文日期、印章、附注、附件、抄送机关、印发机关和印发日期、页码等组成。

（一）份号。公文印制份数的顺序号。涉密公文应当标注份号。

（二）密级和保密期限。公文的秘密等级和保密的期限。涉密公文应当根据涉密程度分别标注"绝密""机密""秘密"和保密期限。

（三）紧急程度。公文送达和办理的时限要求。根据紧急程度，紧急公文应当分别标注"特急""加急"，电报应当分别标注"特提""特急""加急""平急"。

（四）发文机关标志。由发文机关全称或者规范化简称加"文件"二字组成，也可以使用发文机关全称或者规范化简称。联合行文时，发文机关标志可以并用联合发文机关名称，也可以单独用主办机关名称。

（五）发文字号。由发文机关代字、年份、发文顺序号组成。联合行文时，使用主办机关的发文字号。

（六）签发人。上行文应当标注签发人姓名。

（七）标题。由发文机关名称、事由和文种组成。

（八）主送机关。公文的主要受理机关，应当使用机关全称、规范化简称或者同类型机关统称。

（九）正文。公文的主体，用来表述公文的内容。

（十）附件说明。公文附件的顺序号和名称。

（十一）发文机关署名。署发文机关全称或者规范化简称。

（十二）成文日期。署会议通过或者发文机关负责人签发的日期。联合行文时，署最后签发机关负责人签发的日期。

（十三）印章。公文中有发文机关署名的，应当加盖发文机关印章，并与署名机关相符。有特定发文机关标志的普发性公文和电报可以不加盖印章。

（十四）附注。公文印发传达范围等需要说明的事项。

（十五）附件。公文正文的说明、补充或者参考资料。

（十六）抄送机关。除主送机关外需要执行或者知晓公文内容的其他机关，应当使用机关全称、规范化简称或者同类型机关统称。

（十七）印发机关和印发日期。公文的送印机关和送印日期。

（十八）页码。公文页数顺序号。

第十条　公文的版式按照《党政机关公文格式》国家标准执行。

第十一条　公文使用的汉字、数字、外文字符、计量单位和标点符号等，按照有关国家标准和规定执行。民族自治地方的公文，可以并用汉字和当地通用的少数民族文字。

第十二条　公文用纸幅面采用国际标准 A4 型。特殊形式的公文用纸幅面，根据实际需要确定。

第四章　行文规则

第十三条　行文应当确有必要，讲求实效，注重针对性和可操作性。

第十四条　行文关系根据隶属关系和职权范围确定。一般不得越级行文，特殊情况需要越级行文的，应当同时抄送被越过的机关。

第十五条　向上级机关行文，应当遵循以下规则：

（一）原则上主送一个上级机关，根据需要同时抄送相关上级机关和同级机关，不抄送下级机关。

（二）党委、政府的部门向上级主管部门请示、报告重大事项，应当经本级党委、政府同意或者授权；属于部门职权范围内的事项应当直接报送上级主管部门。

（三）下级机关的请示事项，如需以本机关名义向上级机关请示，应当提出倾向性意见后上报，不得原文转报上级机关。

（四）请示应当一文一事。不得在报告等非请示性公文中夹带请示事项。

（五）除上级机关负责人直接交办事项外，不得以本机关名义向上级机关负责人报送公文，不得以本机关负责人名义向上级机关报送公文。

（六）受双重领导的机关向一个上级机关行文，必要时抄送另一个上级机关。

第十六条　向下级机关行文，应当遵循以下规则：

（一）主送受理机关，根据需要抄送相关机关。重要行文应当同时抄送发文机关的直接上级机关。

（二）党委、政府的办公厅（室）根据本级党委、政府授权，可以向下级党委、政府行文，其他部门和单位不得向下级党委、政府发布指令性公文或者在公文中向下级党委、政府提出指令性要求。需经政府审批的具体事项，经政府同意后可以由政府职能部门行文，文中须注明已经政府同意。

（三）党委、政府的部门在各自职权范围内可以向下级党委、政府的相关部门行文。

（四）涉及多个部门职权范围内的事务，部门之间未协商一致的，不得向下行文；擅自行文的，上级机关应当责令其纠正或者撤销。

（五）上级机关向受双重领导的下级机关行文，必要时抄送该下级机关的另一个上级机关。

第十七条　同级党政机关、党政机关与其他同级机关必要时可以联合行文。属于党委、政府各自职权范围内的工作，不得联合行文。

党委、政府的部门依据职权可以相互行文。

部门内设机构除办公厅（室）外不得对外正式行文。

第五章　公文拟制

第十八条　公文拟制包括公文的起草、审核、签发等程序。

第十九条　公文起草应做到：

（一）符合党的理论路线方针政策和国家法律法规，完整准确体现发文机关意图，并同现行有关公文相衔接。

（二）一切从实际出发，分析问题实事求是，所提政策措施和办法切实可行。

（三）内容简洁，主题突出，观点鲜明，结构严谨，表述准确，文字精练。

（四）文种正确，格式规范。

（五）深入调查研究，充分进行论证，广泛听取意见。

（六）公文涉及其他地区或者部门职权范围内的事项，起草单位必须征求相关地区或者部门意见，力求达成一致。

（七）机关负责人应当主持、指导重要公文起草工作。

第二十条　公文文稿签发前，应当由发文机关办公厅（室）进行审核。审核的重点是：

（一）行文理由是否充分，行文依据是否准确。

（二）内容是否符合党的理论路线方针政策和国家法律法规；是否完整准确体现发文机关意图；是否同现行有关公文相衔接；所提政策措施和办法是否切实可行。

（三）涉及有关地区或者部门职权范围内的事项是否经过充分协商并达成一致意见。

（四）文种是否正确，格式是否规范；人名、地名、时间、数字、段落顺序、引文等是否准确；文字、数字、计量单位和标点符号等用法是否规范。

（五）其他内容是否符合公文起草的有关要求。

需要发文机关审议的重要公文文稿，审议前由发文机关办公厅（室）进行初核。

第二十一条　经审核不宜发文的公文文稿，应当退回起草单位并说明理由；符合发文条件但内容需作进一步研究和修改的，由起草单位修改后重新报送。

第二十二条　公文应当经本机关负责人审批签发。重要公文和上行文由机关主要负责人签发。党委、政府的办公厅（室）根据党委、政府授权制发的公文，由受权机关主要负责人签发或者按照有关规定签发。签发人签发公文，应当签署意见、姓名和完整日期；圈阅或者签名的，视为同意。联合发文由所有联署机关的负责人会签。

第六章　公文办理

第二十三条　公文办理包括收文办理、发文办理和整理归档。

第二十四条　收文办理主要程序是：

（一）签收。对收到的公文应当逐件清点，核对无误后签字或者盖章，并注明签收时间。

（二）登记。对公文的主要信息和办理情况应当详细记载。

（三）初审。对收到的公文应当进行初审。初审的重点是：是否应当由本机关办理，是否符合行文规则，文种、格式是否符合要求，涉及其他地区或者部门职权范围内的事项是否已经协商、会签，是否符合公文起草的其他要求。经初审不符合规定的公文，应当及时退回来文单位并说明理由。

（四）承办。阅知性公文应当根据公文内容、要求和工作需要确定范围后分送。批办性公文应当提出拟办意见报本机关负责人批示或者转有关部门办理；需要两个以上部门办理的，应当明确主办部门。紧急公文应当明确办理时限。承办部门对交办的公文应当及时办理，有明确办理时限要求的应当在规定时限内办理完毕。

（五）传阅。根据领导批示和工作需要将公文及时送传阅对象阅知或者批示。办理公文传阅应当随时掌握公文去向，不得漏传、误传、延误。

（六）催办。及时了解掌握公文的办理进展情况，督促承办部门按期办结。紧急公文或者重要公文应当由专人负责催办。

（七）答复。公文的办理结果应当及时答复来文单位，并根据需要告知相关单位。

第二十五条　发文办理主要程序是：

（一）复核。已经发文机关负责人签批的公文，印发前应当对公文的审批手续、内容、文种、格式等进行复核；需作实质性修改的，应当报原签批人复审。

（二）登记。对复核后的公文，应当确定发文字号、分送范围和印制份数并详细记载。

（三）印制。公文印制必须确保质量和时效。涉密公文应当在符合保密要求的场所印制。

（四）核发。公文印制完毕，应当对公文的文字、格式和印刷质量进行检查后分发。

第二十六条　涉密公文应当通过机要交通、邮政机要通信、城市机要文件交换站或者收发件机关机要收发人员进行传递，通过密码电报或者符合国家保密规定的计算机信息系统进行传输。

第二十七条　需要归档的公文及有关材料，应当根据有关档案法律法规以及机关档案管理规定，及时收集齐全、整理归档。两个以上机关联合办理的公文，原件由主办机关归档，相关机关保存复制件。机关负责人兼任其他机关职务的，在履行所兼职务过程中形成的公文，由其兼职机关归档。

第七章　公文管理

第二十八条　各级党政机关应当建立健全本机关公文管理制度，确保管理严格规范，充分发挥公文效用。

第二十九条　党政机关公文由文秘部门或者专人统一管理。设立党委（党组）的县级以上单位应当建立机要保密室和机要阅文室，并按照有关保密规定配备工作人员和必要的安全保密设施设备。

第三十条　公文确定密级前，应当按照拟定的密级先行采取保密措施。确定密级后，应当按照所定密级严格管理。绝密级公文应当由专人管理。

公文的密级需要变更或者解除的，由原确定密级的机关或者其上级机关决定。

第三十一条　公文的印发传达范围应当按照发文机关的要求执行；需要变更的，应当经发文机关批准。

涉密公文公开发布前应当履行解密程序。公开发布的时间、形式和渠道，由发文机关确定。

经批准公开发布的公文，同发文机关正式印发的公文具有同等效力。

第三十二条　复制、汇编机密级、秘密级公文，应当符合有关规定并经本机关负责人批准。绝密级公文一般不得复制、汇编，确有工作需要的，应当经发文机关或者其上级机关批准。复制、汇编的公文视同原件管理。

复制件应当加盖复制机关戳记。翻印件应当注明翻印的机关名称、日期。汇编本的密级按照编入公文的最高密级标注。

第三十三条　公文的撤销和废止，由发文机关、上级机关或者权力机关根据职权范围和有关法律法规决定。公文被撤销的，视为自始无效；公文被废止的，视为自废止之日起失效。

第三十四条　涉密公文应当按照发文机关的要求和有关规定进行清退或者销毁。

第三十五条　不具备归档和保存价值的公文，经批准后可以销毁。销毁涉密公文必须严格按照有关规定履行审批登记手续，确保不丢失、不漏销。个人不得私自销毁、留存涉密公文。

第三十六条　机关合并时，全部公文应当随之合并管理；机关撤销时，需要归档的公文经整理后按照有关规定移交档案管理部门。

工作人员离岗离职时，所在机关应当督促其将暂存、借用的公文按照有关规定移交、清退。

第三十七条　新设立的机关应当向本级党委、政府的办公厅（室）提出发文立户申请。经审查符合条件的，列为发文单位，机关合并或者撤销时，相应进行调整。

第八章　附则

第三十八条　党政机关公文含电子公文。电子公文处理工作的具体办法另行制定。

第三十九条　法规、规章方面的公文，依照有关规定处理。外事方面的公文，依照外事主管部门的有关规定处理。

第四十条　其他机关和单位的公文处理工作，可以参照本条例执行。

第四十一条　本条例由中共中央办公厅、国务院办公厅负责解释。

第四十二条　本条例自2012年7月1日起施行。1996年5月3日中共中央办公厅发布的《中国共产党机关公文处理条例》和2000年8月24日国务院发布的《国家行政机关公文处理办法》停止执行。

附录二

党政机关公文格式（GB/T 9704—2012）

1　范围

本标准规定了党政机关公文通用的纸张要求、排版和印制装订要求、公文格式各要素的编排规则，并给出了公文的式样。

本标准适用于各级党政机关制发的公文。其他机关和单位的公文可以参照执行。

使用少数民族文字印制的公文，其用纸、幅面尺寸及版面、印制等要求按照本标准执行，其余可以参照本标准并按照有关规定执行。

2　规范性引用文件

下列文件对于本标准的应用是必不可少的。凡是注日期的引用文件，仅所注日期的版本适用于本标准。凡是不注日期的引用文件，其最新版本（包括所有的修改单）适用于本标准。

GB/T 14　印刷、书写和绘图纸幅面尺寸

GB 3100　国际单位制及应用

GB 3101　有关量、单位和符号的一般原则

GB 3102（所有部分）量和单位

GB/T 15834　标点符号用法

GB/T 15835　出版物上数字用法

3　术语和定义

下列术语和定义适用于本标准。

3.1

字 word

标示公文中横向距离的长度单位。在本标准中，一字指一个汉字宽度的距离。

3.2

行 line

标示公文中纵向距离的长度单位。在本标准中，一行楷一个汉字的高度加 3 号汉字高度的 7/8 的距离。

4 公文用纸主要技术指标

公文用纸一般使用纸张定量为 $60g/m^2 \sim 80g/m^2$ 的胶版印刷纸或复印纸。纸张白度 $80\% \sim 90\%$，横向耐折度≥15次，不透明度≥85%，pH值为 $7.5 \sim 9.5$。

5 公文用纸幅面尺寸及版面要求

5.1 幅面尺寸

公文用纸采用GB/T 148中规定的A4型纸，其成品幅面尺寸为：210mm×297mm。

5.2 版面

5.2.1 页边与版心尺寸

公文用纸天头（上白边）为37mm±1mm，公文用纸订口（左白边）为28mm±1mm，版心尺寸为156mm×225mm。

5.2.2 字体和字号

如无特殊说明，公文格式各要素一般用3号仿宋体字。特定情况可以作适当调整。

5.2.3 行数和字数

一般每面排22行，每行排28个字，并撑满版心。特定情况可以作适当调整。

5.2.4 文字的颜色

如无特殊说明，公文中文字的颜色均为黑色。

6 印刷装订要求

6.1 制版要求

版面干净无底灰，字迹清楚无断划，尺寸标准，版心不斜，误差不超过1mm。

6.2 印刷要求

双面印刷；页码套正，两面误差不超过2mm。黑色油墨应达到色谱所标BL100%，红色油墨应当达到色谱所标Y80%、M80%。印品着墨实、均匀；字面不花、不白、无断划。

6.3 装订要求

公文应当左侧装订，不掉页，两页页码之间误差不超过4mm，裁切后的成品尺寸允许误差±2mm，四角成90°，无毛茬或缺损。

骑马订或平订的公文应当：

a）订位为两钉外订眼距版面上下边缘各70mm处，允许误差±4mm；

b）无坏钉、漏钉、重钉，钉脚平伏牢固；

c）骑马订钉锯均订在折缝线上，平订钉锯与书脊间的距离为3mm～5mm。

包本装订公文的封皮（封面、书脊、封底）与书芯应吻合、包紧、包平，不脱落。

7 公文格式各要素编排规则

7.1 公文格式各要素的划分

本标准将版心内的公文格式各要素划分为版头、主体、版记三部分。公文首页红色分隔线以上的部分称为版头；公文首页红色分隔线（不含）以下、公文末页首条分隔线（不含）以上的部分称为主体；公文末页首条分隔线以下、末条分隔线以上的部分称为版记。

页码位于版心外。

7.2　版头

7.2.1　份号

如需标注份号，一般用6位3号阿拉伯数字，顶格编排在版心左上角第一行。

7.2.2　密级和保密期限

如需标注密级和保密期限，一般用3号黑体字，顶格编排在版心左上角第二行；保密期限中的数字用阿拉伯数字标注。

7.2.3　紧急程度

如需标注紧急程度，一般用3号黑体字，顶格编排在版心左上角；如需同时标注份号、密级和保密期限、紧急程度，按照份号、密级和保密期限、紧急程度的顺序自上而下分行排列。

7.2.4　发文机关标志

由发文机关全称或者规范化简称加"文件"二字组成，也可以使用发文机关全称或者规范化简称。

发文机关标志居中排布，上边缘至版心上边缘为35mm，推荐使用小标宋体字，颜色为红色，以醒目、美观、庄重为原则。

联合行文时，如需同时标注联署发文机关名称，一般应当将主办机关名称排列在前；如有"文件"二字，应当置于发文机关名称右侧，以联署发文机关名称为准上下居中排布。

7.2.5　发文字号

编制在发文机关标志下空二行位置，居中排布。年份、发文顺序号用阿拉伯数字标注；年份应标全称，用六角括号"〔〕"括入；发文顺序号不加"第"字，不编虚位（即1不编为01），在阿拉伯数字后加"号"字。

上行文的发文字号居左空一字编排，与最后一个签发人姓名处在同一行。

7.2.6　签发人

由"签发人"三字加全角冒号和签发人姓名组成，居右空一字，编排在发文机关标志下空二行位置。"签发人"三字用3号仿宋体字，签发人姓名用3号楷体字。

如有多个签发人，签发人姓名按照发文机关的排列顺序从左到右、自上而下依次均匀编排，一般每行排两个姓名，回行时与上一行第一个签发人姓名对齐。

7.2.7　版头中的分隔线

发文字号之下4mm处居中印一条与版心等宽的红色分隔线。

7.3　主体

7.3.1　标题

一般用2号小标宋体字，编排于红色分隔线下空二行位置，分一行或多行居中排布；回行时，要做到词意完整，排列对称，长短适宜，间距恰当，标题排列应当使用梯形或菱形。

7.3.2　主送机关

编排于标题下空一行位置，居左顶格，回行时仍顶格，最后一个机关名称后标全角冒号。如主送机关名称过多导致公文首页不能显示正文时，应当将主送机关名称移至版记，标注方法见7.4.2。

7.3.3　正文

公文首页必须显示正文。一般用3号仿宋体字，编排于主送机关名称下一行，每个自然段左空二字，回行顶格。文中结构层次序数依次可以用"一、""（一）""1."
"（1）"标注：一般第一层用黑体字、第二层用楷体字、第三层和第四层用仿宋体字标注。

7.3.4　附件说明

如有附件，在正文下空一行左空二字编排"附件"二字，后标全角冒号和附件名称。如有多个条件，使用阿拉伯数字标注附件顺序号（如"附件：1.×××××"）；附件名称后不加标点符号。附件名称较长需回行时，应当与上一行附件名称的首字对齐。

7.3.5　发文机关署名、成文日期和印章

7.3.5.1　加盖印章的公文

成文日期一般右空四字编排，印章用红色，不得出现空白印章。

单一机关行文时，一般在成文日期之上、以成文日期为准居中编排发文机关署名，印章端正、居中下压发文机关署名和成文日期，使发文机关署名和成文日期居印章中心偏下位置，印章顶端应当上距正文（或附件说明）一行之内。

联合行文时，一般将各发文机关署名按照发文机关顺序整齐排列在相应位置，并将印章一一对应、端正、居中下压发文机关署名，最后一个印章端正、居中下压发文机关署名和成文日期，印章之间排列整齐、互不相交或相切，每排印章两端不得超出版心，首排印章顶端应当上距正文（或附件说明）一行之内。

7.3.5.2　不加盖印章的公文

单一机关行文时，在正文（或附件说明）下空一行右空二字编排发文机关署名，在发文机关署名下一行编排成文日期，首字比发文机关署名首字右移二字，如成交日期长于发文机关署名，应当使成文日期右空二字编排，并相应增加发文机关署名右空字数。

联合行文时，应当先编排主办机关署名，其余发文机关署名依次向下编排。

7.3.5.3　加盖签发人签名章的公文

单一机关制发的公文加盖签发人签名章时，在正文（或附件说明）下空二行右空四字加盖签发人签名章，签名章左空二字标注签发人职务，以签名章为准上下居中排布。在签发人签名章下空一行右空四字编排成文日期。

联合行文时，应当先编排主办机关签发人职务、签名章，其余机关签发人职务、签名章依次向下编排，与主办机关签发人职务、签名章上下对齐；每行只编排一个机关的签发人职务、签名章；签发人职务应当标注全称。

签名章一般用红色。

7.3.5.4 成文日期中的数字

用阿拉伯数字将年、月、日标全，年份应标全称，月、日不编虚位（即1不编为01）。

7.3.5.5 特殊情况说明

当公文排版后所剩空白处不能容下印章或签发人名章、成文日期时，可以采取调整行距、字距的措施解决。

7.3.6 附注

如有附注，居左空二字加圆括号编排在成文日期下一行。

7.3.7 附件

附件应当另面编排，并在版记之前，与公文正文一起装订。"附件"二字及附件顺序号用3号黑体字顶格编排在版心左上角第一行。附件标题居中编排在版心第三行。附件顺序号和附件标题应当与附件说明的表述一致。附件格式要求同正文。

如附件与正文不能一起装订，应当在附件左上角第一行顶格编排公文的发文字号并在其后标注"附件"二字及附件顺序号。

7.4 版记

7.4.1 版记中的分隔线

版记中的分隔线与版心等宽，首条分隔线和末条分隔线用粗线（推荐高度为0.35mm），中间的分隔线用细线（推荐高度为0.25mm）。首条分隔线位于版记中第一个要素之上，末条分隔线与公文最后一面的版心下边缘重合。

7.4.2 抄送机关

如有抄送机关，一般用4号仿宋体字，在印发机关和印发日期之上一行、左右各空一字编排。"抄送"二字后加全角冒号和抄送机关名称，回行时与冒号后的首字对齐，最后一个抄送机关名称后标句号。

如需把主送机关移至版记，除将"抄送"二字改为"主送"外，编排方法同抄送机关。既有主送机关又有抄送机关时，应当将主送机关置于抄送机关之上一行，之间不加分隔线。

7.4.3 印发机关和印发日期

印发机关和印发日期一般用4号仿宋体字，编排在末条分隔线之上，印发机关左空一字，印发日期右空一字，用阿拉伯数字将年、月、日标全，年份应标全称，月、日不编虚位（即1不编为01），后加"印发"二字。

版记中如有其他要素，应当将其与印发机关和印发日期用一条细分隔线隔开。

7.5 页码

一般用4号半角宋体阿拉伯数字，编排在公文版心下边缘之下，数字左右各放一条一字线；一字线上距版心下边缘7mm。单页码居右空一字，双页码居左空一字。公文的版记页前有空白页的，空白页和版记页均不编排页码。公文的附件与正文一起装订时，页码应当连续编排。

8 公文中的横排表格

A4纸型的表格模排时，页码位置与公文其他页码保持一致，单页码表头在订口一边，双页码表头在切口一边。

9 公文中计量单位、标点符号和数字的用法

公文中计量单位的用法应当符合GB 3100、GB 3101和GB 3102（所有部分），标点符号的用法应当符合GB/T 15834，数字用法应当符合GB/T 15835。

10 公文的特定格式

10.1 信函格式

发文机关标志使用发文机关全称或者规范化简称，居中排布，上边缘至上页边为30mm，推荐使用红色小标宋体字。联合行文时，使用主办机关标志。

发文机关标志下4mm处印一条红色双线（上粗下细），距下页边20mm处印一条红色双线（上细下粗），线长均为170mm，居中排布。

如需标注份号、密级和保密期限、紧急程度，应当顶格居版心左边缘编排在第一条红色双线下，按照份号、密级和保密期限、紧急程度的顺序自上而下分行排列，第一个要素与该线的距离为3号汉字高度的7/8。

发文字号顶格居版心右边缘编排在第一条红色双线下，与该线的距离为3号汉字高度的7/8。

标题居中编排，与其上最后一个要素相距二行。

第二条红色双线上一行如有文字，与该线的距离为3号汉字高度的7/8。

首页不显示页码。

版记不加印发机关和印发日期、分隔线，位于公文最后一面版心内最下方。

10.2 命令（令）格式

发文机关标志由发文机关全称加"命令"或"令"字组成，居中排布，上边缘为20mm，推荐使用红色小标宋体字。

发文机关标志下空二行居中编排令号，令号下空二行编排正文。

签发人职务、签名章和成文日期的编排见7.3.5.3。

10.3 纪要格式

纪要标志由"×××××纪要"组成，居中排布，上边缘至版心上边缘为35mm，推荐使用红色小标宋体字。

标注出席人员名单，一般用3号黑体字，在正文或附件说明下空一行左空二字编排"出席"二字，后标全角冒号，冒号后用3号仿宋体字标注出席人单位、姓名，回行时与冒号后首字对齐。

标注请假和列席人员名单，除依次另起一行并将"出席"二字改为"请假"或"列席"外，编排方法同出席人员名单。

纪要格式可以根据实际制定。

11 式样

A4型公文用纸页边及版心尺寸见图1；公文首页版式见图2；联合行文公文首页版

式1见图3；联合行文公文首页版式2见图4；公文末页版式1见图5；公文末页版式2见图6；联合行文公文末页版式1见图7；联合行文公文末页版式2见图8；附件说明页版式见图9；带附件公文末页版式见图10；信函格式首页版式见图11；命令（令）格式首页版式见图12。

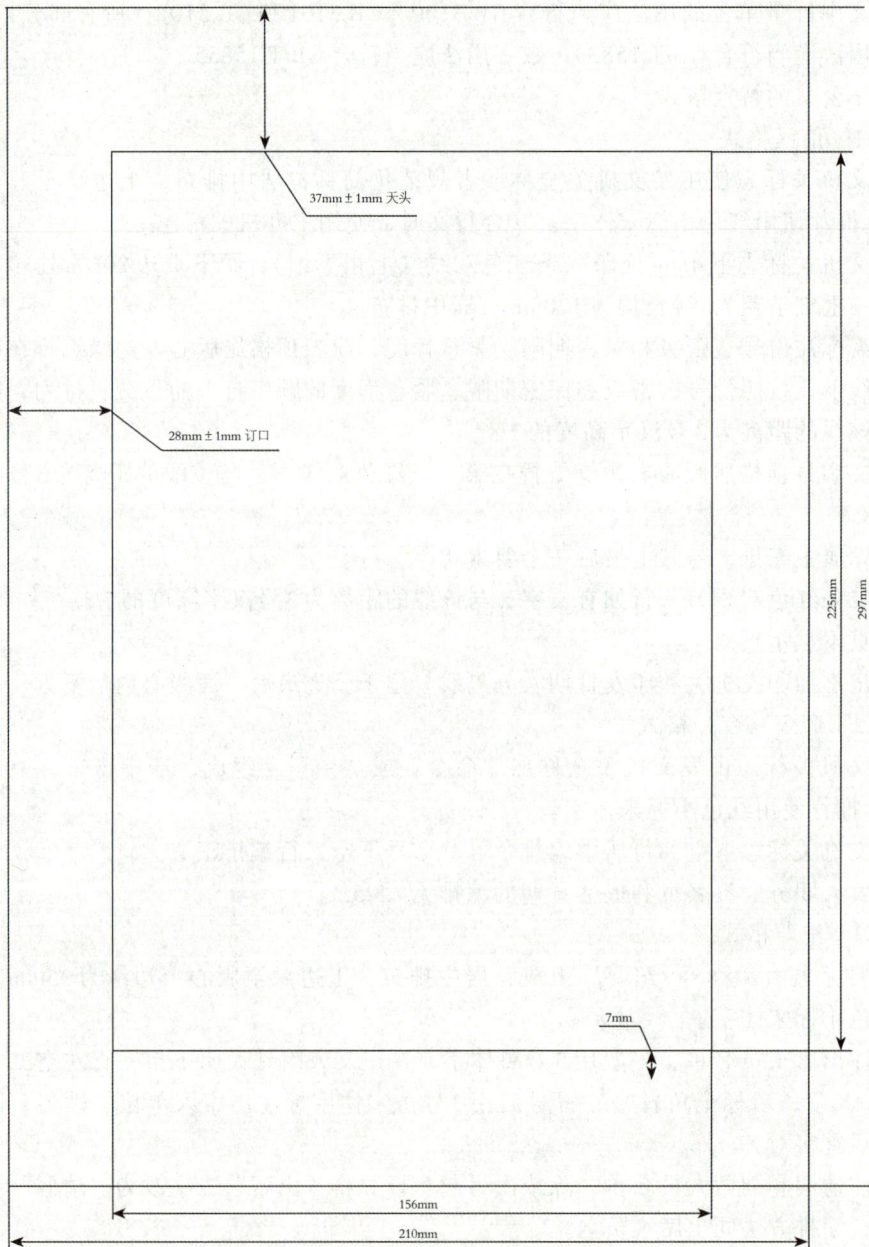

图1　Ａ4型公文用纸页边及版心尺寸

000001

机密★1年

特急

×××××文件

××× 〔2012〕 10 号

×××××关于××××××的通知

×××××××：

　　×××××××××××××××××××××
×××××××××××××××××××××××××
×××××××××××××××××××××××××
××××。

　　××××××××××××××××××××××
××××××××××。

　　×××××××××。

　　××××××。×××××××××××××××
×××★×××××××××××××××××××××
×××××××××××××××××××××××××

— 1 —

图2 公文首页版式

注：版心实线框仅为示意，在印制公文时并不印出。

000001

机密★1年

特急

×××××

×　　×　　×　文件

×××××

×××〔2012〕10 号

×××××关于×××××××的通知

×××××××：

　　××××××××××××××××××××××。

　　××××××××××××××××××××××

×××××××××××××××××××××××××

××××××××××××××××××××××××

××××。

　　××××××××××××××××××××××××

图 3　联合行文公文首页版式 1

注：版心实线框仅为示意，在印制公文时并不印出。

000001

机　密

特　急

$$\times\times\times\times\times\times$$
$$\times\quad\times\quad\times$$
$$\times\times\times\times\times$$

签发人：×××　×××

×××〔2012〕10 号　　　　　　　　×××

××××××关于×××××××的请示

×××××××：

　　×××

— 1 —

图 4　联合行文公文首页版式 2

注：版心实线框仅为示意，在印制公文时并不印出。

×××××××××××××××。

　×××××××××××××××××××××

×××××××××××××××××××××××

××××××××××。

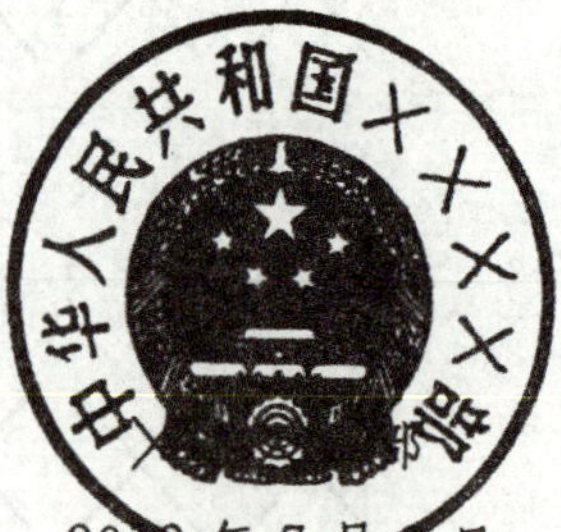

中华人民共和国×××
××部

2012 年 7 月 1 日

（×××××）

抄送：×××××××××，×××××××，×××××××，×××××，
××××××。

×××××××××　　　　　　　　　2012 年 7 月 1 日印发

— 2 —

图 5　公文末页版式 1

注：版心实线框仅为示意，在印制公文时并不印出。

×××××××××××××××。

　×××××××××××××××××××××××××

×××××××××××××××××××××××××

××××××××。

　　　　　　　　　　×××××××××

　　　　　　　　　2012 年 7 月 1 日

（×××××）

抄送：××××××××，××××××，×××××，×××××，

　×××××。

××××××××　　　　　　　　　　2012 年 7 月 1 日印发

图 6　公文末页版式 2

注：版心实线框仅为示意，在印制公文时并不印出。

×××××××××××××××。

　　×××××××××××××××××××××××

×××××××××××××××××××××××

××××××××××××。

中共中央××××厅

中华人民共和国××××部

2012 年 7 月 1 日

（×××××）

抄送：×××××××，×××××××，×××××××，×××××，

×××××。

×××××××× 2012 年 7 月 1 日印发

— 2 —

图7　联合行文公文末页版式1

注：版心实线框仅为示意，在印制公文时并不印出。

××××××××××××××××。

　　××××××××××××××××××××××××××××

××××××××××××××××××××××××××××××

×××××××××××。

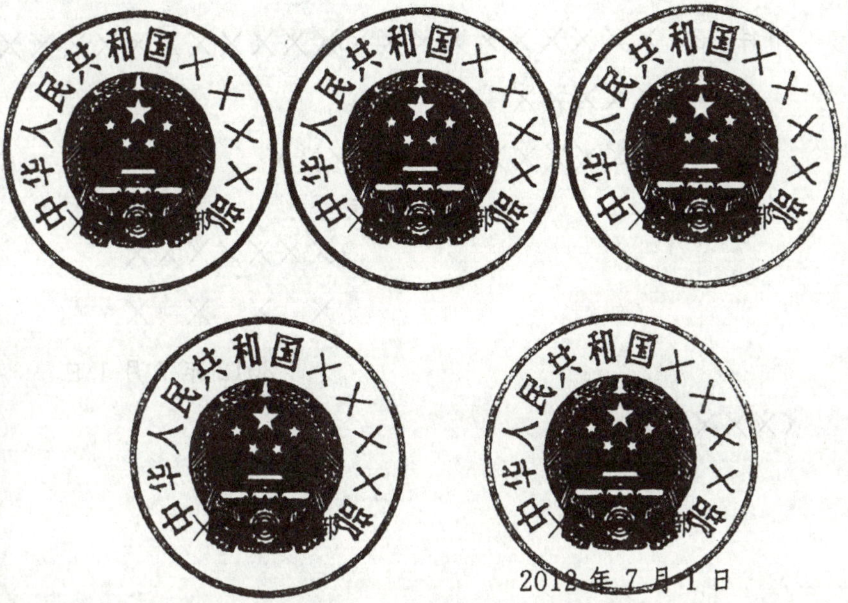

2012年7月1日

（×××××）

抄送：××××××××，××××××，×××××，×××××，
　　　×××××。

×××××××××　　　　2012年7月1日印发

— 2 —

图8　联合行文公文末页版式2

注：版心实线框仅为示意，在印制公文时并不印出。

×××××××××××××。

　×××××××××××××××××××××

×××××××××××××××××××××

××××××××××。

　附件：1. ×××××××××××××××××

　　　　　×××××

　　　2. ×××××××××××

　　　　　　　　　　　　　　×××××××

　　　　　　　　　　　　　×　×　×　×

　　　　　　　　　　　　2012 年 7 月 1 日

（×××××）

— 2 —

图9　附件说明页版式

注：版心实线框仅为示意，在印制公文时并不印出。

附件 2

XXXXXXXXXXXXXX

　　XXXXXXXXXXXXXXXXXXXXXXXXXX
XXXXXXXXXXXXXXXXXXXXXXXXXXXX
XXX。

　　XXXXXXXXXXXXXXXXXXXXXXXXXX
XXXXXXXXXXXXXXXXXXXXXXXXXXXX
XXXXXXXXXXXXXXXXXXXXXXXXXXXX
XXXXXXXXXXXXXXXXXXXXXXXXXXXX
XXXXXXXXXXXXXXXXXXXXXXXXXXXX
XXXXXXXXXXXXXXX。

抄送：XXXXXXXXX，XXXXXXX，XXXXX，XXXXX，
　　　XXXXX。

XXXXXXXX　　2012 年 7 月 1 日印发

— 4 —

图 10　带附件公文末页版式

注：版心实线框仅为示意，在印制公文时并不印出。

中华人民共和国××××部

000001   ××× 〔2012〕10 号

机　密

特　急

×××××关于×××××××的通知

×××××××：

　　×××××××××××××××××××××××××××××××
×××××××××××××××××××××××××××××××
×××××××××××××××××××××××××××××××
×××××××××××××××××××××××××××。

　　×××××××××××××××××××××××××××××××
×××××××××××××××××××××××××××××××
×××××××××××××××××××××××××××××××
×××××××××××××××××××××××。

　　×××××××××××××××××××××××××××××××
×××××××××××××××××××××××××××××××
×××××××××××××××××××××××××××××××
×××××××××××××××××××××××××××××××
×××××××××××××××××××××××××××××××
×××××××××××××××××××××××××。

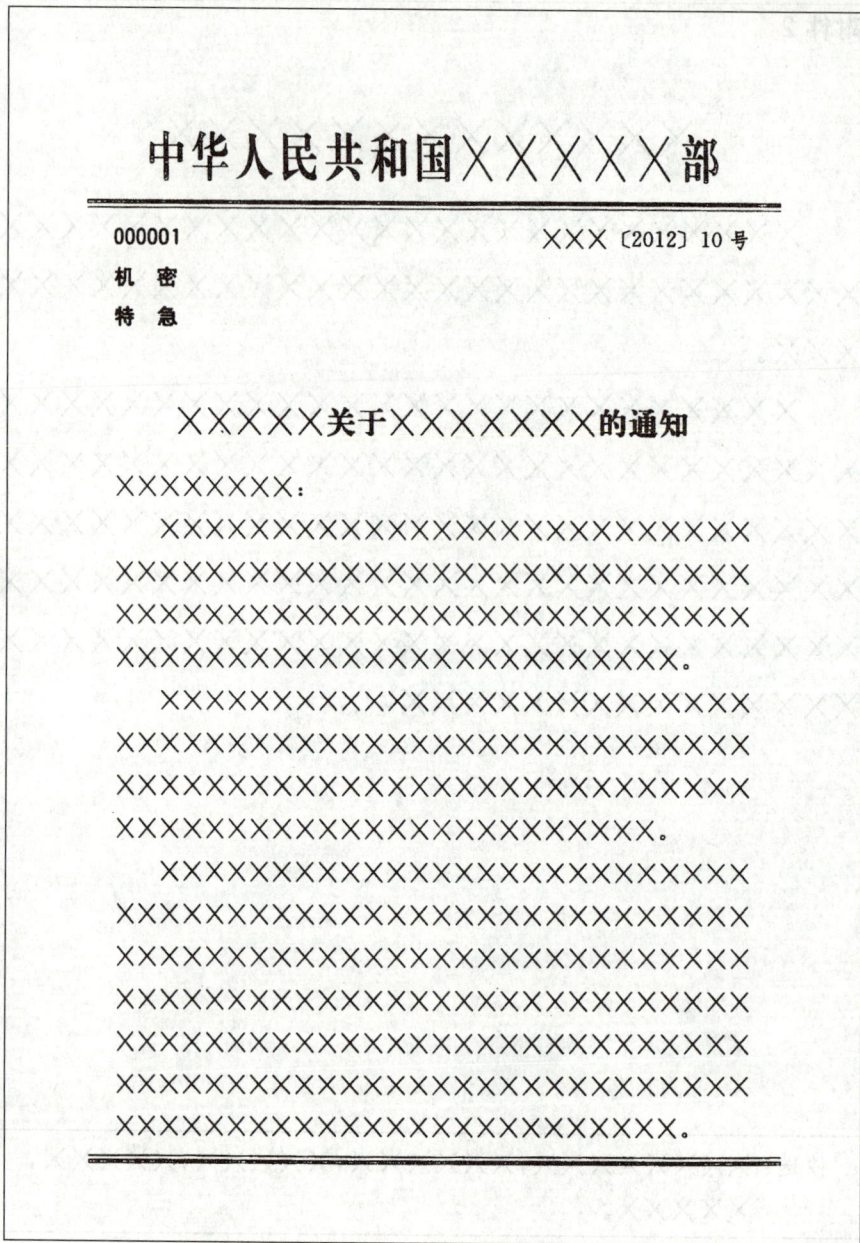

图 11　信函格式首页版式

注：版心实线框仅为示意，在印制公文时并不印出。

××××××令

第×××号

××。××。

部　长　×××

2012 年 7 月 1 日

图12　命令（令）格式首页版式

注：版心实线框仅为示意，在印制公文时并不印出。